全国中国特色社会主义政治经济学研究中心（福建师范大学）学者文库

主编 李建平

生态农业产业集群发展研究

A STUDY ON THE DEVELOPMENT OF
ECOLOGICAL AGRICULTURAL INDUSTRIAL CLUSTER

林 卿 ◎ 著

中国财经出版传媒集团

经济科学出版社

Economic Science Press

图书在版编目（CIP）数据

生态农业产业集群发展研究/林卿著 . —北京：经济
科学出版社，2020. 5
（全国中国特色社会主义政治经济学研究中心（福建
师范大学）学者文库）
ISBN 978 – 7 – 5218 – 1563 – 4

Ⅰ.①生… Ⅱ.①林… Ⅲ.①生态农业 – 农业产业 –
产业集群 – 产业发展 – 研究 – 中国 Ⅳ.①F323

中国版本图书馆 CIP 数据核字（2020）第 079497 号

责任编辑：孙丽丽　撒晓宇
责任校对：靳玉环
责任印制：李　鹏　范　艳

生态农业产业集群发展研究
林　卿　著
经济科学出版社出版、发行　新华书店经销
社址：北京市海淀区阜成路甲 28 号　邮编：100142
总编部电话：010 – 88191217　发行部电话：010 – 88191522
网址：www. esp. com. cn
电子邮箱：esp@ esp. com. cn
天猫网店：经济科学出版社旗舰店
网址：http：//jjkxcbs. tmall. com
北京季蜂印刷有限公司印装
710 × 1000　16 开　15.5 印张　290000 字
2020 年 5 月第 1 版　2020 年 5 月第 1 次印刷
ISBN 978 – 7 – 5218 – 1563 – 4　定价：62.00 元
（图书出现印装问题，本社负责调换。电话：010 – 88191510）
（版权所有　侵权必究　打击盗版　举报热线：010 – 88191661
QQ：2242791300　营销中心电话：010 – 88191537
电子邮箱：dbts@ esp. com. cn）

他 序

　　《生态农业产业集群发展研究》是"全国中国特色社会主义政治经济学研究中心（福建师范大学）学者文库"又一研究成果。理论源于实践，并在实践中创新与提高，是中国特色社会主义政治经济学理论发展与丰富之必经途径。作者林卿教授长期从事农业经济与生态经济的教学与研究工作，对福建农业经济的发展已有系列研究成果，作为其博士后指导教授与上述"学者文库"的主编，应邀为其新著作序，感到十分高兴。

　　林卿博士早在2001年就参与福建省政府发展研究中心主持的"福建生态省建设"项目研究，参与专著《论生态省建设》的写作。2002年获得国家社科基金项目资助，深入闽台农业合作研究，出版专著《世贸组织框架下闽台农业资源整合与优化配置》。2004年与台湾著名学者合著《两岸农地利用比较》，其中有较大的篇幅以福建省的土地利用为研究内容。2005年出版专著《两岸三通与闽台经贸合作》。2007出版专著《福建农产品贸易应对绿色贸易壁垒研究》。2007年获得国家社科基金项目资助，出版专著《农民土地权益流失与保护研究》，其中田野调查的资料大部分来自福建省的案例。基于长期的深入研究，作者对福建农业发展有较深刻的认识，尤其在闽台农业合作与农村土地制度方面有较深厚的研究积累。

　　专著《生态农业产业集群发展研究》是林卿教授又一部以福建省农业为主要研究对象而形成的研究成果，是她在以往研究积累基础上的再次研究创新。该研究回答了：什么是生态农业产业集群；在经济发展进程中生态农业产业集群为什么会应运而生；生态农业产业集群发展的动力何在；福建生态农业产业集群的竞争力如何。该研究给出了具有决策参考价值的研究结论：生态农业产业集群资源配置效率特征使其能满足市场需求变化，因此它具有发展动力，能够创新竞争力，成为现代农业发展的必然趋势；福建生态农业产业集群已有很好的发展基础，总体而言，自然资源禀赋有优势，但经济基础相对薄弱，面对激烈的市场竞争，还需要更多的政策支持，以创造能更充分发挥市场机制的制度环境，以及由于政府助推而形成的生态农业产业集群发展的规模经济。该研究给出了具有建设性的政策建议：将生态农业产业集群作为有效的发展模式明确写进政策文件，以鼓励福建生态农业产业集群发展；加强农业公共基础设施等方面的投入，助力夯实农业经济基础竞争力；鼓励制度创新与创新制度环境，形成能充分发挥市场机制的竞争环境；福建生态农业产业集群实践的发展总是领先于理论研究，政府应支持加强理论研究，及时总结实践发展中的经验，用于引导实践的进一步发展。该项研究成果在研究思路、研究内容、研究方法、研究结论上都有创新，是一项具有理论与实践价值的研究成果，可归结为以下几个方面：

一是，研究思路的创新。作者从农业产业发展的动力与潜在竞争力来思考为什么生态农业产业集群必定会成为现代农业发展的模式？认为，与任何产业发展的动力一样，农业产业发展的动力也在于能满足市场需求、实现产业利润、并有可持续发展的能力。由于恩格尔定律与马斯洛定律的存在，当人均可支配收入达到一定水平时，居民对农业产出需求结构会发生变化，表现为对农业产业农产品产出的需求会减少，或以极其缓慢的速度增长，而对农业产业的生态产出（目前最典型的代表是生态农业旅游服务）需求会迅速增长。这种居民对农业产出需求结构的变化，给予长期来以农产品产出为目标、比较利益低下的农业产业一个崭新的创新与发展的机遇。农业本质上是生态的、多功能的产业，农业产业集群资源配置效率，能更有效地利用农业的多功能性，实现农业的多重价值，因此，生态农业产业集群是现代农业产业发展的必然趋势。农业依然是人类经济社会发展不可或缺的产业，现代农业将会成为三产融合、以农业服务产出为主体、以资源可持续利用为特征、具有比较优势与竞争力的产业。基于这样的研究思路，形成了研究内容与研究理论应用、研究方法应用的创新。

二是，研究内容的创新。（1）依据农业产业发展历史进程所体现的经济发展规律内在逻辑联系，分别介绍了生态农业、产业集群、农业产业集群、生态农业产业集群之内涵的丰富与理论的发展，从中论证了生态农业与农业产业集群的形成与发展是经济规律使然，是现代农业发展的必然趋势，并从可持续的资源优化配置视角进一步论证生态农业产业集群是融合生态农业与农业产业集群之优势而形成的现代农业产业发展模式的创新与升级。（2）分别从福建农业发展、福建生态农业发展、福建农业产业集群发展三个层面介绍福建农业产业发展进程与发展模式。分析生态农业发展与农业产业集群发展在福建农业产业发展中的贡献与其形成与发展的必然规律，以及生态农业产业集群作为当前与未来农业发展趋势在福建农业发展中的表现。并以具体的案例分析，进一步论证实践中福建生态农业产业集群形成与发展对区域经济社会发展的贡献，以及当前发展面临的机遇与挑战。（3）从四个层面逐步论证福建生态农业产业集群发展的动力。一是，构建生态农业产业集群市场供求均衡理论模型，以揭示居民对农业产出市场需求变化与市场供给变化之间的关系，以及生态农业产业集群能够并有能力调整市场供给的原因所在；以此理论模型揭示，生态农业产业集群之所以有发展动力是因为生态农业产业集群的产出能满足市场需求与需求结构的变化，从而能在市场供求均衡中实现农业产业的利润。二是，从需求影响因素与需求预测两方面，分析福建生态农业产业集群市场需求结构变化；揭示人均可支配收入增长与恩格尔定律对市场需求结构变化的影响；对福建生态农业产业集群品质农产品和生态农业旅游服务产出的市场需求、人均可支配收入增长进行预测，从旺盛的市场需求表现论证了福建生态农业产业集群具有发展的动力。三是，从生态农业产业集群资源配置效率、福建生态农业产业集群发展资源禀赋优势、福建农业产业发展基础，以及政府政策等方面，论证福建生态农业产业集群的供给能力；应用生产函数模型与自回归移动平均模型对福建生态农业产业集群供给能力进行预测，论证无论是从市场需求与需求结构变化趋势预测，还是从供给能力发展趋势预测，都能说明福建生态农业产业集群具有发展动力。四是，用"人均可支配收入增长"与"生态农业产业集群供求结构变化"两变量构建生态农业产业集群市场供求均衡理论模型，阐明市场需求结构变化如何影响供给结构变化，进一步从福建生态农业产业集群市场供求均衡与供给结构优化理论模型分析中，论证福建生态农业产业集群发展动力。（4）对福建生态农业产业集群潜在竞争力展开分析。构建福建生态农业产业集群潜在竞争力评价指标体系，对福建生态农业产业集群竞争力发展进行定性与定量结合的分析，结果显示，福建具有发展生态农业产业集群的自然资源基础优势，尤其是福建林业发展，以及闽台农业合作优势明显，这些优势是福建农业产业集群向生态农业产业集群转型升级的重要基础。但相比较而言，福建发展生态农业产业集群的经济基础没有优势，尤其是在农业规模经济与技术创新方面相对滞后，福建生态农业产业集群发展挑战与机遇并存。（5）基于上述研究结论，提出具有决策参考价值的政策建议。

三是，研究理论应用与研究方法应用的创新。作者基于创新的研究思路形成了以下几个方面研究理论应用与研究方法应用的创新。（1）应用经济学市场供求均衡理论构建生态农业产业集群市场供求均衡理论模型，以此理论模型阐明居民对农业产出市场需求变化如何影响农业产业供给的变化，以及生态农业产业集群能够并有能力调整供给结构的原因所在；以此理论模型揭示，生态农业产业集群之所以有发展动力是因为生态农业产业集群的产出能满足市场需求与需求结构的变化，从而能在市场供求均衡中实现农业产业的利润。（2）将多功能生态农业产业集群的总产出从理论上抽象为两大类，即品质农产品的产出与生态农业旅游服务产出。以此假定条件，进一步分析，在人均可支配收入增长、恩格尔定律、马斯洛多层次需求定律存在情况下，生态农业产业集群市场供求均衡变化规律及其影响因素。（3）基于生态农业产业集群资源利用与配置效率特征，假定生态农业产业集群两大类型（品质农产品与生态农业旅游服务）的产出在资源利用上没有非此即彼的明显竞争性，而更多是表现为相辅相成的资源配置效率特征，以此假定条件，将生态农业旅游服务的市场需求预测值作为供给能力的测算值，分析生态农业产业集群总供给能力。（4）基于多功能生态农业产业集群资源基础内涵的丰富与配置方式的改变，基于具有根植性与不可复制性的农业产业比较优势必须紧紧依赖于自然资源基础的特征，为简化分析同时更好凸显核心问题，将生态农业产业集群竞争力的研究集中于比较生态农业产业集群的潜在竞争力。同时假定不同区域或国家的农业产业发展都是选择具有效率的生态农业产业集群发展模式。在这样的研究思路与假定条件下，借鉴产业集群竞争力分析的经典理论与方法，以 GEM 模型分析框架为重要参考，以福建与邻近的浙江、广东为实证分析的案例，展开生态农业产业集群潜在竞争力比较分析，旨在揭示一种由"资源基础"所决定的比较优势的未来市场竞争优势与竞争力。

总之，这是一份具有创新性的研究成果，但也正如作者所期待的，作为现代农业发展的必然趋势，生态农业产业集群发展问题更深入的研究还有许多创新的空间，还需要不断的努力。我们期待林卿教授继续跋涉在研究征途上，为丰富中国特色社会主义政治经济学理论研究贡献更多的新成果。

李建平

2019 年 12 月于福建师范大学

自　序

　　生态农业产业集群是现代农业产业发展的必然趋势，它在遵循农业生产的生态规律基础上，以农业产业集群的效率，充分利用农业的多功能性，以满足人均可支配收入增长后居民对农业产出市场需求结构的变化，它能在保护与改善农业生态环境基础上，大大提高农业经济效益，是实现现代农业可持续发展有效的农业产业发展模式。

　　生态农业产业集群要以生态农业为基础。生态农业的思想与实践源于悠久的农业文明，随着人类经济社会的发展与需求的变化，现代生态农业的内涵已大大丰富。无疑，生态农业是现代农业发展的必然与必须的方式。生态农业的生命力在于，它符合农业的本质，符合可持续发展的目标。发展生态农业既体现了当今人类生态文明的思想与实践，也体现了在漫长的农业经济过程中人类对农业本质认识的深化，以及在这一过程中人类协调人与自然关系智慧的积累、传承与发扬。现代生态农业较之传统生态农业在内涵上已大大丰富。简言之，在传统生态农业阶段，人类追求的是满足温饱的经济目标。因此，遵循与利用自然规律，实现永续发展，是传统生态农业的主要内容。现代生态农业发展则是建立在人类对掠夺与破坏自然生产力、污染农业生态环境的工业式农业发展模式的深刻反思基础之上，同时，经济的发展使人均可支配收入大大增长，追求农产品产出量已不是现代农业的唯一目标，利用农业多功能性满足经济与生态可持续发展的双赢目标，是现代生态农业主要内容。基于人均可支配收入增长的市场需求结构变化为现代多功能生态农业潜在生产力的发挥提供了动力机制，而生态农业要得到发展必须提高其市场竞争力。尽管农业是国民经济的基础，是不可或缺的产业，但是，长期以来，由于人类对农业利用唯经济产出量的追求与农业生态效益的外部性的存在以及农业生产对象是有生命的动植物，一方面，农业产出量要受制于这些动植物的生命运动过程；另一方面，市场对农产品的需求量又受制于人类对农产品生理需求规律的制约，在工业经济时代，农业虽然不可或缺，但一直是比较利益较低的产业。因此，如何把握人均可支配收入增长新阶段居民对农业产出需求结构变化机遇，通过有效的农业产业发展模式，利用与发挥农业的多功能性，是现代生态农业得以发展的关键，也是必然趋势。

农业产业集群是提高了农业产业竞争力的有效发展模式。农业产业集群通过集群内各利益主体以契约创新而形成有效分工合作，将企业的边界扩大到集群，一方面，减少了诸多交易费用，另一方面，能形成规模经济与范围经济。产业集群内能产生学习效应，促进科技创新，形成品牌效应等，这些产业集群的效率，最终表现为产业集群的效益。生态农业产业集群能将生态农业的优势与农业产业集群的优势结合在一起，创造出更高的效益与可持续的发展方式。生态农业产业集群与一般农业产业集群的区别在于，它更注重利用农业的多功能性，以满足市场对农业产业产出需求结构的变化。实践的发展已不断显示，在生态农业产业集群的产出中，生态农业旅游服务产出在农业总产出中的比重不断增大，这将是现代生态农业产业集群发展的必然趋势。由于现代生态农业产业集群的发展注重资源与生态环境的保护、农产品产出与生态农业旅游服务产出，在土地等资源利用上不存在非此即彼的竞争性、农产品产出与生态农业旅游服务产出具有相互促进效应等特点，生态农业产业集群发展模式具有可持续性不断增强的特征。

本书试图回答：什么是生态农业产业集群？在经济发展进程中生态农业产业集群为什么会应运而生？生态农业产业集群发展的动力何在？福建生态农业产业集群的竞争力如何？得到的核心结论是：生态农业产业集群资源配置效率特征使其能满足市场需求变化，因此它应运而生，具有发展动力；福建生态农业产业集群已有很好的发展基础，总体而言，自然资源禀赋有优势，但经济基础相对薄弱，面对激烈的市场竞争，还需要更多的政策支持，以创造能充分发挥市场机制的制度环境以及由于政府助推而形成的生态农业产业集群发展的规模经济。

本研究的内容创新、方法创新与结论创新可归结为以下几个方面：

一是，确立本研究的基础理论，从相关概念与理论的梳理中，为将展开的研究找到理论分析的参照系。

我们应用农业产业不同发展阶段、不同发展模式之间所具有的经济发展规律逻辑联系的思路与方法，分别介绍了生态农业、产业集群、农业产业集群、生态农业产业集群之内涵的丰富与理论的发展。阐明生态农业与农业产业集群都是现代农业发展的必然趋势，并从可持续的资源优化配置视角论证生态农业产业集群是生态农业与农业产业集群发展模式的创新与升级。

二是，介绍福建农业产业发展进程与发展模式。

政策的形成源于实践的发展，是对实践发展的总结，又用于指导实践发展的思路与方法，本书以政策梳理与实地调研结合的方式，分别从福建农业发展、福建生态农业发展、福建农业产业集群发展三个层面展开介绍，分析生态农业发展与农业产业集群发展在福建农业产业发展中的贡献与其形成与发展的必然规律，以及生态农业产业集群作为当前与未来农业发展趋势在福建农业发展中的表现。并以具体的案例分析，进一步论证实践中福建生态农业产业集群形成与发展、对区域经济社会发展的贡献，以及当前发展面临的机遇与挑战。

三是，分析福建生态农业产业集群发展的动力，从以下四个层面展开论证。

首先，用市场供求均衡理论构建生态农业产业集群市场供求均衡理论模型，以此理论模型阐明，居民对农业产出市场需求变化如何影响农业产业供给的变化，以及生态农业产业集群能够并有能力调整供给结构的原因所在；以此理论模型揭示，生态农业产业集群之所以有发展动力是因为生态农业产业集群的产出能满足市场需求与需求结构的变化，从而能在市场供求均衡中实现农业产业的利润。

其次，生态农业产业集群的总产出（居民对农业产出的总需求）可归纳为品质农产品产出与农业生态产出两大类型，并且依据现阶段的实践发展情况，可以生态农业旅游服务产出作为农业生态产出的代表，即生态农业产业集群的总产出可归纳为品质农产品与生态农业旅游服务这两种类型。基于这样的研究思路与假定前提，从需求影响因素与需求预测两方面，以福建省为案例，分析福建生态农业产业集群市场需求结构变化；揭示人均可支配收入增长与恩格尔定律对市场需求结构变化的影响；应用格兰杰因果关系分析方法和灰色动态预测模型，分别对福建生态农业产业集群品质农产品和生态农业旅游服务产出的市场需求、人均可支配收入增长进行预测，实证分析预测结果显示，福建人均可支配收入增长快于全国平均水平，当人均可支配收入达到一定水平后，对品质农产品需求的增长会快于对农产品需求的增长，对农业生态服务产出的需求会以越来越快的速度增长，表现出收入需求高弹性。旺盛的市场需求论证了福建生态农业产业集群具有发展的动力。

再次，从生态农业产业集群资源配置效率、福建生态农业产业集群发展资源禀赋优势、福建农业产业发展基础以及政府政策等方面，论证福建生态农业产业集群的供给能力；基于这样的研究思路、研究方法与假定条件——生态农业产业集群两大类型的产出在资源利用上没有非此即彼的明显竞争性，而更多是表现为相辅相成的资源配置效率特征，生态农业产业集群总产出等于品质农产品产出＋生态农业旅游服务产出，生态农业旅游服务产出不受良好生态环境、优美田园风光和农业农村文化等资源利用限制，因此可以将生态农业旅游服务的市场需求预测值作为供给能力的测算值——应用生产函数模型与自回归移动平均模型对福建生态农业产业集群供给能力进行预测。得出的结论是，无论是从市场需求与需求结构变化趋势预测，还是从供给能力发展趋势预测，都能说明福建生态农业产业集群具有发展动力。

最后，用"人均可支配收入增长"与"生态农业产业集群供求结构变化"两变量构建生态农业产业集群市场供求均衡理论模型，阐明市场需求结构变化如何影响供给结构变化，并以此分析福建生态农业产业集群市场供求均衡与供给结构优化。

四是，福建生态农业产业集群潜在竞争力分析。

由于多功能生态农业产业集群资源基础内涵的丰富与配置方式的改变，使生态农业产业集群赖以发展的生产要素基础（尤其是自然资源基础）始终都是农业产业竞争力的决定性因素这一特征更加突出。具有根植性与不可复制性的农业产业发展必须紧紧依赖的资源基础比较优势始终是农业产业的潜在竞争力，是竞争力的决定性因素，因此将生态农业产业集群竞争力的研究集中于比较生态农业产业集群的潜在竞争力，既可以简化分析，又能把握核心的方面。与此同时，我们以不同区域或国家的农业产业发展都是选择具有效率的生态农业产业集群发展模式，而且大数据时代使农业市场供求均衡更容易实现，作为进行生态农业产业集群潜在竞争力分析的假定条件。

基于上述的研究思路与假定条件，借鉴产业集群竞争力分析的经典理论与方法，以 GEM 模型分析框架为重要参考，构建福建生态农业产业集群潜在竞争力评价指标体系，说明指标选择的依据，对福建生态农业产业集群竞争力发展进行定性与定量结合的分析，旨在揭示一种由"资源基础"所决定的比较优势的未来市场竞争优势与竞争力。

分析结果显示，福建具有发展生态农业产业集群的自然资源基础优势，尤其是福建林业发展，以及闽台农业合作优势明显，这些优势是福建农业产业集群向生态农业产业集群转型升级的重要基础。但相比较而言，福建发展生态农业产业集群的经济基础没有优势，尤其是在农业规模经济与技术创新方面相对滞后。总体而言，福建农业有自己的特色与优势，生态农业产业集群发展已有很好的基础，但面对愈加激烈的市场竞争，福建生态农业产业集群发展的道路依然艰辛，福建生态农业产业集群的发展要在保护与利用好自然基础资源的同时，加大经济基础资源的投入与积累，提升潜在的竞争力。

五是，主要观点、结论与政策建议。

主要观点：生态农业产业集群是能将生态农业优势与多功能价值以农业产业集群的效率在市场中实现，表现出具有创新力、竞争力与地域集中特征的农业产业群体；生态农业产业集群是现代农业发展的必然趋势，因为它能创新资源配置效率，满足市场对农业产出需求的变化，正是基于这种能力，生态农业产业集群具有发展动力，而决定生态农业产业集群潜在竞争力是基础资源，体现出农业产业发展的根植性与资源禀赋特征。

主要结论：福建生态农业产业集群发展已形成良好基础，满足市场需求变化与可持续发展目标的追求共同推动着福建农业产业向生态农业产业集群发展模式转型升级；实践发展与市场供求实证分析都显示，福建生态农业产业集群具有发展动力；福建生态农业产业集群潜在竞争力比较分析揭示，福建生态农业产业集群发展具有自己的特色、优势，但也面临着经济基础相对薄弱、市场竞争激烈的挑战。

政策建议：将生态农业产业集群作为有效的发展模式明确写进政策文件，以鼓励福建生态农业产业集群发展；森林覆盖率高造就良好的生态环境与丰富的自然资源类型、闽台农业合作推动福建农业发展是福建最具优势的方面，但福建以往的农业经济基础积累相对薄弱是福建在激烈市场竞争中面临的挑战，因此政府应加大政策支持力度，加强农业公共基础设施等方面的投入，助力夯实农业经济基础竞争力；鼓励制度创新与创新制度环境，形成能充分发挥市场机制的竞争环境，以及政府鼓励政策下而形成的福建生态农业产业集群发展的规模经济；福建生态农业产业集群实践的发展总是领先于理论研究，政府应支持加强理论研究，及时总结实践发展中的经验，用于引导实践的进一步发展。

生态农业产业集群是现代农业发展的必然趋势，具有研究的理论意义与实践价值，我们在研究过程中深切体会到生态农业产业集群发展的理论研究滞后于实践的发展，我们在研究中所阐述的每一方面问题，都有待更深入的研究，尤其是实证研究方法与数据获得方面，还有许多创新的空间。

目 录
CONTENTS

第一章

相关概念与理论

第一节　生态农业实践、概念与理论

理论与概念是对实践规律的描述与总结，它们来自实践，又指导于实践。并在实践的发展中进一步丰富与完善。然而，实践的发展往往先于概念与理论的总结，实践总是概念与理论的源泉。

一、生态农业实践之发展

农业与其他产业的最大区别在于它的生产对象是有生命的动植物，它们对生存的生态环境中最基本的自然要素——阳光、空气、水、土壤以及其他生物是如此依赖，尽管现代科技能大大提高农业的产出率，但依然不能摆脱"万物生长靠太阳"的自然规律。因此，农业的本质是生态农业，即农业种植物以及建立在此基础上的各种养植物都离不开培育它们的生态环境，生态环境是农业产业发展的最基本要素，农业的本质是生态农业，而且生态农业具有多功能特征。在漫长的农业经济与工业经济阶段，人类主要是利用农业的农产品产出功能，以满足市场对农产品量的需求，农业经营的实践也是追随着这一目标而展开。为了增加农业产出，满足人类生存与发展的需要，在数千年的传统农业阶段，我们的祖先就在实践中探索农业的生态本质，就在不断积累生态农业的智慧。正是这种生态农业的智慧，使延续数千年的传统农业能在有限的土地上养育着不断增长的人口，其中我国传统农业中的生态农业智慧十分突显。中国是

1

文明古国，中国自春秋时期就懂得用地养地的道理以及物理杀虫、人工除草等做法。1924年生态农业在欧洲兴起，20世纪30至40年代在瑞士、英国、日本等得到发展。

然而，进入工业经济时代，科技进步的力量曾使人类忽视了生态规律的强大。大量化肥、农药使用，大规模、机械化、单一化，以高投入换取高产出等，违背生态规律的工业式农业，使农业陷入不可持续的险境，在此窘境中，人们重新思考农业的发展方式，20世纪60年代欧洲的许多农场转向生态耕作，70年代末东南亚地区开始研究生态农业；90年代，世界各国都在探索农业可持续发展模式，尽管这些模式研究与实践的侧重点有所不同，叫法也各不相同，但目的都在于吸取工业式农业（违背农业生态本质的农业发展模式）教训，探索农业的可持续发展道路，因此有学者将20世纪90年代后出现的这些农业发展模式统称为"替代农业"，它是一类旨在纠正工业式农业违背农业本质、破坏农业生态环境，力图回归农业的生态本质，利用农业生态生产力，实现可持续发展的农业发展模式，例如有机农业、自然农业、生物农业、生物动力农业、持久农业等。替代农业的实践，形成了现代生态农业的新阶段。在这一过程中，为促进食品安全与农业可持续发展，国外经济较发达国家于20世纪80年代开始实施生态农业补贴政策，90年代后政策对于农业环境保护的支持力度进一步加大。

与此同时，随着经济发展进程中，人均可支配收入的增长，受恩格尔定律与马斯洛多层次需求定律的支配，居民对农业产出的市场需求结构发生了改变，在农业的总产出中，以生态农业旅游服务为代表的农业生态服务产出在不断增加，实践中，其产值超过农产品产值的案例不胜枚举。这种市场需求结构变化为现代多功能生态农业发展提供了机遇，实践中生态农业与农村环境服务的产出呈现方兴未艾的趋势，多功能生态农业在满足居民人均可支配收入增长而形成的市场需求结构变化中创造新的供求均衡，实现农业产业的效益。这种多功能的生态农业不断创新现代生态农业实践。

从数千年前的传统农业，到历时200多年的现代农业，人类从敬畏大自然、服从与依赖自然生态，到盲目自大、忽视自然生态规律，再到深刻认识、遵循与利用自然生态规律，在这一过程中，生态农业概念与理论的内涵随着世界农业实践的发展而不断丰富。

二、生态农业概念之发展

生态农业概念在生态农业发展中不断完善。

生态（Eco-）一词源于古希腊oikos，指"住所"或"栖息地"。从学者的研究综述中可看出，它的思想最早是源于人们对植物生存环境的观察，后来扩展为描述一切生物的生存状态，指某一生物与其他生物和环境之间的相互关系。1866年，德国生物学家恩斯特．海克尔（H. Haeckel）将生态学（Ecology）定义为：生态学是研究生物体与其周围环境（包括非生物环境和生物环境）相互关系的科学。

生态学在150多年的发展中，形成了较完善的理论研究体系，其核心的生态系统理论是指导生态农业发展重要的基础理论，也是当今研究生态环境保护、恢复与重建，全球气候变化，生物多样性保护，可持续发展等重大问题的基础理论。

生态系统理论是对自然规律的观察与总结。生态系统中的生物个体、种群、群落与无机环境构成了生态系统组成分；而这些组成分之间的相互关系，各自在生态系统中的生态位，形成了生态系统的结构；这些组成分与组成分之间的相互关系决定了生态系统的功能，即物质循环、能量流动、信息传递的状态；生态系统的功能运行是遵循着食物链、十分之一定律与金字塔营养级规律。生态系统的组成分、结构与功能决定了生态系统的生产力。这种生产力是农业产业发展的自然力，也是人类经济社会生产与发展的基础。人类作为自然界中一个特殊物种，有很强的干预与改造自然界的能力，但依然不能违背大自然的规律，否则只会事倍功半，或者使自己陷入不可持续发展的困境。

在所有的经济产业中，农业是与生态环境（自然界）最密切的产业。生态农业，简言之，就是遵循与利用农业生态系统中的生态规律来从事农业生产与经营的农业。在漫长的人类生存与发展过程中，生态农业的思想与实践一直在发展，内涵不断丰富，但是20世纪60年代之后，"工业式农业"的沉痛教训迫使人类深刻反思，与此同时，现代科技的快速发展、经济显著增长，以及生态文明思维的形成，使"工业式农业"之后的生态农业的内容更加综合自然、经济与社会因素，更具有创新性。因此，我们的研究将此阶段前后生态农业内涵丰富与概念发展的差异用"传统生态农业"与"现代生态农业"的表述来区别，即我们将20世纪80年代之前的生态农业归述为"传统生态农业"，而这之后的生态农业归述为"现代生态农业"。现代生态农业实践的创新使生态农业的概念较之传统生态农业的概念已大大扩展。遵循农业的生态本质，应用现代科学技术，建设开放式的农业生态经济系统；注重生态环境保护与资源合理利用，生产健康食品；融合农业三产，整合农业农村自然环境资源与文化资源，发展多功能农业；以生态农业产业集群等更有效的方式组织农业生产，实现农业可持续发展等，这些都是现代生态农业的内涵。在此，对于研究文献中呈现的各种有关生态农业概念的表述，我们选择现代生态农业时期（大约1980年代之后）具有代表性的学者观点，形成以下研究综述：

在我国，较早提出生态农业概念并产生影响的是叶谦吉（1988）教授，他认为"生态农业就是从系统的思想出发，按照生态学、经济学和生态经济学原理，遵循自然生态规律和社会经济规律，运用现代科学技术和管理手段，利用传统农业的经验、吸收现代农业的精华，建立起多目标、多功能、多层次的一种现代化农业生产模式"。中国农学家石山（1986）先生将生态农业定义为"根据生态学和生态经济学原理组织农业生产，充分利用当地的自然资源，利用动物、植物、微生物之间相互依存的关系，利用现代科学技术，实行无废物生产和无污染生产，提供尽可能多的清洁产品，满足人们生活、生产的需要，推动乡镇企业的发展，同时创造一个优美的生态环境。既有效地利用现代机械设备、化肥和农药，又要把它们纳入新的生产体系，尽量减少其污染影响和其他副作用，也充分吸收传统农业的经验和办法，并用现代科学知识加以总结提高。这种农业是一种科学的人工生态体系，具有整体性、系统性、地域性、集约性、高效性、调控性等特点，力争实现绿色植被最大、生物产量最高、光合作用最合理，经济效益最好、生态平衡最佳等目标"。钟毅、林卿（1992）认为生态农业是以"生态为基础、科技为主导"的现代农业发展模式，进行生态农业建设，就是在进行农业现代化建设。它不是全盘否定现代工业化的"石油农业"，主张合理投入化肥、农药、农机等现代物质技术要素。生态农业是科技型的现代农业发展模式，是科技高投入的技术密集型的农业生产体系，因此也不是传统的有机农业。生态农业生产系统是一个开放系统，把系统外部投入无机能量和有机能量结合起来，以避二者之短、扬二者之长，形成政策、科技、投入、生态"四位一体"的生态农业发展运行机制，实现农业持续、稳定、协调发展。刘思华（1989）、丁举贵（1990）、庄翠玲（1990）、边疆（1991）等学者也对生态农业内涵进行了相同内容的表述，表明我国学者在20世纪80年代末对现代生态农业的内涵已有了清晰与一致的认识。这之后，又有学者（李文华，2005）将现代生态农业内涵的发展归纳为："生态农业是一个把农业生产、农村经济发展和保护环境、高效利用资源融为一体的新型综合农业体系"。从科学理论和方法看，它要求运用生态系统理论与生态经济规律和系统科学方法，遵循"整体、协调、循环、再生"的基本原理，从生态经济系统结构合理化入手，建设生态优化的农业体系。它特别强调农林牧副渔大系统的结构优化和系统内各生产环节之间通过产业链接，既可充分发挥各个专业和行业部门专项职能，也强调不同层次、不同专业和不同产业部门之间的全面协作，形成生态经济系统良性循环的产业结构和综合管理的经济体系。此概念将现代生态农业的内涵拓展到农业相关产业结构优化、农村经济发展与环境保护。在此实践与研究发展阶段，生态农业的多功能性得到重视，无疑，这一概念进一步深刻了现代生态农业的内涵。这之后随着研究的深入，现代生态农业的内涵几乎包含了农业与农村可持续发展的内容，与此相对应的是，多功能生态农业成为现代生态农业的最重要特征。

　　作为世界农业发展的一部分，中国的现代生态农业发展与世界农业发展趋势有着相似的进程。国际上以经济相对发达国家为代表的研究者们对现代生态农业内涵的解释，经历了从替代农业实践阶段将生态农业理解为完全遵循自然规律的"有机农业""自然农业"等，到以"可持续农业"所包含的丰富内容来表述现代生态农业的内涵。例如，最初替代农业的出现是为了解决"工业式农业"（石油农业）带来的资源危机与环境危机，注重于保护农业生态环境，反对化肥、农药投入，主张利用农业生态系统生物多样性、生物之间相生相克原理，物质循环原理，用物理和生物的方法，管理农业生态系统。然而，由于替代农业的小规模、低产出特征，不符合经济规律，没有市场竞争力，也难以持续发展。在替代农业实践基础上，人们进一步思考与探索，生态农业实践的内容与理论都得到了发展，一种注重将传统的农业精华与现代科技相结合，注重生态、经济与社会协调的可持续农业概念得到普遍接受，现代生态农业有了更丰富的内涵。

　　根据百度文库资料[①]，"生态农业"这一概念是由美国土壤学家阿尔布雷奇（W. Albreche）于1970年首次提出。1981年，英国农学家沃星顿（M. Worthington）在前者基础上对生态农业的概念有所发展，定义为："生态上能自我维持、低输入、经济上有生命力，在环境理论和审美方面可接受的变化的小型农业系统"。1984年，美国农学家（W. Jackson）进一步将生态农业的概念定义为："生态农业是在尽可能减少人工管理的条件下进行农业生产，保护土壤和生物种群的多样化，控制土壤侵蚀，少用或不用化肥农药，减少环境压力，实现持久性发展"。从这些研究者对生态农业概念的描述，以及这些研究者的学科基础，不难

---

　　① 国内外生态农业研究现状，百度文库，https://wenku.baidu.com/view/52c9e42baf1ffc4fff47ac37.html.

理解，在现代生态农业的早期阶段，为了纠正工业式农业的弊端，人们更多地强调生态农业应遵循的自然规律，而忽略了经济规律对生态农业可持续性的重要作用。在此基础上，生态、经济与社会协调的可持续发展思想、实践与政策，使现代生态农业的内涵大大丰富。例如，国际农业研究磋商小组（CCIAR）的技术咨询委员会（TAC，1989）对持续农业定义是："成功地管理各种农业资源以满足不断变化的人类需求，而同时保持或提高环境质量和保护自然资源。"联合国粮农组织（1991）认为持续农业是"管理和保护自然资源基础，并调整技术和机构改革方向，以便确保获得和持续满足目前几代人和今后世世代代人的需求。这种持续发展能保护土地、水资源、植物和动物遗传资源，而且不会造成环境退化，同时技术上适当，经济可行，能够被社会接受"。20 世纪 80 年代末，多功能生态农业的概念在日本等较发达国家率先提出。1992 年，联合国环境与发展大会通过了《21 世纪议程》，并将其中的"可持续农业和乡村发展"定义为"基于农业多功能特性考虑上的农业政策、规划和综合计划"。

综上所述，现代生态农业的概念跟随着现代生态农业实践的发展而发展，经历了强调回归农业的生态本质，发展有机农业、自然农业、生物动力农业等，较短暂的替代农业阶段，然后很快就形成了可持续农业发展方向，出现了多功能生态农业的发展趋势与发展模式。可持续的多功能生态农业发展模式综合考虑农业发展的生态、经济与社会因素，将农业与农村发展联系在一起，以生态农业产业集群的组织方式，建立一个纵横交错的开放系统，整合农业与农村的景观、农耕文明、乡村文化，将创新服务作为现代农业满足市场需求，提升产业竞争力的突破口，以多功能生态农业的发展模式，实现农业与农村的可持续发展。可见，现代生态农业概念较之传统生态农业概念，在内涵上已大大丰富。

三、生态农业理论之发展

生态农业理论在生态农业发展中不断丰富。综合诸学者的研究以及我们对生态农业的观察与理解，我们将实践中生态农业理论的发展梳理为基于传统农业思维的生态系统理论，与基于现代农业思维的生态经济理论。后者体现的是对前者的传承与升华，前者凸显的是农业的生态本质。生态系统理论重点描述的是生物与其生存环境之间的自然规律，这些规律影响着系统的生产力，遵循这些规律农业生产就有可能达到事半功倍的效果，并实现生产力的可持续性。因此，生态系统理论是生态农业最基础的理论。

我们将生态系统理论内容的要点归纳为：（1）任何生物的生存都不是孤立

的，它必须与其周围其他生物与无机环境联系在一起，形成一个有机的整体——生态系统。（2）在生态系统中，生物与环境、生物与生物之间相互影响，通过物质、能量与信息的传递，形成生态系统生产力。（3）生态系统生产力受生态系统中组成分、结构影响。生态系统中组成分不同，以及组成分之间的相互关系不同，形成了不同的生态系统结构。不同的生态系统结构会形成不同的生态系统功能，从而形成不同的生态系统生产力。（4）生态系统生产力由生态系统功能决定。生态系统的功能是指生态系统中物质循环、能量流动与信息传递规律，它是系统运行与发展的动力机制。（5）物质循环是指生态系统中的植物通过光合作用，将环境中的无机物转化为植物体内的有机物，这个进入植物有机体内的物质在生态系统中会沿着食物链网逐级传递，最后在微生物的分解下又会以无机物的形式重新回到环境中，而这些回到环境中的物质会再次通过光合作用重新进入生态系统，沿着食物链网传递，以此形成物质的循环。（6）生态系统中物质的循环运动是靠能量的传递来完成的。生态系统中物质的循环过程也是能量的流动过程，能量传递是物质循环的驱动力。能量的传递过程也是能量的耗散过程。在自然生态系统中，能量主要来自太阳能。在农业生态系统中，能量还可以包含一切农业系统之外的负熵的输入，例如农业生产要素与生产资料的投入。在生态系统中，负熵的输入总是以形成正熵的形式被消耗掉，因此，能量的流动不能循环，是一个不断耗散过程，生态系统的运行必须不断有系统之外能量的输入。（7）生态系统的物质循环与能量流动要借助于生态系统的信息传递功能。在自然生态系统中，有各种的物理、化学信息在引导着生态系统物质与能量的流动。信息像一只无形的手在调节着生态系统的运转。（8）生态系统组成分以及这些组成分之间的相互关系，决定了生态系统结构，而生态系统结构决定了生态系统功能。生态系统功能决定生态系统的生产力（承载力）。生态系统的生产力是建立在各组成分（或者说各要素）之间相互联系与相互作用的基础上，因此，系统中某一组成分的改变，就会影响到其他组成分，从而引起系统结构、功能与生产力的变化。但生态系统有一定的自我调节能力，这种自我调节能力叫生态系统的负反馈机制。当生态系统受到一定程度的干扰与破坏时，这种负反馈机制会使系统恢复到原来的状态，保持生态系统的结构与功能的稳定。但生态系统的负反馈机制是有限度的，这种限度就是生态阈值。当对生态系统的干扰与破坏超过了生态系统的阈值时，生态系统的生产力就会被破坏。（9）简言之，生态系统是由无机环境与各种生物紧密联系而成的有机体，在这个有机体中，各种自然规律在支配着系统的运行，形成生态系统的生产力。遵循自然规律，利用生态系统的生产力，不仅能提高效率，还能获得可持续的生产力。生态系统理论是漫长的传统农业实践的依据，漫长的传统农业得以发展与延续正是由于遵循与利用了生态系统中的自然规律。

然而，进入到现代农业之后，经济与人口的快速增长，社会对农业产出有了更大需求，但农业的生产力要受限于自然规律，要受限于地球生态系统的承载力。在这一阶段，经历了无视自然规律，掠夺农业生态系统生产力导致不可持续发展的严重后果的沉痛教训之后，人们开始思考，如何在自然与经济规律的矛盾与统一之中寻找生态与经济协调发展的方式，由此形成了生态经济理论。生态经济理论是现代生态农业发展所依据的最重要的基础理论。

生态经济理论的重要思想可归纳为：（1）生态经济理论的研究对象是生态经济系统。该理论将人类经济活动的与其所赖以生存与发展的自然生态环境作为一个有机的整体——生态经济系统，为了分析该系统中生态经济规律，该理论将生态经济系统抽象为生态子系统与经济子系统两部分（现实中这两部分是不能截然分开的），认为，在生态经济系统中生态子系统的运行是遵循生态规律，而经济子系统的运行是遵循经济规律。生态规律决定了在某一个特定时期，生态子系统的供给能力是既定的。经济规律决定了，由于生态系统资源产权的公共品性质与生态系统资源利用的外部性，人类有可能由于追求自身与眼前利益的最大化，而掠夺与破坏生态系统的供给能力。但是，在生态经济系统的运行过程中，人类如果能够遵循与利用自然规律，同时用科学的方法调整生态系统的结构与功能，建设生产力更高的生态系统，就能在生态与经济良性循环中实现可持续发展。研究生态经济系统中这一生态经济矛盾对立统一的规律是生态经济学理论的核心思想。（2）当今世界，可持续发展问题使人类开始选择遵循生态文明的经济发展道路，经济学的资源最优配置准则有了新的标准。在生态经济系统中，资源的合理配置首先应体现在经济系统对生态系统资源的利用不能超过生态系统的供给能力，由于经济的发展必须建立在生态系统的供给能力基础之上才是可持续的。生态系统的物质循环规律揭示，发展循环经济，低碳经济，以生态文明的方式来发展绿色经济是优化资源配置。（3）生态系统资源利用具有产权难以明确界定、形成外部性、代际配置不公平等特征，因此制度创新与技术创新是促进资源优化配置，实现可持续发展重要途径，经济学的产权理论、外部性理论、资源配置效率理论等，都是生态经济学理论的基础理论。（4）制度创新可以促进技术创新。技术创新可以通过改变生态系统中品种、种群或组成分的性质与比例而改变生态系统的结构与功能，从而改变生态系统的生产力。制度创新可以在政策上鼓励资源的配置方式改变。制度创新与技术创新也可体现在生产要素组织方式的创新，例如，农业产业化经营、农业产业集群发展模式的形成等。（5）随着经济发展进程中市场对生态系统产出需求的变化，生态系统生产力除了具有传统的直接经济产品产出的价值外，还具有产生生态效益与旅游休闲服务效益的价值，即生态系统对于经济系统具有多重价值，随着经济发展进程中市场需求的变化，生态系统的多重价值将得到利用，并在市场中得到体现，从而进一步体现了经济系统对生态系统资源利用的优化与效率。

从上述生态农业基础理论形成、发展与主要内容的归纳中，不难看出生态农业实践发展与思维创新的过程。生态系统理论阐明生态农业的发展必须遵循与利用生态规律，生态系统理论来自传统农业的实践也一直在指导着传统农业的持续发展。在进入传统农业经济发展模式提供的产出无法满足经济与人口快速增长的市场需求阶段时，生态经济理论应运而生。破坏生态系统生产力的农业发展方式是不可持续的，而一味追求被动服从生态规律，降低经济效率的生态农业也是不可持续的。因此，要应用生态经济理论，主动利用自然规律，用技术方法、资源投入、管理创新等方法，调整农业生态系统的组成分、结构与功能，实现生态经济良性循环。生态经济协调发展的思维是现代生态农业实践创新与理论的发展。实践与理论的发展都表明，制度与技术创新是现代生态农业实现生态与经济协调发展的有效途径。在生态系统理论与生态经济理论结合基础上，现代生态农业的资源配置效率有了更丰富的内涵，与此同时，经济发展新阶段为现代生态农业生态系统多重价值的利用提供了可能，而生态农业产业集群的发展模式是实现农业生态系统多种价值的有效途径。生态农业产业集群是产业集群发展模式在现代生态农业发展中的应用，它体现的是产业经济发展的规律与特征，可以从产业集群相关概念与理论的梳理中得到更深刻的理解。

第二节　产业集群相关概念与理论

产业集群的概念与理论随着产业集群在实践中的发展而发展。产业集群是人类经济社会工业化进程的产物，从20世纪80年代开始，产业集群作为一种经济现象和经济发展规律，引起各方关注。在所有经济较发达的国家和区域都出现了产业集群发展模式。1990年迈克尔·波特在《国家竞争优势》一书首先用产业集群（industry cluster）一词描述产业集群现象。产业集群作为现代经济中的一种发展趋势，它的概念与理论的发展已相对完整。在此，我们借用诸学者已有的研究成果，对产业集群相关概念与理论作一个梳理，以其作为我们接下来的生态农业产业集群发展研究分析的理论支撑。

一、产业集群相关概念

百度资料①将产业集群的概念定义为："产业集群是指在特定区域中，具有竞争与合作关系，且在地理上集中，有交互关联性的企业、专业化供应商、服务供应商、金融机构、相关产业的厂商及其他相关机构等组成的群体。许多产业集群还包括由于延伸而涉及的销售渠道、顾客、辅助产品制造商、专业化基础设施供应商等，政府及其他提供专业化培训、信息、研究开发、标准制定等的机构，以及同业公会和其他相关的民间团体。产业集群超越了一般产业范围，形成特定地理范围内多个产业相互融合、众多类型机构相互联结的共生体，构成这一区域特色的竞争优势。产业集群发展状况已经成为考察一个经济体，或其中某个区域和地区发展水平的重要指标"。

从产业结构与产业组织的视角分析，产业集群是通过纵向产业链延伸与横向相关产业的关联，在某一空间区域形成的产业集聚，是产业结构与产业组织的优化。产业集群是介于市场和等级制之间的一种新的空间经济组织形式。这种经济组织形式相当于扩大了企业的边界。在集群中，企业可以用费用较低的集群内交易替代费用较高的市场交易，可降低交易费用。产业集群在原材料购买与新产品销售方面有更强的议价能力，能降低生产成本。产业集群通过纵向产业链与横向相关产业的关联，能形成有效分工合作，产生规模经济与范围经济，提高产业竞争力。产业集群能形成学习效应、品牌效应，促进科技创新。正是由于产业集群的这些优势，产业集群发展成为一种经济规律。

1998年，波特在他发表的《集群与新竞争经济学》一文中进一步阐述了产业集群的概念，他表述集群是特定产业中互有联系的公司或机构聚集在特定地理位置的一种现象。集群包括一连串上、中、下游产业以及其他企业或机构，这些产业、企业或是机构对竞争都很重要，它们包括了零件、设备、服务等特殊原料品的供应商以及特殊基础建设的提供者。集群通常会向下延伸到下游销售渠道和形成市场需求的顾客上，也会扩展到互补性产品的制造商以及与本产业有关的技能、科技或是共同原料等方面的公司，集群还包括政府和其他机构，像大学、制定标准的机构、职业训练中心以及贸易组织等，以提供专业的训练、教育、资讯及技术支援。

梳理诸学者的观点，我们将产业集群的内涵表述为：一是地理集中。产业集

---

① 百度知道，https：//zhidao.baidu.com/question/169150271.html.

群首先表现为地域上的集聚，是某一具有独特竞争优势的特殊产业在地理上集中的现象，这种地理集中的形成与该区域的资源禀赋、历史文化、经济基础、政策激励等有关。地理上集中也体现了产业集群的根植性与特殊性。二是关联组成。产业集群是由其中的优势产业与相关和支持产业，以及相关机构、组织和政府组成，而具有活力充满创新力的企业是其组成的核心，但相关和支持的企业、机构、组织和政府是集群创新力不可或缺的部分，包括提供原材料、设备、中间品、基础设施的供应商，服务企业产品市场销售的专业组织与贸易机构，还包括保障创新能力的研发、教育、培训机构与服务创新的金融、信息和政府平台。三是空间组织。产业集群是一种由独立的、非正式联系的企业及相关机构形成的空间组织形式，在这空间组织中，纵向产业链延伸与横向价值链扩展将众多企业、机构与组织关联在一起，形成稳定的供求关系，产生竞争力的创造。四是分工与专业化生产。众多优势企业与相关企业、机构组织聚集在特定空间区域而形成的产业集群，为分工与专业化生产提供了条件。专业化提高了生产效率与创新能力。五是集聚产生集群功能。产业集群是建立在产业集聚基础上，正是由于空间区域的集聚，使产业集群能形成规模经济与范围经济，使集群中的众多小企业在保持自己特色与柔性服务的同时获得集群规模经济的效益，以及分享基础设施、金融与信息服务收益，增强了企业的创新能力。空间区域的集聚，企业间近距离观察与潜移默化会形成学习效应，促进集群的技术创新，创造竞争优势，集群形成了促进学习和创新的氛围。同时，集群也会产生集群品牌效应，进一步增强竞争优势。六是合作竞争机制。产业集群是在合作竞争中发展，合作从来就是竞争的合作。集群合作中的企业相互之间不仅会形成学习效应，也会形成竞争压力。竞争会促进创新，合作竞争是产业集群能保持竞争优势，获得持续发展的机制。七是形成国家竞争优势。产业集群发展的核心是形成国家产业竞争优势。在产业集群中，生产要素，市场需求，相关与支持产业，企业战略、结构与竞争，以及政府与机遇这些要素之间的联系、协调与推动会创造国家产业竞争优势。

二、产业集群理论之发展

产业集群是工业化发展进程中出现的普遍现象，20 世纪 80 年代，产业集群对国家和区域经济发展的重要贡献引起了学界、政界与商界的重视，产业集群理论得以创立。1990 年美国哈佛商学院教授，迈克尔·波特在《国家竞争优势》一书中首先用"产业集群"的表述对产业集群现象进行分析。就像产业集群是经济发展进程中的产物一样，产业集群理论也是在吸取已有经济理论基础上而形成。我们从产业集群理论发展的角度，从经济学理论发展中梳理产业集群理论形成的源流。

（一）古典经济学

产业集群能产生经济效率最重要的方面之一是有效的分工合作。而分工合作的效率在以亚当·斯密（Adam Smith，1776）为代表的古典经济学理论中就有很深刻的分析。亚当·斯密认为，一国国民财富积累最重要的原因是劳动生产率的提高，而劳动生产率的提高是分工的结果。古典经济学理论中有关分工提高劳动生产率主要理论观点可归纳为：（1）分工可以形成专业化生产，专业化的熟练使劳动生产率提高。（2）分工促进专业化，专业化使人们专注于某一环节，更容易产生技术变革与创新，促进技术进步。（3）分工形成专业化使操作更加简单与重复，而这为机器代替人工提供了条件，机械化大大提高劳动生产率。因此，古典经济学理论中有关产业集群的思想体现在：一方面，分工与专业化提高劳动生产率，扩大经济规模；另一方面，分工与专业化进一步促进分工与专业化，形成产业在一定地理区域的集聚。

（二）新古典经济学

新古典经济学代表人物马歇尔继承了亚当·斯密对劳动分工促进经济规模与产业集聚的思想，并进一步从外部经济分析产业集聚与产业集群形成的原因。马歇尔在其《经济学原理》一书中描述了外部经济与产业集群之间的密切关系归纳。新古典经济学理论中有关产业集群发展的思想主要是：具有分工性质的企业在特定地区的集聚会产生外部经济，也就是，产业集聚会形成劳动力市场规模效应以及原材料供给与产品运输的规模效应。产业集聚会使相关的辅助产业在集聚区形成，还会形成学习效应，促进技术创新。

（三）经济区位论

以韦伯为代表的一些经济学家则从经济区位的视角来分析产业集聚与产业集群效应形成的原理。

德国经济学家韦伯，1909年出版《工业区位论》，由此创立了工业区位理论。韦伯基于对德国产业革命之后工业较快发展、产业与人口向大城市集中现象的观察，以生产、流通、消费环节的工业生产活动为研究对象，探索工业区位形成的经济原理，阐明产业集聚的机制。韦伯在"工业区位理论"中将影响工业区位的经济因素称为"区位因子"。他认为，对工业区位起作用的区位因子主要是运输成本（运费）与劳动成本（工资）因子，以及集聚与分散因子（也就是经济规模效益）。某一区域的交通条件与劳动力价格是工业区位形成的重要条件之一。所谓集聚因子就是一定量的生产集中在特定场所带来的生产或销售成本降低，也就是集中产生了规模经济的效应。而分散因子则是指消除集中而带来的生产成本降低，即产业的区位集中会形成规模经济效应，但集中的程度是以生产成本的降低为界限。韦伯认为，集聚因子的作用分为两种状况：一是由企业本身经营规模的扩大而产生的生产集聚，这种集聚是由于企业扩大规模能获得利益增加而产生的；二是由多种企业在空间上集中产生的集聚，这种集聚是集聚区内企业间的分工、协作和基础设施的共同利用所产生的利益。在此思想基础上，韦伯对产业集聚程度的界限从成本节约的角度进行定量分析，得出当集聚带来的运输、劳动等生产成本节约时，产业集聚便会产生。从另一个角度说就是，当集聚已经不能带来生产成本的节约时，进一步的集聚就会停止。显然，韦伯区位理论中所描述的第二类集聚状况就是现代经济学所指的产业集群。韦伯是第一个系统的建立了工业区位理论体系的经济学者。他所建立的完善的工业区位理论体系，为后者的研究提供了分析方法和理论基础。韦伯区位论的最大贡献之一是最小费用原则，即费用最小点就是最佳区位点。胡佛在 1948 年出版的《经济活动的区位》中，把产业集聚产生的规模经济定义为某产业在特定地区的集聚体的规模所产生的经济。他认为，就任何一种产业而言，规模经济有三个不同的层次：一是单个生产经营单位，例如工厂、商店等的规模决定的经济；二是单个公司，即企业联合体的规模决定的经济；三是该产业某个区位的集聚体的规模决定的经济。显然，产业集群的规模经济是属于第三层次的。可见规模经济是产业集群重要特征之一，也是产业集群形成的原因之一。

（四）增长极理论

在以经济学家佩鲁为代表的"增长极理论"中，也充满着有关产业集群形成机理的描述。增长极理论是法国经济学家佩鲁（Francois Perroux）于 1950 年首次提出。佩鲁认为经济发展的主要动力是技术进步与创新，而创新通常是集中于那些规模较大、增长速度较快、与其他部门相互关联效应较强的产业中。佩鲁称具有这些特征的产业为"推进型产业"。推进型产业与由其带动的被推进型产业通过产业的后向、前向以及侧向联系，在区域形成经济联合体，推动区域经济发展。这种推进型产业就起着增长极的作用。佩鲁认为，增长极理论的核心是推进型产业对被推进型产业的支配效应。支配效应又可表现在乘数效应和极化效应。由于推进型产业与被推进型产业在经济上的前向、后向与侧向联系，推进型产业能够通过投入—产出的关联而对其他产业发展产生乘数效应，也就是推进型产业的投入引发了系统产出成倍的增长；当推进型产业生产的增加导致区域外的其他活动产生时，极化效应发生。极化效应所导致的区域外的其他活动可能是推进型单位的投入品供给活动，也可能是推进型单位的产品需求活动。增长极是围绕推进型产业而形成的极具活力的一组产业。增长极具有技术、经济方面的先进性，能够通过与周围地区的要素流动关系和商品供求关系对周围地区的经济活动产生支配作用。也就是说，周围地区的经济活动是随着增长极的变化而发生相应的变动。因此，增长并非出现在所有地方，而是以不同强度首先出现在一些增长极上，通过这些增长极的推动，最终对区域经济产生影响。当某一区域形成推进型产业，或政府将某一推进型产业植入某一区域后，就会产生围绕推进型产业的集聚，再通过乘数效应与极化效应，促进地区经济的增长。

增长极理论认为：一个国家要实现平衡发展只是一种理想，在现实中是不可能的，经济增长通常是从一个或数个"增长中心"逐渐向其他部门或地区传导。因此，应选择特定的地理空间作为增长极，以带动经济发展。法国经济学家布代维尔（J. B. Boudeville）将增长极理论引入到"区域经济理论"中，之后美国经济学家弗里德曼（John. Friedman）、瑞典经济学家缪尔达尔（Gunnar Myrdal）、美国经济学家赫希曼（A. O. Hischman）等，他们的研究进一步丰富和发展了增长极理论。

增长极理论从区域经济发展的角度论证了产业集群的形成与发展是经济规律。该理论描述了产业集聚与产业集群形成的机制，为分析区域特色产业集群的形成与发展提供了理论依据。

（五）新经济地理学

以美国经济学家保罗·克鲁格曼（Paul R. Krugman）为代表的新经济地理（new economic geography）学派，从一个新的角度对产业集聚现象的经济学分析作出贡献。新经济地理学以 Dixit – Stiglitz Model（D – S 模型）（1977）的垄断竞争分析框架为基础，借助新贸易理论和新增长理论的核心假定——收益递增思想建立了描述产业聚集的中心—外围模型（Core – Periphmy Model，克鲁格曼，1991）。该模型的基本假定为：一个国家有两个地区，有两种生产活动——农业与制造业；农产品同质，其生产规模报酬不变，密集使用的生产要素是不可移动的土地，因此农产品的空间分布很大程度上由外生的土地分布情况决定；制造业包括许多有差异的产品，其生产具有规模经济和收益递增的特征，正是由于规模经济的存在，每种制造品的生产将只在为数不多的地区进行，从而产生了产业的集聚。"中心—外围"模型分析依赖于规模经济、收益递增以及运输成本和市场需求这些因素之间的相互作用。该理论提出了一个普遍适用的分析框架，那就是，以收益递增理论为基础，借用报酬递增分析工具，引入地理区位等因素，分析了空间结构、经济增长和规模经济之间的相互关系，从理论上说明了工业活动倾向于空间集聚的一般性趋势与经济学原因，并阐明由于外在环境的限制，如贸易保护、地理分隔等原因，产业集聚的空间格局可以是多样的，特殊的历史事件将会在产业集聚的形成过程中产生路径依赖性，而且产业空间集聚一旦建立起来，就倾向于自我延续下去，如果最初的产业集聚归于一种历史的偶然，初始的优势也会因"路径依赖"而被放大，从而产生"锁定"效应，所以集聚的产业和集聚的区位都具有"历史依赖"性。克鲁格曼新经济地理学理论的贡献还在于，他第一次通过数学模型分析证明了工业集聚将导致制造业中心区的形成。新经济地理学理论使产业集聚的经济学分析有了更科学的方法，而且较之以往的理论，该理论还增加了对产业集群形成的根植性、历史性、必然性与偶然性的描述与分析。

（六）新制度经济学

新制度经济学（new institutional economics）用交易费用理论来解释产业聚集现象，其核心思想是：企业通过内部管理代替市场交易从而降低生产成本；产业集群是一种界于企业与市场之间的中间组织，这种组织将市场中若干竞争的经济主体通过集群中分工与合作的经济联系来节约市场交易费用，形成集群竞争力。

交易费用是新制度经济学最基本的概念。交易费用思想是科斯（Ronald Harry Coase）1937 在《企业的性质》一文中首先提出的。科斯认为，市场机制是一种配置资源的手段，企业也是一种配置资源的手段，二者是可以相互替代的。市场机制的运行是有成本的——存在交易费用。因此，通过形成一个组织（企业），并允许某个权威（企业家）来支配资源，就能节约某些市场运行成本。在企业内部，市场交易的复杂过程被取消，而由企业内部的管理控制来代替。企业通过将依靠市场价格机制来配置资源的方式转为企业内的资源配置方式，能节约交易费用。交易费用的节省是企业产生、存在以及替代市场机制的唯一动力。但企业管理也是有费用的，企业规模过大可能增加管理的难度，从而增加管理费用，因此企业规模不可能无限扩大，企业与市场的边界就在于，利用企业方式组织交易的成本等于通过市场交易的成本。

科斯交易费用理论旨在阐明：企业或其他组织作为参与市场交易的单位，其经济作用在于，若干经济主体组织成一个整体去参与市场交易，可以减少市场交易者数量，降低信息不对称的程度，减小不确定性，最终减少交易费用，降低生产成本，提高企业或组织整体市场竞争力。交易费用理论是分析产业集聚与产业集群形成动力机制最重要的理论依据。

科斯交易费用思想的贡献在于，使经济学从新古典经济学描述的零交易费用世界走向大量交易费用存在的现实世界，从而获得了对现实世界更强的解释力。在科斯之后，威廉姆森等经济学家们对交易费用理论进行了发展和完善。威廉姆森（Oliver E Williamson，1977）将交易费用分为事前的交易费用和事后的交易费用。他认为，事前的交易费用是指由于未来的不确定性，需要事先规定交易各方的权利、责任和义务，而明确这些权利、责任和义务过程就要花费成本和代价。事后的交易费用是指交易发生以后的成本，这种成本表现为各种形式，例如：交易双方为了保持长期的交易关系所付出的代价；修改与变更事先确定的不够完善或错误的交易事项的费用；取消交易协议所需要付出的成本等。威廉姆（1980）将交易费用的影响因素归纳为：信息不对称；环境不确定性；机会主义等。按照科斯和威廉姆森的观点，产业聚集有助于减少环境的不确定性、克服交易中的机会主义和提高信息的对称性，从而降低交易费用。

（七）产业集群竞争优势理论

工业化进程中产业集聚现象的出现与产业集群的形成是经济发展的规律，是由于产业集群能形成竞争优势。随着产业集群实践与理论的发展，产业集群竞争力远比企业竞争力受到更多的重视，产业集群的竞争优势成为区域或国家竞争力提升的重要基础。波特（Michael. E. Porter）1990 年在《国家竞争优势》（the competitive advantage of nations）一书中指出，国家竞争优势的获得关键在于产业的竞争力，而产业的发展往往取决于一国若干区域内形成的具有竞争力的产业集群。因为产业集群的发展有利于形成创新的环境，会提高集群中企业创新的机会与能力。而产业集群的发展是基于相关企业与产业由于经济和其他因素倾向于地理上的集中。

波特从国家竞争优势的角度来研究产业集群的竞争力。他认为，产业在地理上的集中主要是竞争的结果，国家是企业的外在环境，因此，一国能否有效地形成促进创新的竞争性环境，是评价一个国家产业竞争力的关键。国家政府的目标是为国内企业创造一个适合创新的环境。他提出决定国家竞争力的四个关键因素与两个附加要素：生产要素；市场需求；相关与支撑产业；企业战略、结构和竞争；以及机遇和政府。这四个要素和两个因素构成了波特的国家竞争力"钻石模型"。"钻石模型"描述了这些要素与因素如何为国家特色产业持续创新和升级创造条件。

生产要素是指人力资源、天然资源、知识资源、资本资源、基础设施等。波特将生产要素划分为初级生产要素和高级生产要素。初级生产要素主要指具有禀赋性质的资源，例如天然资源、气候、地理位置、非技术工人、资金等，高级生产要素主要是指科技和知识投入后形成的具有高生产力的生产要素，例如现代通讯、信息、交通等基础设施，受过高等教育的人力、研究机构等。波特强调了高级生产要素对获得竞争优势的重要性，并指出高级生产要素形成需要先前大量人力和资本的投入，因此必须自己来投资创造，很难从外部获得。高级生产要素决定了竞争优势的质量，是一个国家产业强大、有持久优势的基础。如果国家把竞争优势建立在初级生产要素禀赋的基础之上，很难形产业链高端的竞争力，无法获得全球竞争优势。

市场需求主要指国内市场需求，因为它是产业发展的动力。波特认为全球性的竞争并没有减少国内市场的重要性。相对于国外的竞争对手，本国的企业更容易及时发现国内的市场需求。满足国内市场需求激发出的创新能使本国企业在国际市场的竞争优势得到提升。

相关和支持产业是指产业集群中与具有国家竞争优势产业相关的上游产业或支持性产业。在具有国家竞争力的产业集群中，优势产业不可能独自崛起，它一定是与相关和支持性产业互相促进，共同成长，密切相关。这些产业是优势产业获得竞争优势的基础，优势产业也会带动相关和支持性产业发展，这些产业本身也是具有竞争力的。集群的优势竞争力是集群中优势产业与其相关和支持性产业竞争力的共同体现。

企业战略、结构和竞争要素是指企业的发展战略、组织结构和同业竞争（或国内竞争）。企业发展战略和组织结构是关于企业发展目标和如何实现发展目标。各国政府设定的发展目标、企业自身的发展目标、个人事业目标等，都会影响企业战略目标的形成。一个企业要想获得成功，必须善用本国的历史文化资源，学习国内具有优势的管理方法与组织模式，融入当地社会，形成适应本国特殊环境的企业发展战略和组织结构。历史文化、社会资源、管理模式等，这些因素会构成产业竞争力的来源。波特特别推崇自由竞争，他认为，自由竞争是国家竞争力的源泉。创造与持续产业竞争优势的最大推动力是国内市场强有力的竞争对手。激烈的国内自由竞争，不仅能够提高本国企业的竞争优势，而且使企业更有能力开拓国际市场。在国际竞争中，成功的产业必然先经过国内市场的激烈竞争，迫使其进行改进和创新，不断形成竞争优势，没有国内市场的竞争，就没有走向世界的能力。强劲的良性国内市场竞争与随之而来的长期竞争优势，是外国竞争者无法复制的。国际市场的需求与国内市场的竞争压力，是产业国际竞争优势形成的动力。

机遇是指影响产业竞争优势形成的各种机会。机遇可以影响上述四大要素发生变化而影响产业竞争优势的形成。波特指出，对企业发展而言，能形成机遇大致有几种情况：科技创新；生产成本由于外因突然改变，例如石油危机；金融市场或汇率的重大变化；市场需求的剧增；政府的重大决策；战争等。机遇通常是双向的，有些竞争者获得优势的同时有些竞争者却丧失优势，只有能满足新需求的企业才能有发展"机遇"。

政府是指在产业竞争优势形成过程中政府应发挥的作用。政府的作用应在进一步发挥市场机制中实现。政府可以通过制度规范市场竞争，保证市场处于活跃的竞争状态。同时，政府的政策可以引导和加强产业竞争优势的形成，例如政府在区域产业竞争优势形成过程的不同阶段，给予不同的政策鼓励和支持，以促进产业竞争优势的形成。此外，政府可以提供企业所需要的资源，政府还可以对一些基础设施、金融、信息平台直接投资，创造产业发展的环境。

波特的国家竞争力"钻石模型"理论阐明：（1）产业集群发展是动态的过程，只有不断创新才能保持竞争力，才能在集群发展生命周期的不同阶段，通过创新形成新的生命力，提升竞争优势。创新是产业集群的核心。"钻石模型"中影响产业竞争力的六大因素构成了集群中企业创新的环境，会影响企业的创新动力与能力，而产业集群的创新力与竞争力正是集群中各个企业创新能力的综合与最终体现。（2）地理集中是产业集群发展的必要条件。产业集群是一种在地理上集中的空间组织。首先，地理集中而形成的产业集群能使"钻石模型"中所描述的六大因素更容易相互作用、协调提高，形成产业国家竞争优势。其次，地理集中造成的竞争压力可以提高创新能力。在产业集群中企业之间形成了竞争与合作的关系，如果企业不能保持其竞争力，就有可能被更具有竞争力的新企业所取代。在地理集中而形成竞争环境的产业集群中，竞争的压力会形成创新的动力。产业集群是集群中企业竞争力的外部环境，集群的环境优势最终会体现在集群中企业的竞争力上。（3）产业集群能创造竞争力。产业集群是在特定领域具有独特竞争优势的企业与相关和支持机构在某一区域（地理上）的集中。这种由独立的、非正式联系的企业及相关机构形成的产业集群，会形成一种纵向延伸、横向扩展的价值链组织形式，这种新的价值链空间组织，能在效率、效益方面创造竞争优势。它所产生的持续竞争优势与特定区域的文化知识、社会关系及激励机制有关，是远距离的竞争对手所不能达到的。

从上述产业集群理论发展脉络梳理中可看出，产业集群理论随着产业集群实践的发展而发展，作为经济学理论的一部分，产业集群理论的内容随着经济学理论的发展而不断丰富。产业集群理论中的一些基本思想，可以追溯到古典经济学理论，产业集群的核心理论可以在经济学理论发展中找到源流。

在以亚当·斯密为代表的古典经济学中，产业集群理论中有关分工促进专业化生产，专业化生产提高劳动生产率，分工进一步促进分工，形成生产规模，促进产业集聚的理论与现象，都有深刻的分析与生动的描述。新古典经济学代表马歇尔在继承与发扬了亚当·斯密劳动分工促进经济规模与产业集聚思想的基础上，从"外部经济"角度进一步分析产业集聚形成的原因，指出产业集聚会形成劳动力市场规模效应、原材料供给与产品运输的规模效应以及使相关的辅助产业在集聚区形成的效应。以韦伯为代表的一些经济学家从"经济区位"的视角补充了马歇尔的产业集聚形成"外部经济"的分析。提出影响某一经济区位产业集聚的"区位因子"主要是劳动力与运输成本以及规模经济效应。韦伯建立了完善的工业区位理论体系，为进一步的研究提供了分析方法和理论基础。以佩鲁为代表的一些经济学家以"增长极理论"描述产业集聚与产业集群形成机理的。佩鲁认为经济发展的主要动力是技术进步与创新，而创新通常是集中于那些规模较大、增长速度较快、与其他部门相互关联效应较强的产业中，这种产业就起着增长极的作用。"增长极理论"从区域经济发展的角度论证了产业集群的形成与发展是经济规律。以保罗·克鲁格曼为代表的新经济地理学学派，从"新经济地理学"的角度对产业集聚现象的经济学分析作出了贡献。新经济地理学以 D－S 模型的垄断竞争分析框架为基础，建立了描述产业聚集的"中心—外围模型"。从理论上说明了工业活动倾向于空间集聚的一般性趋势与经济学原因。以科斯和威廉姆森为代表的新制度经济学，重点从"交易费用"的角度分析产业集群形成与发展，指出产业集群是介于市场与企业之间的一种组织，它能以集群内部的交易代替市场交易而节约交易费用。此外，产业集群能减少不确定性，信息不对称与机会主义，这些都会降低交易费用。以波特为代表的"产业集群竞争优势理论"用"钻石模型"理论从国家竞争力优势角度来分析产业集群。在已有理论基础上，更系统地分析了产业集群的特征、产业集群形成的条件、产业集群的组成结构与空间组织的特点、产业集群的功能、产业集群持续发展的动力与机制。

综上所述可见，正如产业集群越来越成为现代经济的重要发展模式一样，随着实践的发展，产业集群理论越来越成为现代经济学理论中的重要组成部分。显然，产业集群的实践与理论研究发展于工业化进程中工业产业的发展。然而，随着农业产业生产率的提高和特色农业的发展，农业产业集群也在实践中不断涌现，并显示出它们是提升农业产业竞争力的重要发展模式。而随着可持续发展目标确立与多功能农业的发展，生态农业产业集群正在成为农业产业集群发展的方向。

第三节　农业产业集群与生态农业产业集群

一、农业产业集群的要义与效率

根据联合国经合组织（OECD）的定义，"农业产业集群是指一组在地理相互临近的以生产和加工农产品为对象的企业和互补机构，在农业生产基地周围，由于共性或互补性联系在一起形成的有机整体"。农业产业集群作为产业集群的一种类型，在集群产生与发展的条件、参与主体的构成、集群的组织方式、集群的效益等方面，与一般产业集群有共同的特征。

农业产业集群的形成与地域特色资源禀赋、农耕文化传承、区位优势、政策鼓励与历史机遇等因素有关。农业产业集群参与主体通常是农产品加工、销售具有实力的企业、相关的生产资料供给企业与众多的农户，以及相关的科研院所、各种农业协会组织、金融与信息服务平台、地方政府等。农业产业集群中各参与主体相对独立但又因经济利益而紧密联系与合作，形成一种介于市场与企业之间的组织形式。在农业产业集群中，各参与主体通过产业链的纵向延伸与横向扩展以及提供服务的方式，形成投入产出的利益关系，分享集群的竞争力与收益。显然，地域上相对集中的农业产业集群能产生规模经济与范围经济的收益，能形成促进创新保持竞争优势的动力。农业产业集群之所以能增加收益、形成发展动力，是因为农业产业集群使相关的利益主体聚集在一定的区域空间能产生诸多方面的效率和效益：（1）专业化市场降低交易费用与生产成本。农业产业集群不仅能分享基础设施与技术溢出效应，同时还由于劳动力、生产资料供应、产品销售专业性市场的存在而降低交易费用与生产成本，专业化市场也使集群中的参与主体，由于集群形成的规模经济而受益。（2）分工与专业化生产推进创新与规模经济形成。农业产业集群能形成有效的分工与合作。分工能促进专业化生产，专业化生产能促进创新，创新又进一步促进专业细分，聚集的细分专业通过合作形成规模经济。农业产业集群不仅使农业产业链纵向延伸，也使相关的提供产业生产资料与服务的企业与机构在集群中得到发展，形成范围经济。（3）产生学习效益。在产业集群中，企业间形成了一种既合作又竞争的关系，竞争压力使企业要不断创新与相互学习，空间聚集的产业集群，便于近距离的观察与领会，使产业集群中容易形成学习效益，使创新的知识技术与管理方式能在集群中迅速扩散，促进科技与管理的创新。受益于知识生产力的集群参与主体，不仅使单个企业的竞争力得到增强，最终会使整个集群的竞争力得到提升。（4）产生品牌效益。产业集群的竞争优势会形成品牌效益，品牌效应会吸引更多的资金、人力资本、研发机构、加工与销售及其他企业等生产要素与资源向集群集聚，同时品牌效应会带来集群产出的市场需求的增加。因产业集群优势而形成的品牌是有价值的，品牌效益提高了产业集群竞争力。但是品牌效益的保持也依赖于产业集群竞争力的不断提升。因此品牌效应给产业集群带来效益的同时也促进产业不断创新，提升竞争优势。

二、农业产业集群的特点

农业产业集群是农业生产力提高后出现的现象，农业产业集群的形成与发展体现了经济发展规律，正如工业产业集群随工业化进程的发展而产生一样。但由于农业本身的特点，农业产业集群除了具有一般产业集群所具有的特征外，与工业产业集群比较也有不同的特点。相比较而言，由于农业对土地以及由土地为核心组成的农业自然生态系统的依赖更加紧密，通常农业产业集群中的参与主体在地理区域分布（或者说单位土地面积上）的集中度要低于工业产业集群，具有空间的相对分散性特征，也就是说，农业更加依赖于自然生态环境的空间而发展，而工业相比较而言可以更密集地集中于某一地域空间。同时由于农业生态系统类型的区域禀赋特征，农业产业集群更具有区域性与根植性。也就是说，具有专业特色的农业产业集群必须以区域空间的资源禀赋为依托。而中国的农业产业集群由于经济体制与土地制度等原因，在集群的参与主体中，"龙头企业＋众多农户"的特点十分凸出。

三、生态农业产业集群产生的原因与定义

随着农业产业集群在实践中的发展，为满足人均可支配收入增长后居民对农业产出消费需求结构的变化（例如居民对农业休闲与乡村旅游服务这类农业产出的需求不断增长，而对农产品产出的需求受恩格尔定律的支配不会有太大的增长空间），生态农业产业集群作为农业产业集群创新与升级的模式，呈现出方兴未艾的势头，将成为现代农业的重要发展模式。由于目前有关生态农业产业集群的

研究在文献检索中寥寥无几，我们将生态农业产业集群定义为：地理上相对集中的从事生态农业生产的经营主体（企业、农户、服务机构、中介组织等），按照保护环境、合理利用资源、实现生态与经济良性循环的生态经济原理，通过有效的分工、合作与竞争，使生态农业优势与多功能价值在市场中得到实现的、表现出具有创新力、竞争力与地域集中特征的群体。

生态农业产业集群是生态农业的发展模式与农业产业集群发展模式的结合。农业产业的最大特征是它的发展，与其所依托的自然生态系统密切相关。生态农业最核心的内容就是遵循生态与经济协调的原理从事农业生产活动。因此农业产业集群可持续发展要以生态农业为根基，而生态农业的优势与多重价值要依托生态农业产业集群的组织效率来实现。农业产业集群最重要的功能是能形成竞争优势，而只有不断地创新，才有生命力，才能保持竞争优势。生态农业产业集群是农业产业集群的创新与升级。

四、生态农业产业集群是农业产业集群的创新与升级

生态农业产业集群是生态农业发展模式与农业产业集群发展模式的结合。这种结合创新了农业生产的潜力与空间，创新了农业的内涵，创新了资源利用方式与配置效率，创新了市场供给，创新了农业发展模式。因此，生态农业产业集群是现代农业产业集群的创新与升级。

（一）生态农业产业集群是农业产业集群的创新

生态农业产业集群是农业产业集群的创新，可从以下三方面分析得以阐明。

1. 利用农业多功能性创新价值

生态农业产业集群可以利用生态农业的多功能性创新农业价值。发展生态农业产业集群首先是思维的创新。这种思维的创新使农业产业的发展有了巨大的潜力与广阔的空间。长期以来，农业的思维与实践都是提供人类所需要的食物，这成为农业的主要功能。尽管农业的多重功能始终存在，但在满足食物需求的目标下，农业的其他功能被忽略，甚至要为满足食物需求的目标而"牺牲"（例如，不合理农业经济行为造成农业生态环境破坏）。生态农业的多功能性可以利用农业的多重价值创新供给，使现代农业有更大的发展潜力与空间，而生态农业产业集群的效率与组织方式为农业多功能价值的利用提供了可能。

2. 利用市场需求变化机遇创新供给

经济发展进程中随着人均可支配收入增加，居民对农业产出需求的变化，为

多功能生态农业多重价值利用与实现提供了机遇，使农业的内涵发生了变化。在人均可支配收入不断提高的当今，受恩格尔定律的限制，农产品将只是农业产业经济产出的一部分，而居民对农业其他产出的需求（例如农业休闲与乡村旅游）会不断增加。农业将不再是只提供初级农产品与其他原材料的第一产业，农业休闲与乡村旅游、保护与改善生态环境等服务产出将成为农业产出的重要部分，而且这种农业的服务产出会在与农产品产出相辅相成中成为农业产出中越来越重要的部分。生态农业产业集群的效率为生态农业多功能价值的利用提供了能力，人均可支配收入增长后居民消费需求的变化为生态农业多功能价值的实现提供了机遇。

3. 利用生态农业产业集群创新资源利用与配置方式

生态农业产业集群能够使生态农业的多重价值得到利用并在市场中实现，是基于生态农业产业集群对资源要素利用与配置的创新。资源要素利用的创新是指，原来不被作为生产要素的资源在生态农业产业集群的发展模式中将成为重要的生产要素并创造价值。资源要素配置的创新是指，同样数量与质量的资源要素由于利用与组合方式的不同会创造出更大的价值。

在经济学理论中，农业生产的资源要素被归结为劳动、土地、资金和技术。在我们通常所分析的农业产业发展中，支撑农业生产的自然生态系统与农村社会和乡村文化只是农业生产的环境条件。但是在生态农业产业集群的发展模式中，农业自然生态系统中的清新空气、美丽景观、独特的田园风光、农耕文明与乡村文化、乡村社会风情等，都将成为多功能生态农业产业集群发展中的重要资源要素。因为在多功能的生态农业产业集群中，传统的农产品产出将只是农业产出中的一部分，而利用优美的农业自然景观、清新的农村生态环境、丰富的乡村文化等资源，创造"农业休闲与乡村旅游"等服务产出将是农业产出中的重要部分，这就是生态农业产业集群对资源要素利用的创新。这种资源要素利用创新的特征还表现在：（1）它的利用是非耗竭性的，虽然自然景观与乡村文化等要素也是稀缺的。因为这类资源的利用不会因为农业服务的产出而被消耗掉，相反，相关的主体会由于经济利益的激励更加注重对这类资源要素的保护与培育，因此这类资源的利用会表现出可再生与可持续的特征。（2）而且这种资源要素的利用还有外部经济特征，例如，农业优美的自然生态系统不仅是生态农业产业集群"休闲农业与乡村旅游"服务产出的重要的生产要素，它还会给周边区域的居民带来环境改善的效益。再如，丰富的乡村文化成为生态农业产业集群服务产品产出的重要资源要素后，会使乡村文化得到更好的传承，不仅能让当代人受益还能让子孙后代受益。

资源要素配置的创新可理解为资源要素利用与组合方式的创新。之所以是创新是因为提高了资源的配置效率，而资源配置是否有效率是相对于社会福利是否改善而言。经济学原理阐明，相同数量与质量的资源要素，会由于利用方式和组合方式的不同而形成不同的效用，也就是说不同的利用与配置方式对社会福利的改善会有差异。经济学理论用效用可能性曲线与可能的最优社会福利曲线相交的那一点来表达资源要素的最优配置。也就是说，资源要素可以有不同的利用方式和组合方式，由此会产生不同的效用组合，但只有能改善社会福利的资源配置才是有效率的，而只有在资源的配置效率形成的效用组合实现了社会福利最大化时，才是资源的最优配置。例如，一片森林的利用，应有多少用于生产林产品，有多少用于环境保护与提供旅游服务，才能实现优化配置，可以社会福利是否改善为衡量标准。事实上，社会福利是需求变化的函数。在不同的经济社会发展阶段，人们对福利的认识不同。生产要素利用方式和组合方式的创新会创造效益，效益是相对于社会福利而言的，而社会福利的内涵会随着市场需求的变化而变化。资源要素配置创新后的产出能满足市场需求时，就是有效率的。例如，优美的农业自然景观，可以是农业生产的环境要素，也可以是创造农业服务产出的资源要素，第二种利用方式可以创新市场供给，满足市场需求，增加社会福利。但这种效用满足而增加的福利是建立在经济发展后居民需求变化的基础之上。如果这是资源利用方式创新所产生效益的例子，那么资源要素组合方式创新而形成的效益则表现在同样数量与质量的资源，由于资源要素组合方式的改变而产生不同的效益。例如，同样数量与质量的农业劳动力，如果都用于农产品生产，可能会由于农业劳动投入边际收益递减或者是农产品供过于求，不能达到最好的效益。如果将其中的部分劳动力，或者充分利用农业季节性用工的差异形成的暂时多出的劳动力资源，用于提供休闲与观光农业的服务性生产，这种劳动力资源配置的重新组合，就可能大大提高农业劳动力资源配置效率。再如，同样数量与质量的土地资源，将其中的部分用于体验农业的 DIY 活动，所创造的价值将比单纯用于耕作生产要大。再如，将一定数量的资本投资于基础设施建设与环境改善，人才培养与技术研究，从长远一点看，会形成更大的效益。

在生态农业产业集群中，将土地、资金、劳动力与自然景观、乡村文化等要素重新组合，能同时形成资源利用方式与配置方式创新的效益，而且这种创新可以实现生态与经济之间的良性循环。这种生态与经济间良性循环的激励机制是，当优美的自然生态系统与丰富的乡村文化资源成为创造经济效益的生产资源时，会激励生产者保护与改善自然生态系统，传承和丰富乡村文化，结果将是，在获得更好农业服务产出时，又能改善生态环境，而这种好的生态环境是促进农产品增产，进一步增加经济效益的基础。与此同时，居民在消费生态农业服务的过程中也会进一步促进农产品的消费，增加农产品生产的经济收益。这种生态与经济间的良性循环表现出资源利用方式与配置效益的可持续性。这种可持续性还表现在，用于农业服务产出的资源利用与用于农产品生产的资源利用不是非此即彼。优美的农业景观、良好的生态环境、不断传承的农耕文明与乡村文化，是生态农业产业集群服务产出的资源基础，也是生态农业产业集群农产品产出的环境基础，这两类产出的资源利用不存在竞争性，而是相互促进的。因此，生态农业产业集群资源利用与配置方式的创新实质上是通过生产要素、生产条件与企业之间组织方式的新组合，建立了能创造更高且可持续产出的新的生产函数，新的生产函数创造了新的利润增长空间。

（二）生态农业产业集群是农业产业集群的升级

产业集群升级可以理解为产业集群进入一个更高的发展阶段，获得新的生命力与成长空间。生态农业产业集群是农业产业集群的升级，是由于生态农业产业集群能赋予农业产业集群新的生命力与成长空间。这种新的生命力是基于生态农业产业集群能优化供给结构以适应市场需求的变化，是基于生态农业产业集群包括经营理念创新、资源组织方式创新的广义的技术进步。

1. 产业集群生命周期理论与产业升级

有生命力与成长空间才有产业的发展。产业的生命力是产业的发展能力，产业的成长空间是产业的发展能力能满足市场需求。产业集群生命周期理论认为，与产品和产业生命周期相类似，产业集群也有生命周期，一般包括诞生、成长、成熟和衰退期四个阶段。从产业发展的生命周期规律来观察，一个升级的发展阶段意味着产业在发展的生命周期过程中进入了一个更高的发展阶段，这个更高的发展阶段可能是从成长进入成熟阶段，因此有了更强的竞争力与更稳定的收益，也可能是通过破坏性的创新，从衰退跃迁到新的成长空间。产业集群生命周期理论阐明，某个产业集群相似于某个产品或产业的发展，会有生命周期特征，会在利润追求中，由于市场竞争、市场需求变化、技术进步、经济发展等因素，经历产生、成长、成熟过程，并最终走向衰退。与此同时，科学技术的进步、资源组织方式的创新，会使更能满足市场需求的新的产品、新产业与新产业集群形成与发展。产业集群生命周期理论不仅阐明了在经济发展进程中某个产业集群发展的一般规律，也阐明了在经济发展进程中所有的产业如何在新旧更替的破坏性创新中，延续着生命力与发展过程，经济整体如何在个体企业、产业与产业集群的生命周期的破坏性创新中获得生命力与成长空间，而不断向前发展。

2. 农业产业特点与发展生态农业产业集群

产业集群生命周期理论的研究是起始于对工业产业集群发展规律的观察。农业作为经济产业中的一个重要部分，大约于 20 世纪 30 年代开始，产业集群的组织效率也在农业产业中得到应用，农业产业集群开始在世界经济发展较快的区域与国家首先得到发展。但是，由于农业产业的特殊性，农业产业集群生命周期既有一般产业集群发展的规律特征，又有自己的特点。

农业是国民经济不可或缺的产业，无论经济如何发展，技术如何突飞猛进，农业始终都是最基础的产业。因此，农业产业的农产品产出或农业产业本身，不会像大多数的工业产业的产品，甚至某些工业产业本身那样，会由于技术进步、经济发展与市场需求变化而被新的新产品或产业所取代而消亡。但农业作为一种经济产业，它的发展也遵循着市场竞争、追求低成本与高利润的经济规律。农业产业集群发展的生命力也会受经济发展中市场需求的变化、技术进步等因素的影响，农业产业也需要在市场竞争中得到更好的发展。农业产业集群形成与发展的动因也是由于产业集群组织方式的经济效率。

20 世纪 70 年代后，经济的快速增长使市场需求发生了很大的变化，与此同时，长期以来粗放型利用自然资源与生态环境的经济增长方式不断积累了超过环境承载力的压力，经济与产业的进一步发展面临着市场需求变化与环境承载力限制的双重挑战。这种市场需求显著变化的特征之一是，居民对产业产品量的需求转向质的需求，尤其是对产业产品服务的需求在不断增加。这使得产业的竞争也从产业产品量的竞争转向质的竞争，发展到产业产品服务的竞争。一个产业的服务产值占产业总产值的份额越高，说明产业越有成长性，越有生命力。因此，现代产业发展的特征与趋势是：调整供给结构，满足市场需求；保护环境，选择可持续的发展方式；优化产业结构，提供更多的服务性产出。农业产业的特点是市场需求—收入弹性低，并且与自然生态环境密切相关。显然，在当今市场需求变化与环境承载力限制的双重压力下，发展生态农业产业集群能使农业产业集群升级到更高的发展阶段。

3. 生态农业产业集群的生命力与成长空间

生态农业产业集群的生命力在于，它有可能并有能力利用生态农业的多功能性，根据市场需求变化，调整供给结构，它改变了农业产业只是生产农产品的概念，它符合了在未来的农业产出中，农业服务的比重会越来越大的发展趋势，由此增强农业产业竞争力。如前所述，受恩格尔定律的限制，农业农产品产出的需求—收入弹性低，而受马斯洛多层次需求规律的支配，农业服务产出的需求—收入弹性高。因此，随着人均可支配收入的增加，农业农产品产出的需求增加会越来越小，而农业服务的需求会有显著的增长。根据这种现代农业产出的市场需求变化特征，农业产业集群转型升级为生态农业产业集群就能获得新的生命力与成长空间。生态农业能以可持续的方式重新组织农业资源的利用与配置方式，充分利用与发挥农业的多重功能与价值，而农业产业集群的组织效率能使生态农业多种价值的利用得到有效实现。生态农业产业集群能赋予农业产业新的生命力，能拓展现代农业发展空间。因此，生态农业产业集群是农业产业集群的升级。

第四节　中国特色社会主义政治经济学理论与生态农业产业集群发展

一、中国特色社会主义政治经济学理论形成实践与全面小康社会目标

中国特色社会主义政治经济学理论，是以马克思主义政治经济学理论，对新中国成立以来，尤其是改革开放以来，中国社会主义经济建设、中国改革开放、中国经济快速发展实践经验的理论总结，是对中国道路、中国模式经济发展规律的描述。理论形成于实践的探索，又用于指导实践，并在实践中检验。中国特色社会主义政治经济学理论是马克思主义政治经济学理论与中国国情和社会主义经济建设实践相结合的产物，它将进一步指导中国特色社会主义经济发展，并将随着中国特色社会主义经济建设实践的进一步发展而发展。

1949 年，在历经长年战争、贫穷落后的农业大国基础之上，中国的历史翻开了新的一页，在中国共产党领导下，新中国开始了以马克思主义政治经济学理论为指导的社会主义经济建设的实践探索。在当时的国际政治经济环境中，为了集中力量保证重工业与城市优先发展，实行了以公有制为基础、城乡二元结构、计划经济等基本制度。

改革开放后，社会主义市场经济实践与理论的发展，大大丰富了中国特色社会主义政治经济学理论。该理论立足于中国国情。中国的改革从农村开始，在农村土地集体所有制、城乡二元结构等制度基础上发展社会主义市场经济，是中国国情最具特色的部分，也是中国特色社会主义政治经济学理论最有特色的部分，与其相随的是改革开放后中国经济快速增长的奇迹。中国经济总量已居世界第二，2018 年中国人均 GDP 达到了 64644 元，比改革开放之初的 1980 年增长了

138.13%。然而，在中国经济快速增长中，城乡居民收入差别依然很大，并且还在扩大。1980 年城镇居民人均收入是 447.60 元，农村居民人均收入是 191.30 元，两者的比例为 2.50∶1；2018 年城镇居民人均收入是 39250.80 元，农村居民人均收入是 14617.00 元，两者的比例为：2.69∶1[①]。中国特色社会主义经济进一步发展面临着社会稳定与经济可持续发展的挑战。

当今，在中国经济引领与影响世界的经济发展新阶段，实现全面小康社会是我们的发展目标，如何缩小城乡差距，让众多农村人口更多地分享经济增长的利益，是发展中的中国特色社会主义经济发展道路上面临的新情况，是中国特色社会主义政治经济学理论需要深入研究的新问题。1949 年中国的乡村人口占总人口的比重为 89.36%，1980 年占 80.61%，2018 年占 40.42%。70 年的发展，40 年的改革开放，乡村人口依然占到百分之四十多[②]。中国的农业、农村、农民问题始终是中国特色社会主义市场经济发展中面临的全局性、战略性、长期性问题。在决胜全面小康社会实现的新时期，没有农村的振兴，没有广大农村居民的富裕，就不可能实现全面小康社会。只有广大农民富裕起来，经济才能进一步发展，社会才能稳定与可持续发展。四十年前，中国的改革从农村开始，四十年后，中国经济社会的进一步发展，还取决于广阔农村中的众多农民能否富裕起来。中国特色社会主义经济建设目标就是要经济发展、社会稳定、人民安康。

习近平总书记提出："我国发展站到了新的历史起点上，中国特色社会主义进入了新的发展阶段。……高举中国特色社会主义伟大旗帜，为决胜全面小康社会实现中国梦而奋斗。"[③] 中国特色社会主义政治经济学理论源于中国特色的社会经济发展过程，也对推动中国经济在特色道路上发展作出了贡献。在站到了新的历史起点上的新的发展阶段，中国特色社会主义政治经济学理论研究将继往开来、任重道远，而"三农"问题研究始终是中国特色社会主义政治经济学理论中最具特色最重要的部分。

二、"三农"问题是中国特色社会主义政治经济学理论中最重要部分

中国特色社会主义政治经济学理论形成于中国实践的发展，因此，基于中国

---

① 作者依据 2019 年《中国统计年鉴》《福建统计年鉴》数据计算所得。
② 作者依据 2019 年《中国统计年鉴》数据及计算所得。
③ 新华社：《高举中国特色社会主义伟大旗帜，为决胜全面小康社会实现中国梦而奋斗》，载《人民日报》2017 年 7 月 28 日。

的国情,"三农"问题研究始终是中国特色社会主义政治经济学理论中最重要的部分。理论来源于实践,并指导实践,理论对实践的总结与引导最初总是体现在政策文件中,通过政策文件的颁布来肯定实践的发展,推广好的经验,引导实践进一步发展。而这一过程中表现出的基于中国国情的经济发展规律就成为丰富中国特色社会主义政治经济学理论的源泉。实践的发展与政策的效果在创新与检验着中国特色社会主义政治经济学理论。无疑,农业政策和理论是中国特色社会主义政治经济学理论中最精彩的部分。因此,通过改革开放后农业政策文件主要内容的梳理,可以从一个重要的视角来观察和领会中国特色社会主义政治经济学理论如何应用于实践的发展,又如何在实践的进程中促进理论自身的丰富与发展。

改革开放后,中共中央每年发布的第一份文件,经常都是以"三农"为主题的,被称为中央"一号文件"。自1982年以来,中共中央已发布了22个"一号文件",强调了"三农"问题在中国社会主义现代化时期"重中之重"的地位,凸显了农业、农村、农民问题在中国特色社会主义政治经济学理论研究中的重要性。

1982年中央"一号文件",根据实践中的发展,确认了包产到户合法性,提出,"包产、包干到户、到组,都是社会主义集体经济的生产责任制,……是社会主义农业经济的组成部分"。1983年中央"一号文件",从理论上说明了家庭联产承包责任制"是在党的领导下中国农民的伟大创造,是马克思主义农业合作化理论在我国实践中的新发展。……要促进农业从自给半自给经济向较大规模的商品生产转化,从传统农业向现代农业转化。"1984年第三个中央"一号文件"提出"培育市场机制,促进资源要素流动,以利于发展商品生产,摆脱穷困",确立农村工作的重点是"在稳定和完善生产责任制的基础上,提高生产力水平,疏理流通渠道,发展商品生产"。1985年中央"一号文件"明确提出,"国家不再向农民下达农产品统购派购任务,按照不同情况,分别实行合同定购和市场收购",值此,实行了30年的农副产品统购统销制度退出历史舞台。1986年第五个中央"一号文件"提出"增加农业投入,调整工农城乡关系,摆正农业在国民经济中的地位"。2004年第六个中央"一号文件"强调促进农民增加收入。由于城乡收入差距的扩大影响到整个国民经济的增长与社会的稳定,政策提出要"坚持'多予、少取、放活'的方针,调整农业结构,扩大农民就业,加快科技进步,深化农村改革,增加农业投入,强化对农业支持保护,力争实现农民收入较快增长,尽快扭转城乡居民收入差距不断扩大的趋势"。2005年第七个中央"一号文件"提出"加强农业基础设施建设,加快农业科技进步,提高农业综合生产能力"。2006年第八个中央"一号文件"指出,"建设社会主义新农村是中国现代化进程中的重大历史任务。农村人口多是中国的国情,只有发展好农村经济,建设好农民的家园,让农民过上宽裕的生活,才能保障全体人民共享经济社会发展成果,才能不断扩大内需和促进国民经济持续发展"。2007 年第九个中央"一号文件"强调发展现代农业,指出"社会主义新农村建设要把建设现代农业放在首位。……要用现代物质条件装备农业,用现代科学技术改造农业,用现代产业体系提升农业,用现代经营形式推进农业,用现代发展理念引领农业,用培养新型农民发展农业,提高农业水利化、机械化和信息化水平,提高土地产出率、资源利用率和农业劳动生产率,提高农业素质、效益和竞争力"。2008 年第十个中央"一号文件"提出,"要加强农业基础地位,走中国特色农业现代化道路,建立以工促农、以城带乡长效机制,形成城乡经济社会发展一体化新格局"。2009 年第十一个中央"一号文件"强调,"要落实和保障农民的土地权益,对集体所有土地的所有权进一步界定清楚,并且保障其权益,要做好对承包地地块的确权、登记和颁证工作,……促进农业稳定发展农民持续增收"。2010 年第十二个中央"一号文件"强调,"在统筹城乡发展中加大强农惠农力度"。2011 年第十三个中央"一号文件"强调加快农田水利建设,提出"力争通过 5 年到 10 年努力,从根本上扭转水利建设明显滞后的局面"。2012 年第十四个中央"一号文件"强调加快推进农业科技创新,提出"把推进农业科技创新作为'三农'工作的重点"。2013 年第十五个中央"一号文件"强调"加快发展现代农业、进一步增强农村发展活力"。2014 年第十六个中央"一号文件"强调全面深化农村改革,指出"要坚持社会主义市场经济改革方向,处理好政府和市场的关系,激发农村经济社会活力;要鼓励探索创新,……支持地方先行先试,尊重农民群众实践创造;要因地制宜、循序渐进,……允许采取差异性、过渡性的制度和政策安排;要城乡统筹联动,赋予农民更多财产权利,推进城乡要素平等交换和公共资源均衡配置,让农民平等参与现代化进程、共同分享现代化成果"。2015 年第十七个中央"一号文件"指出,"依靠拼资源、拼消耗的传统农业发展方式已难以为继,要在优化农业结构上开辟新途径,在转变农业发展方式上寻求新突破,在促进农民增收上获得新成效,在建设新农村上迈出新步伐"。2016 年第十八个中央"一号文件"提出,"厚植农业农村发展优势,加大创新驱动力度,推进农业供给侧结构性改革,加快转变农业发展方式,保持农业稳定发展和农民持续增收。……大力推进农业现代化,确保亿万农民与全国人民一道迈入全面小康社会"。2017 年第十九个中央"一号文件"指出,"我国农业农村发展已进入新的历史阶段。农业的主要矛盾由总量不足转变为结构性矛盾,突出表现为阶段性供过于求和供给不足并存,矛盾的主要方面在供给侧。要求深入推进农业供给侧结构性改革，加快培育农业农村发展新动能"。2018 年第二十个中央"一号文件"提出"乡村振兴战略"。2019 年第二十一个中央"一号文件"强调"坚持农业农村优先发展"。2020 年第二十二个中央"一号文件"强调"抓好'三农'领域重点工作，确保如期实现全面小康"。

上述 22 个中央"一号文件"内容的发展实际上就是中国特色农业农村经济在实践中的发展，也是中国特色社会主义政治经济学理论在中国发展实践中的应用与发展。1982～1986 年是中国社会主义建设实践最具创新性的发展阶段，从反对任何包产包干形式，到肯定生产责任制，再到鼓励发展商品生产、培育农产品市场、取消实行了 30 年的农副产品统购统销制度，充分体现了马克思主义理论在中国实践中的应用与中国特色社会主义政治经济学理论的发展。

中国改革开放的头 20 年，实现了解决温饱、改变贫穷的发展目标。鉴于改革发展进程中城乡居民收入差距的不断扩大，改革开放后 20 年的奋斗目标是建设和建成小康社会。因此，2004 年之后政策更多强调促进农民收入增加，提出了要坚持'多予、少取、放活'的方针。2005～2015 年，中央"一号文件"强调提高农业综合生产力、建设社会主义新农村、发展现代农业、加强基础设施建设、加快科技创新、优化农业结构，这方方面面的强调都在于要让中国农业强起来，让广大农民富起来。

2016 年之后，中央"一号文件"开始强调，大力推进农业现代化，确保亿万农民与全国人民一道迈入全面小康社会，明确提出了要让农业强起来、农村美起来、农民富起来的乡村振兴道路，以推进全面小康社会的实现。

政策文件是来源于实践与理论发展的总结，能很好地反映中国特色社会主义建设实践与理论的发展，基于中国国情的农业农村发展道路是社会主义市场经济发展实践中非常重要的部分。从上述政策文件所描述的中国特色农业农村发展实践，我们不难理解，生态农业产业集群为什么会应运而生，将成为现代农业的发展趋势。从上述中央"一号文件"梳理可看出，政策文件根据实践发展进程而不断补充与丰富着现代农业农村发展的重点、发展的方式、发展的方向，而这些都是生态农业产业集群发展模式所包含的内容。生态农业产业集群成为现代农业发展的必然趋势，是由于生态农业产业集群资源配置方式和资源配置效率能够实现农业强、农村美、农民富，并且符合可持续发展的目标，它是在四十年改革开放实践发展基础上逐渐成长出来的。只有乡村振兴，才可能实现全面小康社会。生态农业产业集群就是中国特色的现代农业发展之路，是实现全面小康的重要途径。因此，中国特色社会主义政治经济学理论是我国生态农业产业集群的重要理论基础，它也将随着我国现代生态农业产业集群的发展而不断丰富。

三、发展生态农业产业集群是实现全面小康社会的重要途径

中国特色社会主义政治经济学理论形成于中国特色社会主义经济发展实践，而中国的农业、农村、农民问题始终是中国特色社会主义经济发展中最精彩的部分，因此，也是中国特色社会主义政治经济学理论中最具特色的部分。当前，在我国经济进入决胜全面小康社会实现的新的发展阶段，如何让农业强起来、农村美起来、农民富起来，实现乡村振兴，需要中国特色社会主义政治经济学在理论与实践中进一步思考与探索。生态农业产业集群发展模式形成于改革开放后我国现代农业发展的实践，它的资源配置效率特征使其成为振兴乡村、实现全面小康社会的有效途径，它的实践也将不断丰富与创新中国特色社会主义政治经济学的实践与理论。

基于中国国情、形成于中国现代农业发展进程中的生态农业产业集群能提高资源配置效率，促进农业发展、农民增收、乡村美丽、迈向小康的机理是，多功能、高效率的生态农业产业集群能以可持续的方式创新资源配置效率，满足人均可支配收入增长后居民对农业产出需求结构的变化。

（一）多功能生态农业产业集群能满足市场需求变化

中国改革开放后的经济快速发展，使人均 GDP 比改革开放之初的 1980 年增长了 138% 多。在恩格尔定律、马斯洛多层次需求定律的支配下，当基于人均GDP 基础上的人均可支配收入增长达到一定水平时，居民对农业产出的市场需求结构会发生变化，比如，对农产品量的需求会减少，对农产品品质的需求会提高，而对农业生态服务产出（目前表现最典型的是生态农业旅游服务的产出）的需求会增加，而且具有随着人均可支配收入的增长，对农业生态服务产出需求会越来越大的趋势。生态农业产业集群是建立在多功能生态农业基础上的，生态农业的多种功能为满足这种市场需求变化提供了可能，而农业产业集群的效率又有能力提供这种满足市场需求的产出。当农业的产出能更好满足市场需求，实现生产利润时，农业就有发展的动力，农民收入就会增加。而且，生态农业产业集群的发展模式必须建立在保护好生态环境的基础上，因此，生态农业产业集群发展模式是实现农业强、农村美、农民富的有效途径。

（二）生态农业产业集群能创新资源配置效率

生态农业产业集群能满足市场需求变化是由于生态农业产业集群能创新资源

配置效率，能将绿水青山变为金山银山。生态农业产业集群能创新资源配置效率表现在：其一，在生态农业产业集群发展模式中，用于农业产出的投入生产要素有了更丰富的内涵。除了传统的资本、劳动和土地等生产要素外，在生态农业产业集群的发展模式中，良好的生态环境、优美的田园景观、悠久的农耕文明、丰富的乡村文化、古老的村落和建筑、民间宗教与艺术等，都能成为生态农业产业集群形成农业生态服务产出的重要资源要素，且这类资源还具有非耗竭性、可持续利用特征。生态农业产业集群的发展模式能使绿水青山成为金山银山，还能使中华民族悠久的农耕文明和乡村文化成为现代农业发展的资源基础。其二，生态农业产业集群的发展模式整合了农业与农村资源，从而丰富了农业生产资源的内涵，丰富了农业资源配置方式，提高了农业资源配置效率。而且生态农业产业集群将资源优化配置的范围扩大到聚集在一定区域范围的生态农业产业集群的边界，从而扩展了资源优化配置的空间。其三，生态农业产业集群融合了农业的一、二、三产业。随着经济的进一步发展，不难预见，农业的第二产业将得到深化，而作为第三产业的农业生态服务产出（例如农业生态旅游服务）将成为农业的最主要产出，农业将成为一个以第三产业为主体、具有高收益的产业。

当生态农业产业集群的发展模式，使农业的供给能够满足市场需求变化，使农业成为具有竞争力的产业，使农村变成人们向往去观光和体验的美丽之地时，全面小康社会的实现已在情理之中。

第二章

福建农业产业发展

作为中国的一个省份，福建农业产业发展也是踏着新中国建立与改革开放的节奏向前迈进。但由于地理区位、资源禀赋、政策优势、区域文化等因素，福建农业产业发展也有自己的特色。

第一节　福建农业发展阶段与历程

我们以新中国建立为分析起点，根据福建农业发展的政策环境、农业经济增长的速度、农业结构优化特征等变量因素，将1949年至今的福建农业产业发展划分为恢复与发展时期、试错与曲折发展时期、改革开放快速发展时期、全面发展时期、跨越发展时期这五个发展阶段。

一、恢复发展时期（1950～1957年）

农业的发展与土地制度有密切的关系，因为土地是农业的根基，土地制度是对土地财产权使用与收益的规定，因此土地制度安排直接影响着农业的发展。新中国建立的基础之一是土地制度改革。土地改革使贫穷的农民分得了自己的土地，调动了生产积极性。为了使分得土地的农民能够共同发展，政策鼓励农民走互助合作的道路。1950～1952年，福建全省成立农业生产互助组183058个，试办初级农业生产合作社18个，兴修水利工程20多处，受益农田700多万亩，创造了大面积增产的记录。1952年全省农业总产值达11.07亿元，平均年增长15.8%，粮食总产量达37.2亿公斤，油、茶、蔗、果等经济作物也有很大的恢复和发展。1953 年开始掀起建立初级农业合作社的高潮，后又向建立高级农业合作社发展。1957 年加入农业合作社的户数已占到农业总户数的 93%，其中加入高级社的农户占到了农业总户数的 89.62%。1953～1957 年全省农业投资 3531万元，水利投资 5067 万元，5 年中全省农业总产值以年均 10.8% 的速度持续增长，农业获得较全面发展。1956 年粮食总产比 1949 年增长了 19.18%，是本省粮食生产的第一次飞跃。1957 年油料作物总产量比 1949 年增长了 28.8%。果、茶、菜等多种经营也获得了较大发展。柑桔以及龙眼、荔枝、李子、橄榄等干果销往苏联、香港及省外。1957 年茶叶总产量比 1949 年增长 80.6%，同时成功引种橡胶、剑麻，并开始食用菌研究[①]。

二、试错与曲折发展时期（1958～1978 年）

1958 年在高级社的基础上开始了"公社化"运动，经过 3 个月的试办、推广，参加人民公社的农户数占到全省农户总数的 99.92%，实现了公社化。强调"一大二公"的人民公社，搞"一平二调"刮"共产"与"浮夸"风，侵犯了集体利益，挫伤了生产者的积极性，使农业生产遭受挫折。1959～1961 年，全省农业生产总值年均下降 3%，1962 年水果与茶叶的总产量下降到接近 1949 年的水平。

1961～1965 年，依据政府"调整、巩固、充实、提高""农村人民公社工作条例（六十条）"等政策，福建开始纠正"左"的错误，调整经济，农业生产力逐步得到恢复。到 1965 年，全省农业总产值回升到 18.8 亿元，比 1962 年增长26.9%，超过 1957 年水平。

1966 年之后的十年，受"文化大革命"的冲击与影响，其中有不少违背自然与经济规律的思想与行为，使福建农业陷入无效与低效发展阶段。例如：片面强调以粮为纲，限制种植经济作为，限制农民的自留地和家庭副业，全省粮食种植面积占到耕地总面积的 84.3%。盲目开山填海，扩大粮食种植面积，造成严重的水土流失和生态环境的破坏。与此同时，农业院校与农业科学研究院所被撤销，农业行政管理机构处于瘫痪状态，相关的研究人员、高校教师、管理干部下放到农村。

总之，在人民公社时期的集体所有制下，农业生产以计划的方式管理，生产

---

① 资料来源：福建省农业史发展历程与未来发展研究报告，http://www.doc88.com/p-9939654306106.html.

者集体出工在集体的土地上劳作，生产者的努力与个人收益没有直接联系，与此同时，农业的生产资料与农产品实行统购统销，农业只剩下提供初级农产品的生产环节，农业产业变成只生产初级农产品的产业部门，经济效益极低。缺乏激励机制的制度使生产者"出工不出力"，搭便车行为严重，加之在极左思潮影响下产生的违背自然与经济规律的政策与做法，使1979年之前的农业总体上处于低效率、不断波动、缓慢增长的状态。

三、改革开放快速发展时期（1979～1990年）

中国的改革开放从农村开始，农村的改革始于农地使用权的改变。"家庭联产承包责任制"使农民的边际努力与边际收益有了密切的联系，"交够国家，留足集体，剩余归自己"土地使用权制度，大大激发了农业生产者的积极性，福建的农业与全国一样，开始步入了一个新的发展时期。

改革开放后的福建农业，结合自身的资源优势，努力使农业向农业产业发展，不断优化农业结构，将只围于粮食生产的农业推向农林牧渔业全面发展的大农业，使农业获得生机和活力。1979～1985年是改革重启福建农业活力发展时期。1981年全省有94.5%的农户实行家庭联产承包责任制。政府制定了搞活农村与经济的"十条"规定，鼓励调整农业种植结构、农业产业结构和农村产业结构。1985年，全省粮食作物和经济作物种植比例从1980年的85:15调整到80.9:19.1；全省农副产品综合商品率由1978年的40%提高到55%；全省农村社会总产值中第二、三产业的产值占到37.7%，全省农村劳动力的25%转向乡镇企业，或从事工商业、运输业、建筑业或其他行业；农民人均消费支出比1980年增长1.2倍。

1986～1990年是福建农业协调发展阶段。依据福建背山面海的资源特征，比邻港澳台的地理优势，1986福建省提出"大念山海经、山海田一起抓"的农业产业发展战略。在坚持发展粮食生产的同时，积极发展多种经营，提出"实施沿海经济发展战略，把创汇农业作为发展外向型农业的突破口，改计划性生产为指导性计划生产，改计划经济为商品经济"。这些发展战略与政策的出台，大大提高了农业经济效益，把农业生产推向新的阶段。1986年全省出现各种专业户12万户，专业村103个，经济联合体2万多个。这一时期，在农业科学建设上，开始重视加强农业科研和科技成果的应用推广，组织政府牵头、科研院所协作攻关，发挥科技对农业的作用，促进了农业稳定发展。1990年，全省农业总产值228.69亿元，比1978年增长529%，出口创汇8亿美元，发展迅猛，同时大农业结构得到优化，种植业与林、牧、副、渔的比重由 78∶22 调整到 52∶48。种植业结构也得到调整，粮经产值比重由 1982 年的 75∶25 调整为 60∶40，全省粮食总产 922.33 万吨，平均亩产 296 公斤，创历史最高水平。其他经济作物的产量也大幅增加。1990 年全省农民人均纯收入 1210.51 元。

四、全面发展时期（1991～2005 年）

1991～2005 年是福建农业全面发展阶段，是改革发展成果最为显著的时期，农业生产与农村经济实力快速增长，农村面貌发生了很大变化，农民得到较多实惠。1995 年，全省农林牧渔业产值比 1990 年增长 69.25%，平均递增 13.85%；全省农民人均纯收入 2049 元，比 1990 年增加 1285 元，年递增 21.8%；人均生活消费支出 1793.68 元，比 1990 年增加 1085.71 元，年递增 20.4%。随着农业与农村产业结构不断优化，2000 年，全省农林牧渔业产值比 1995 年增长 40.43%，年均递增 8.8%；全省农民人均纯收入 3230 元，比 1995 年增加 1181 元，年递增 10.8%；人均生活消费支出 2409.69 元，比 1995 年增加 616.01 元，年递增 3.4%。

进入新世纪以后，福建省把发展农业内涵、提升农业发展品质作为发展方向，提出"建设对外开放、协调发展、全面繁荣的海峡农业"的发展战略构想。努力发展优质、生态、安全农业，保护和提高粮食综合生产能力，促进农业增效和农民增收。2005 年，全省农林牧渔业产值比 1995 年增长 34.6%，年均递增 6.92%；全省农民人均纯收入 4450 元，比 2000 年增加 1220 元，年递增 14.8%；人均生活消费支出 3292.63 元，比 2000 年增加 882.94 元，年递增 7.23%。在这期间，农村经济结构进一步优化，2005 年，全年实现生产总值 6560.07 亿元，其中，第一产业增加 828.76 亿元，第二产业增加 3224.91 元，第三产业增加 2504.4 亿元，第一产业的比重从 1995 年的 22.2%，下降到 2000 年的 17.01%，再下降到 2005 年的 12.65%。第二产业比重从 1995 年的 42.11%，上升到 2000 年的 43.26%，又上升到 2005 年的 49.2%。

五、跨越发展时期（2006 年至今）

这一阶段是我省农业夯实基础，迈向现代农业阶段，走过"十一五""十二五"，进入"十三五"。这一阶段是我国经济保持快速增长，人均可支配收入快速增加，居民对农业产业市场需求明显变化，国家政策更加注重农业增效、农民增收、乡村振兴。这一阶段也是我国我省农业转型升级的关键时期。

"十一五"期间，福建农业农村经济稳定发展。（1）这一时期政府的政策目标是：强农惠农，加强农业基础设施建设，推进农业经济结构战略性调整，进一步发展特色农业，农业生产稳步发展，农民收入持续增长。2010年全省实现农林牧渔业总产值2307.06亿元，按可比价格计算，比2005年增长21%，年均增长3.9%；农民人均纯收入7427元，年均增长8.3%。（2）农业农村基础设施和生态环境持续改善：全省投入水利建设资金281.8亿元，比"十五"增长50.6%；建设高标准农田6万公顷，生态公益林面积保持在林地面积的30%以上，全省森林覆盖率达到63.1%；生态农业示范（试点）县、生态富民家园工程建设等稳步推进。（3）农业技术进步贡献明显提升：农业科技创新、应用与推广体系不断完善，优良品种培育推广、动植物重大疫病防控、农机推广、农业信息化服务、农产品标准和质量检验检测体系不断完善；农机化水平显著提高，全省农机总动力达1250万千瓦，单位面积农机总动力水平高出全国平均水平30.7%，设施生产技术广泛应用；建制村宽带普及率达到93.4%；建设国家级农业标准化示范区81个、省级农业标准化示范区154个，全国良好农业规范（GAP）试点单位72个；"三品一标"产品数量累计达2182个。（4）加快农业产业化发展：省级以上农业产业化重点龙头企业达到185家，其中国家级35家；全省各类农业产业化经营组织9459个；农民专业合作社7637个；全省注册农产品商标3万多件，建立了149个福建省名牌农产品，涉农类福建名牌产品545个。（5）闽台农业合作有效拓展：在政策鼓励下加快发展两岸农业合作交流平台，进一步建设海峡两岸（福建）农业合作试验区、海峡两岸（三明）现代林业合作实验区、台湾农民创业园和一批台湾农产品集散中心，实施零关税进口台湾农产品；累计引进台资农业项目2252个，合同利用台资29.5亿美元，实际到资16.8亿美元。（6）农业资源配置制度与农村经济管理体制建设不断发展：稳定农村土地承包权，鼓励土地承包经营权流转，进一步改革集体林权制度，改善生态公益林管护和商品林采伐管理制度，扩大海域使用权和小型水利设施产权制度改革试点；农产品流通基础设施和农村市场体系建设取得新进展；农村金融体制改革稳步推进。

"十二五"期间福建农业发展成效可归结为：（1）福建农业产业结构进一步优化，农业特色优势更加突显。2015年，全省实现农林牧渔总产值3717.87亿元，年均增长4.3%，农民人均纯收入13793元，年均增长12.7%；粮食生产保持稳定，形成一批特色农业产业。（2）农业科技水平明显提升，现代农业示范区、台湾农民创业园、福建农民创业园、农业科技园区发展加快；农作物良种覆盖率达 97.3%；全省农机总动力达 1390 万千瓦，主要农作物耕种收综合机械化水平达到 43%，其中水稻耕种收机械化水平达到 55%，水产、畜禽养殖和农产品产后处理的机械化程度大幅提高；新型职业农民素质提升工程深入推进。（3）农业基础设施进一步夯实，农业生产基础条件进一步改善。开展农地整理，高标准农田建设，设施农业面积达 178 万亩，完成 1639 座中小型水库除险加固，完成 2 个大型和 13 个重点中型灌区节水配套改造，发展节水灌溉面积 375.75 万亩，农业灌溉水有效利用系数达 0.533。加快国家级自然保护区、森林公园、湿地公园和"四绿"工程建设，加强主要江河源头、重要水源涵养区保护和"六江两溪"水环境综合整治，实施海域海岛海岸带环境整治和生态修复工程，加大农业面源污染防治力度，累计治理水土流失面积 1200 万亩，农业生态环境得到显著改善。（4）注重农产品质量安全，建立与完善农产品质量安全管理体系，全省累计创建省级以上园艺作物标准园和畜禽养殖标准化示范场 997 个，累计"三品一标"产品 3416 个，省级农产品质量安全监测合格率保持在 97% 以上。（5）农业产业化经营主体不断发展，服务体系更加完善。农民合作社 2.1 万个，省级以上龙头企业 428 个，国家级龙头企业 52 个。各种农业服务平台建设不断加强，农业信息服务体系进一步完善。（6）从产权、市场建设和政府服务方面进一步创新资源配置效率。努力推进农村土地承包经营权确权登记颁证工作。建设县乡土地流转服务平台，促进土地适度规模经营，鼓励发展家庭农场。推进集体林权制度改革创新试验，推进海域使用管理制度和小型水利设施产权制度改革。进一步建设与发展农业生产资料与农产品销售市场。进一步推进农村金融体制改革。（7）闽台合作继续深化。进一步推进海峡两岸（福建）农业合作试验区、海峡两岸（三明）现代林业合作实验区、台湾农民创业园等两岸合作交流平台建设。以台商投资为主的农业利用外资取得新进展，五年新批准台资农业项目 294 个，合同利用台资 6.5 亿美元。

"十二五"期间，福建省农业综合生产能力大幅提升，特色现代农业产业体系基本形成，农民收入持续较快增长，农村基础设施和公共服务明显改善，农村改革稳步推进，为"十三五"特色现代农业发展奠定了坚实基础

"十三五"时期，是我国全面建成小康社会、城乡统筹发展进入新阶段的关键时期，强农惠农富农政策力度将持续加大，与此同时，工业化发展进入成熟阶段，新型城镇化的快速发展，人均 GDP 将达到中高收入国家平均水平，居民对农业产出市场需求结构发生了明显变化，这种发展的机遇与挑战为现代农业转型升级跨越新的成长阶段提供了有利经济基础与政策环境。

"十三五"时期，是中央支持福建加快发展的战略机遇期，"一区两园"（国

家现代农业示范区、福建农业创业园、台湾农民创业园）的政策支持与实践发展，为福建"生态省"建设与绿色农业发展创造了良好的条件。"21世纪海上丝绸之路"核心区、中国（福建）自由贸易试验区、福建海峡蓝色经济试验区等重大战略的实施，为福建多功能特色现代农业产业发展创造了十分有利的经济发展环境。

"十三五"时期，福建现代农业发展的目标是，进一步优化农业结构，发展特色农业，转变农业发展方式，在注重生态环境保护、保障农产品质量与安全中提高农业经济效益与竞争力，让农业强起来、农民富起来、农村美起来。依据福建农业自然与经济资源特征，以发展我省现代农业"三条产业带""三个功能区""七条特色现代农业产业链"的布局，推进福建特色现代农业发展进程。

三条农业产业带：（1）闽西北绿色农业产业带。建设成为区域优势突出、基础设施配套、生态环境良好、产品质量安全的绿色农业产业带。（2）闽东南高优农业产业带。建设成为高科技水平、具有国际市场竞争优势的农业产业带。（3）沿海蓝色农业产业带。建设成为产业结构合理、生态环境优良、竞争优势明显的现代海洋渔业产业带。

三个农业发展功能区。依据农业生态适宜性、环境容量、生态类型等因素，将全省农业生产功能区划分为优化发展区、适度发展区和保护发展区。（1）优化发展区是福建农产品重点产区。这一区域农业生产基础好，特色农业产业集群优势明显，水土资源、光热资源较为丰富，要发展生态农业、特色农业和高效农业。（2）适度发展区是福建省水源涵养、生物多样性保护区。要坚持保护与发展并重，发展特色农业，循环农业和生态农业。（3）保护发展区是福建生态保护与建设方面具有十分重要战略地位，需要特殊保护的区域，要依照法律法规规定和相关规划实施强制性保护，在保护的基础上发展生态农业、休闲农业，形成生态经济良性循环。

"十三五"期间，根据福建农业资源优势与发展基础，进一步发展与巩固茶叶、蔬菜、水果、畜禽、水产、林竹、花卉七种特色农业产业，在具有发展优势的区域，形成集生产、加工、销售、休闲观光为一体的特色农业产业集群。

第二节　福建生态农业发展

传统农业中生态农业的思想、实践与理论源远流长，现代生态农业发展于20世纪60年代，它是基于对违背生态规律的"工业式农业"的反思。较之传统的生态农业，现代生态农业有着更丰富的内涵。现代生态农业主要的特征是，融农业与农村为一体，以农业多功能价值利用的资源配置方式，满足市场需求变化，实现可持续发展。有学者用可持续农业来表达现代生态农业的内涵。

一、福建现代生态农业发展机遇与成就

福建山清水秀，农业特色明显，农耕文化丰富，又有两岸农业合作先行先试的诸多政策优势，现代生态农业发展走在全国前列。

福建地处亚热带地区、具有发展生态农业丰富的山海资源，具有生物多样性基础，具有依自然资源发展特色农业的悠久历史。福建省在 20 世纪 80 年代开始现代生态农业发展的实践，根据不同区域自然资源与生态条件的特征，建立了农田、庭院、林地、渔业养殖、牲畜饲养等不同类型生态农业发展模式。1988 年，福建省召开了首次生态农业交流研讨会，标志着福建省现代生态农业建设从实践探索发展到理论研究。1993 年，国家组织成立了全国生态农业试点县建设领导小组，并在全国开展了 50 个生态农业示范县建设，福建省东山县被列入第一批国家生态农业试点县。福建省以此为契机，利用自身的生态资源优势，推动全省生态农业的发展。1998 年，福建省政府批准了《福建省生态农业建设规划纲要》，把连江、长乐等 12 个县（市）作为首批省级生态农业建设试点县。进入 21 世纪以来，福建省提出建设生态省的战略目标，制定了福建"生态省建设总体规划纲要"，颁布了福建"生态省建设生态农业发展的专项报告"，福建特色生态农业建设开始步入稳定发展阶段。2003 年，由福建省农业厅主持的《福建省生态农业建设模式的探讨与推广》研究项目，将福建各地生态农业建设模式归纳为"芝、麻、观"山地、城郊型生态农业，"稻—萍—鱼"农田立体农业，"猪—沼—果"生态农业，庭院生态农业，丘陵山地农林复合型生态农业，休闲观光生态农业等 12 个主要类型，加以全面推广。与此同时，农业环境保护受到重视，并着力于以畜禽养殖污染为主的农业面源污染防治。2014 年国务院通过《国家生态文明试验区（福建）实施方案》，福建省生态文明建设进入全面发展阶段，福建现代生态农业迎来新的发展机遇。2017 年，国家建设"田园综合体"政策出台，进一步推动福建现代生态农业升级到新的发展阶段。

作为全国 5 个省级生态文明先行示范区之一，截至 2016 年 7 月，福建省共有 14 个国家级生态示范区（县），44 个省级生态示范区（县），示范区域面积已达全省国土总面积的 44%，在生态农业试点建设方面，已建成厦门同安、漳州芗城、东山县 3 个国家级的生态农业建设试点，以及安溪县、长乐区、连江县等

12 个县（市）省级生态农业建设试点。2017 年 7 月武夷山市五夫镇成为福建省农业综合开发田园综合体建设首个国家级示范点。漳浦县石榴镇、漳平市永福镇被确定为省级示范点。2017 年，福建省公布福州市云中部落休闲农场等 30 家为省级休闲农业示范点，福州市晋安区寿山乡寿山村等 20 个村为福建省最美休闲乡村①。2018 年 7 月，在第十一届中国绿色生态农业发展论坛上，福建省连城县荣获"中国绿色生态农业先进县"称号。

二、福建现代生态农业发展阶段

改革开放后，福建现代生态农业建设，在政策支持下，发挥特色资源优势，稳步向前发展，大致可划分为以下几个发展阶段。

（一）起步阶段（1980～1992 年）

1980～1992 年，是我国，也是福建现代生态农业起步阶段。福建省人均耕地少，但山地多，水域面积广，生态与生物资源丰富。在改革开放政策的激励下，福建农业科学研究者与农业生产者，传承了传统生态农业精耕细作、合理配置生态位，充分利用资源等农耕精华，进行稻田、蔗田、果园、庭院等立体农业模式研究与实践，发展了"稻田养萍养鱼""蔗田养菇""香蕉园养鱼养鸡"等多种立体种养生态农业模式，进行"山地综合治理、农林牧副渔全面发展"的生态农业发展模式研究与实践，形成了"芝麻观"等山地、城郊型生态农业发展模式。

"芝麻观"模式是指以福建建瓯芝城镇、顺昌洋口镇麻溪村、延平西芹村观音坑为典型代表的山田立体开发、资源综合利用的生态农业发展模式。20 世纪80 年代初，福建建瓯城郊的芝城镇开始山地综合利用实践，在十几万亩山地上建起了林、果、茶、粮、经、菜、渔、猪、禽、菌十大基地，经过几年建设，基本形成了"山顶造林、山坡种茶果、山垄养鱼、果园办猪场、近郊建蔬菜基地"这种立体开发、综合治理、物质循环利用的生态农业发展模式，取得人均提供商品量在全省遥遥领先成效；福建顺昌洋口镇麻溪村充分利用资源发展生态农业，在 1050 亩荒山上种果树，并加大粮田投入，做到山田互补、良性循环，取得了很好的成效，成为我省经营生态农业，引领农民致富的又一典型案例；福建南平西芹镇西芹村村民在观音坑创造了"林、果、牧、渔立体开发"的模式，开发五年后，观音坑这条仅 2 公里长、方圆 1 平方公里的普通山垄创造出总产值超百万

---

① 数据来源：http://fj.people.com.cn/n2/2018/0111/c181466－31128930.html.

元，比 1984 年增长了 105 倍的效益①。

"稻萍鱼""芝麻观"是福建现代生态农业起步阶段生态农业发展模式的典型案例，显示了这一发展阶段福建生态农业发展模式资源利用特征——传承中华农耕文明，立体种养，综合开发。这些典型案例在全国乃至世界范围内都有较广泛的影响。

（二）基础建设和示范阶段（1993～1999 年）

这是福建现代生态农业基础设施和试点建设的重要发展阶段。

这一阶段，福建生态农业发展的基础设施建设取得了显著成效，为福建现代生态农业进一步发展奠定了良好的基础。1994 年开始，福建省展开生态农业基础设施建设，先后建设了"十大农业基础防御体系"，例如沿海防护林，蓄水防洪工程、灌溉水利工程、灾害预警系统、农林水产病虫害及疫情防治减灾工程等。基础设施建设极大地改善了福建农业生产条件，增强了农业抗御自然灾害的能力。尤其是现代生态林业建设成绩显著，森林覆盖率达 60.5%，居全国第一。

这一阶段，是福建省生态农业试点建设与推广稳步发展时期。1993 年，东山县被列为第一批全国生态农业试点县。1995 年，漳州的芗城区和厦门的同安区成为第二批全国生态农业试点县。1998 年，福建省制定了《生态农业发展规划纲要》，将连江、长乐、莆田、安溪、龙海、长泰、漳平、建宁、顺昌、松溪、福安、福鼎 12 个市（县）作为福建省第一批省级生态农业试点县。在生态农业试点的建设与经验推广过程中，福建农业结构得到优化，农业资源得到更充分合理的利用，农业发展方式更加符合可持续性增强的要求，农业产出更多地满足绿色食品的需求。随着生态农业试点建设与推广进程的推进，各种符合不同区域资源特征的生态农业发展模式不断形成，并取得显著效益。

（三）规模推广阶段（2000～2010 年）

在这一阶段，福建省将生态农业发展模式作为可持续农业发展的重要内容加以推广，在石狮、东山、漳平三个地方开展首批省级可持续发展试验区。围绕生态省建设战略和农业可持续发展战略目标，不断建设与推广具有福建特色的现代生态农业发展模式。与此同时，闽台农业合作进入新的发展阶段。台湾农业技术、资金与管理理念的引入，不断完善福建现代生态农业建设的内容。较之于起步阶段，科技农业、设施农业、休闲农业、产业化经营等，都成为福建现代生态

---

① 数据来源：http://www.np.gov.cn/cms/html/npszf/2008 - 11 - 27/1777983161.html.

农业建设的丰富内涵。随着试点的成功示范，以生态经济原理经营农业，立体开发，充分利用资源，注重食品安全与环境保护，加强科技与管理投入的现代生态农业已成为福建农业的普遍发展模式。

（四）全面发展阶段（2011年至今）

2011年至今，是福建"十二五""十三五"现代农业发展重要时期，也是福建生态农业全面发展阶段。现代农业必定是可持续的生态农业，全面发展的生态农业就是现代农业。

"十二五"时期，福建现代生态农业的发展思维已从农林牧渔业全面发展、农业生态经济良性循环，拓展到农业农村融合、城乡统筹发展、农业增效、农民增收、乡村振兴。这种思维的拓展为福建现代生态农业结构优化，发展模式转型升级，实现跨越式发展奠定了基础。

"十三五"时期，我国人均GDP达到中高收入国家平均水平，城乡居民对农业产出市场需求结构发生很大的变化，对农产品量的需求转向质的追求，对农业旅游等服务产出需求越来越大。与此同时，中央对福建发展的各项政策支持力度也在加大，为福建现代生态农业的跨越式发展提供了机遇。这一时期，福建现代生态农业的发展已从区域的思维、拓展到全省范围农业资源利用的合理布局，从农业的格局，拓展到农业农村融合、城乡统筹的发展战略——依据全省不同区域资源与生态特征，形成三条特色现代农业产业带、三个发展功能区，七条特色现代农业完整产业链，推动我省特色现代农业加快发展，让农业强起来、农民富起来、农村美起来。在这种发展战略目标下，福建现代生态农业发展的特征更凸显农业"三产"融合，尤其是以休闲农业为特征的农业服务产出，迎合市场需求的变化，在实践中得到迅速发展，在政策上得到有力支持，越来越成为福建现代生态农业发展的重要内容，成为农民富裕、农村振兴的有效途径。

2017年2月，"田园综合体"作为现代生态农业新的发展模式被写入政府政策。"田园综合体"既是对已有现代生态农业发展模式的归纳，也是对未来现代生态农业发展模式的描述。"田园综合体"概念阐明："田园综合体"是要整合农业与农村的资源来发展现代农业，是建立在农业农村资源与环境保护基础上的多功能农业，这种多功能农业是对农业与农村自然、经济、文化与社会资源的综合利用，使以休闲农业为特征的农业旅游服务产出成为"田园综合体"发展模式产出的重要部分；"田园综合体"建设的主体是农民、各类农民合作组织、各种与农业相关的龙头企业。这些主体以产业化的组织形式形成利益共同体，共同面对市场竞争，更有效地让农民受益，农村振兴。

无疑，当现代生态农业的发展方式从单纯的农业拓展到农业与农村资源整合，以多功能农业的资源利用特征满足市场需求、创新竞争力与竞争优势之时，福建现代生态农业就进入了跨越式发展阶段。此阶段，生态农业产业集群一定是其最基本的发展模式。

第三节 福建农业产业集群发展

改革开放后，福建农业产业集群随着福建农业的发展而形成，并在市场竞争中不断成长壮大、在实践中证明它是现代农业发展的有效模式。目前福建农业产业集群以方兴未艾的趋势在发展。然而，福建农业产业集群实践的发展一直领先于理论研究，在缺乏统计数据与研究成果的条件下，我们将从以下两个方面来描述与分析福建农业产业集群的发展：（1）从福建相关农业现代化与农业产业化发展等政策文件的梳理中来论证福建农业产业集群成长进程。因为政策的基础总是来源于实践的发展，政策是对实践发展的总结、肯定与鼓励，因此，政策可以从某种程度上反映实践的发展，可以从某个视角证明实践的发展。（2）以调查案例来描述福建农业产业集群的发展。农业产业集群的形成与发展是经济发展的规律，因此，尽管不同区域资源禀赋不同，农业产业集群的特色不同，但从产业集群发展模式提高农业产业竞争力机制、农业产业集群发生发展的条件基础等方面分析、农业产业集群发展的规律是相同的。深入实地的案例调查，能让我们更深刻理解福建农业产业集群产生与发展的背景、发展的现状、存在的问题、面临的机遇与挑战。

一、福建农业产业集群发展相关政策梳理与分析

（一）21世纪初至"十一五"农业发展时期

进入21世纪，福建农业基础设施建设与生态环境保护已有较好的基础，农业产业化在实践中快速发展，政策支持力度也在加大，尤其是闽台农业合作作为福建农业发展的优势，在政策上得到更多的支持，在实践中，台湾地区农业发展先进的经验与管理模式、国家级和福建省级各类试点、示范区和创业园的建设，都在推动着福建农业产业的发展。伴随着农业产业化快速发展，福建农业产业集群也在成长之中。

2003 年 3 月，福建省颁布了《关于加快发展农业产业化的意见》（以下简称"意见"）。在该文件中，对于什么是农业产业化经营，农业产业化经营的意义，福建省农业产业化经营的目标任务，福建省如何实现农业产业化经营等问题，作了十分细致的阐述，指出："农业产业化经营是广大干部群众的伟大创举，是农业组织形式和经营机制的创新，也是促进我省农业和农村经济发展的重要推动力量。发展农业产业化经营，有利于推进农业结构战略性调整，增加农民收入；有利于推进农业体制创新和科技创新，提高农产品国际竞争力；有利于加快农业市场化进程，提高农民组织化程度；有利于促进农村劳动力转移，加快农村工业化、城镇化进程。同时，农业产业化经营也是在家庭承包经营基础上推进农业现代化的有效途径"。

"农业产业化经营"，根据百度百科给出的定义："用类似于现代工业产业的管理方式来组织与经营农业产业。它以国内外市场为导向，以提高经济效益为中心，以科技进步为支撑，围绕支柱产业和主导产品，优化组合各种生产要素，对农业和农村经济实行区域化布局、专业化生产、一体化经营、社会化服务、企业化管理，形成以市场牵龙头、龙头带基地、基地连农户，集种养加、产供销、内外贸、农科教为一体的经济管理体制和运行机制"。从这一定义中不难看出，所谓的"农业产业化经营"与我们所理解的农业产业集群运行模式在内涵上并无二致。只是农业产业集群的发展模式更强调农业产业在一定区域上的集聚，而这种集聚会使农业产业化经营的主体，由于地域上的临近，使产业化经营的功能与效率由于集群的组织方式而更加强化与稳定。可见在新世纪初，伴随着福建农业产业化经营的发展，福建农业产业集群发展已有了很好的基础，或者换个表达就是，福建农业产业集群在成长之中。在接下来的分析中，我们将福建农业产业化经营视为福建农业产业集群发展的某一阶段，因此将福建农业产业化经营与福建农业产业集群发展视为相同的内涵与不同的发展阶段来理解和阐述，因为实践中的福建农业产业化经营就是福建农业产业集群发展的阶段过程。

在"意见"文件中，对实现福建农业产业化经营的具体途径作了如下阐述和要求：

第一，以全省农业与生态资源合理配置的思维，调整农业结构，优化布局，根据市场需求，形成闽西北绿色农业、闽东南高优农业、沿海蓝色农业三条农业产业带。要根据福建省农业资源优势，重点发展畜牧、水产、林竹和园艺四大主导产业，要加快发展畜禽、笋竹、水产品、蔬菜、水果、食用菌、茶叶、花卉、烤烟等九个特色产品。促进主导产业和特色优势农产品向主产区集中。鼓励龙头企业加强与农户和农村中介组织的合作，形成专业化、有规模的农产品原料生产基地。

第二，加快发展壮大龙头企业与其他农业产业化经营参与主体。强调培育壮大龙头企业是推进农业产业化经营的关键。鼓励国有、个体、私营、外资等多种所有制经营主体参与农业产业化龙头企业建设。大力扶持发展民营龙头企业，不断提高民营经济在农业产业化经营中的比重。鼓励发展科技型和农产品精深加工型龙头企业。农产品市场、农村各类合作经济组织和专业协会，也是农业产业化经营的重要环节，要大力建设农产品市场，鼓励各类农民合作经济组织、各类农业产业专业协会发展，发挥其在连接小生产与大市场、农户与龙头企业之间的桥梁和纽带作用。引导农业合作经济组织开展跨区域的联合，不断壮大实力，增强其服务功能和带动力。

第三，以科技创新为动力，推动农业产业化经营。要实行农科教、产学研相结合，不断提高农业科技创新水平。积极构建以龙头企业为主体、产学研相结合的新型农业科技创新体系。根据发展农业产业化经营的需要，有针对性地加强农业职业教育和实用技术培训，提高农民科技文化素质。以科技成果推广、标准化生产、安全检测、品牌创立等，提高农产品质量和竞争力。加强农产品信息网络建设，指导生产，引导销售。有条件的龙头企业要建立信息网站，实现与国内外联网。加强流通网络建设，创新农产品流通方式。

第四，对外开放，扩大投资，提高农业产业化经营水平。一方面，提高农产品质量，创立品牌，充分发挥龙头企业在开拓国际市场方面的主体作用，拓展农业对外贸易。另一方面，优化农业投资环境，通过项目招商等方式，通过闽台农业进一步合作，吸引外资参与农业产业化经营。

第五，建立和完善多样化的利益联结机制。要积极引导龙头企业推行"公司加基地，基地带农户，科技市场服务一体化"等有效的组织经营形式，建立稳定的产销关系。鼓励农民以土地经营权、资金、技术等生产要素和产品入股，采取股份制、股份合作制等形式，与龙头企业结成利益共享、风险共担的利益共同体。允许农户依法自愿有偿向龙头企业转让土地经营权。

第六，发挥政府与政策的作用，加大对农业产业化经营的扶持力度。要以增加政府投资的方式，推动农业产业化经营的发展。增加一定数量的财政资金优先投入与产业化经营相关的科技与基础设施建设、农产品深加工等项目。安排专项资金扶持农业产业化经营。落实有关扶持农业产业化经营重点龙头企业的税收优惠政策。加强金融信贷服务。积极为农业产业化经营、龙头企业和生产基地提供金融服务，在利率上给予优惠。加强对农业产业化经营用地的扶持。实行优惠电价政策。鼓励龙头企业开拓国际市场，执行关税优惠政策。

从以上阐述中可以看出：（1）改革开放后，随着市场经济的发展，福建农业主导产业与特色产业已形成，并有了较好的发展，同时也表现了福建农业产业化经营、农业产业集群形成与发展的根植性与资源禀赋优势。（2）福建农业主导产业与特色产业的形成是伴随着农业产业集群（或农业产业化经营）发展中农业产业龙头企业与市场和各类农民经济组织的发展而壮大。产业化经营的主体，始终是产业集群发展中最积极的因素，正是这些参与主体的相互作用与带动，推动着福建农业产业化集群向前发展。（3）科技创新始终是推动农业产业集群发展的关键因素，福建农业产业化经营的发展亦是如此。在农业产业化经营或是农业产业集群发展中，科研院所、教育培训、信息平台、市场建设，都是不可或缺的主体要素，它们的共同作用形成科技创新的基础。福建农业产业集群发展正在通过这些主体要素的增强而更稳定快速成长。（4）对外开放，拓展国际市场，吸引外资投入，龙头企业与广大农户形成利益共同体，以稳定生产和销售，增强竞争力。这些都是农业产业化经营或农业产业集群发展的重要环节。福建农业产业化经营需要增强这些环节，说明福建农业产业集群在成长之中，还面临诸多的困难。需要更明晰的产权以形成利益共同体机制，需要政府更多的政策投入，以激励产业化经营各参与主体对发展机遇的把握。（5）农业产业化经营或农业产业集群发展，是经济规律使然，是市场行为。但实践证明，政府在农业产业发展中有着十分重要的作用。政府的引导和激励从来就是农业产业集群形成与发展的重要力量。福建农业产业集群的发展与政府的努力是分不开的。在我们的调研中了解到，许多区域特色农业产业化经营或产业集群的形成，都有政府在早期管理与引导的贡献。

进一步归纳上述"意见"文件的阐述，可以更清晰地勾勒出：福建农业产业化经营或农业产业集群发展的重要影响因素；新世纪初福建农业产业化发展的状况、面临的机遇与挑战；政府对福建农业产业化经营的引导。显然，资源禀赋、龙头企业与农民等其他农业产业化经营的参与主体、技术创新、资金投入、国内外市场、政府，这些都是农业产业化经营或农业产业集群发展的重要因素和不可或缺的环节，而"意见"文件正是从这些方面来分析与描述福建农业产业化经营的状况：（1）农业产业化发展必然有主导产业与特色产品。21世纪初，福建农业的主导产业与特色产品就已形成，并表现出福建农业产业发展的资源禀赋优势与根植性。（2）龙头企业是农业产业化经营的关键要素。21世纪初，福建农业产业化经营的龙头企业已有一定发展，但在连接农户、形成利益共同体的机制方面，还有待于市场的发展与政策的鼓励。（3）技术创新是产业化经营的重要推动力量。福建科研院所参与农业产业化经营，科研人员参与龙头企业的研发，相关机构对农民的教育与培训，都有很好的作为，而这些正是农业产业科技创新形成与推广的重要基础。(4) 资金投入是农业产业化经营不可或缺部分。福建利用闽台农业合作的优势以及国家试点、园区等建设的优势，获得更多资金投入，尤其是台湾农业资本的投入对推动了福建农业产业化经营有显著的贡献。(5) 市场是农业产业体现其效益的最后环节也是最重要的环节，产品如果不能在市场上实现其利润，农业产业就会失去发展的动力。福建农业产业发展十分重视市场基础设施建设与市场流通信息和渠道的开发，闽台农业合作使得，一方面台湾原有的销售渠道拓展了福建农产品市场，另一方面闽台农业合作也使福建农产品以更高的品质，在合作竞争中走向国际市场。(6) 农业产业是政府政策支持的重点，由于它很强的社会效益与较低的比较利益。在福建农业产业发展过程中，政府的支持始终发挥着重要的作用，最为突出的是，福建作为两岸农业合作的先行先试区域，一直得到国家政策的大力支持，其次，福建作为沿海优先发展区域，也得到更多国家政策的支持。福建省委省政府认真贯彻落实国家的方针政策，将农业产业化经营作为福建农业发展的重要途径，从政策、资金投入，金融服务，税收减免等方面给予支持。

综上所述可看出，"意见"这份政策文件对21世纪初，实践中福建省农业产业发展状况作了非常全面的描述，其中有对福建农业产业发展目标的具体要求，有对福建农业产业发展途径深入的分析。它的思维来自福建农业产业化发展的实践，又通过研究与决策的提升，形成进一步指导与推动福建农业产业实践发展的政策。但从文件的描述中也可看出，21世纪初，福建农业产业化经营发展的实践与理论思维都还局限于农业产业发展的目标只是提高农产品产出这种单一功能的农业发展格局。因此，它只是农业产业化经营、农业产业集群发展的初级阶段和部分内容。随着实践的发展，政府政策文件对农业产业化经营内涵的表述也在不断丰富。

(二)"十二五"现代农业发展时期

2010年9月，福建省人民政府颁布了《关于进一步加快农业产业化龙头企业发展的若干意见》(简称"若干意见")，提出了加快农业产业化龙头企业发展的指导思想与目标：转变农业发展方式，以市场为导向，以科技为支撑，以发展优势特色农产品基础为基础，以农产品质量安全为重点，以完善利益联结机制为核心，着力增强农业产业化龙头企业的带动力和辐射力，不断提升我省现代农业发展水平，促进农业增效、农民增收。到"十二五"末，全省特色优势农产品的区域化、规模化、标准化生产水平进一步提升，农业产业化龙头企业进一步做大做强。

"若干意见"从加强政府管理、相关部门服务、制度创新方面强调了：（1）切实加大扶持力度：加大财政资金投入，增加农业产业化专项资金，向农业产业化龙头企业倾斜。强化信贷支持，从利率、服务、期限等方面给予优惠。健全抵押担保体系，扩大农业产业化龙头企业有效担保物范围，鼓励中小企业担保机构为农业产业化龙头企业提供融资担保。从管理和服务方面，鼓励农业产业化龙头企业上市融资。支持民间资本组建的各种形式的专业合作经营组织和公司制企业申报国家级、省级重点龙头企业，吸引民间资本以独资、合资、合作等多种形式参与投资开发和经营农业产业化项目。（2）提升科技创新水平：鼓励科企合作，促进产学研用紧密结合，创新科技人员服务龙头企业的激励机制，加速科技成果转化，引导龙头企业加大技术创新投入力度，在政策支持上给予倾斜增强企业自主研发能力。（3）推动优势产业发展：壮大我省十大优势特色产业。引导农产品加工企业向优势产区集中、向加工园区集聚，培育形成农产品加工产业集群；加快建设专业化、规模化、优质化、标准化的农产品生产基地；完善农村土地使用权流转机制，促进土地向龙头企业、农民专业合作社和经营能手集中，发展适度规模经营；支持龙头企业开展闽台农业合作，鼓励台湾农民和台湾农业企业到福建投资，推进农业产业发展；鼓励龙头企业与农户建立完善的利益分享机制，支持龙头企业与专业合作社等在自愿互利基础上，建立多种形式的经营联合体。（4）增强市场开拓能力：支持龙头企业创立品牌；强化农产品质量安全，做好无公害农产品、绿色食品和有机产品的认证工作；支持企业参与行业标准制定；组织企业参展营销；扩大农产品出口。

2012年12月，福建省政府颁布了《关于贯彻落实国务院支持农业产业化龙头企业发展的实施意见》，该政策文件主要从强调政府加大支持力度的角度，分别从加强标准化生产基地建设、完善农产品市场体系、提升企业竞争力、鼓励科技创新推广、带动农户致富增收、加大金融扶持力度、落实政策措施、加强指导服务八个方面，再次强调政府应如何支持农业产业化龙头企业的发展。

（三）"十三五"现代农业发展时期

福建省"十三五"现代农业发展专项规划提出"构筑特色现代农业三条产业带、三个发展功能区，打造七条特色现代农业全产业链，推动我省特色现代农业加快发展，让农业强起来、农民富起来、农村美起来"。

2017年8月，福建省人民政府颁布了《关于加快农业七大优势特色产业发展的意见》，该政策文件：（1）提出了要优化一产，深化二产，强化三产，融合一二三产发展以及如何优化的途径。（2）强调了七大优势产业发展中要遵循市场机制，突出企业投资主体地位，提倡形成共同发展的农业经营模式，引导农民更多地参与到优势特色产业发展之中，分享产业发展成果，促进农民增收。强调了，绿色发展、转型升级、龙头牵引、产业集聚的发展原则。（3）突出"融合一二三产"，将"农业产业"的思维拓展到"农村产业"，提出支持新型经营主体整合和延伸上下游产业链，围绕农业优势特色产业建设，加快形成一批类型多样、特色明显的农村产业融合模式。加快建设与形成产业集中、资源利用集约、产业密切关联的集聚区。积极拓展农业多种功能，推进农业优势特色产业与旅游、教育、文化、康养等产业深度整合，建设一批具有生产、观赏、体验、等功能配套特色风情旅游小镇、现代生态农业休闲观光农庄等，让优势特色农业产业发展惠及千家万户。

2018 年 2 月，福建省农业厅等单位颁布《关于促进农业产业化联合体发展的实施意见》（以下简称"实施意见"），提出加快培育发展一批以农业龙头企业为引领、农民合作社为纽带、家庭农场为基础的农业产业化联合体，使其成为引领福建省农村一二三产业融合和现代农业发展的中坚力量。

依据"实施意见"的阐述，所谓的农业产业化联合体是指农业龙头企业、农民合作社和家庭农场等，这些在农业发展实践中形成与壮大的农业经营主体，通过分工与合作形成利益共同体。农业产业化联合体的重要性在于，可以将农业产业的生产、加工和销售更密切而稳定地联系在一起。龙头企业通过与农户和家庭农场的合作，可以有稳定与规模的生产基地，而处于农业产业链上游的广大农户也由于联合体的分工合作，可以分享到农业产业化经营的收益，使收入增加。

"实施意见"强调农业产业化联合体的发展，要遵循市场规律，坚持农民自愿原则，发挥农业产业化联合体对普通农户的辐射带动作用，实现兴农富农。对于如何促进农业产业化联合体发展，"实施意见"作了如下方面阐述：

一是关于农业产业化联合体各参与主体的分工合作。提出：（1）增强龙头企业带动能力。一方面，引导龙头企业以"公司 + 农民合作社 + 家庭农场"等模式，组建农业产业化联合体，形成产加销一体化经营。另一方面，支持龙头企业加强管理，制定农产品生产、服务和加工标准，示范引导农民合作社和家庭农场从事标准化生产，以提高农业产业竞争力。再一方面，鼓励龙头企业发展精深加工，建设物流体系，健全农产品营销网络，向农业产业链高端发展。（2）提升农民合作社服务能力。支持农民合作社围绕产前、产中、产后环节从事生产经营和服务，引导农户发展专业化生产，促进龙头企业发展加工流通，发挥农民合作社在农业产业化联合体中连接广大农户与龙头企业的纽带作用。（3）提高家庭农场生产能力。支持农村土地经营权向家庭集中，形成规模经营。健全家庭农场管理服务。引导家庭农场在生产、加工、销售等环节与农民合作社和龙头企业对接，以降低成本，增加效益。（4）完善联合体各成员协作制度。农业产业化联合体不是独立法人，各成员保持产权关系不变、开展独立经营，在平等、自愿、互惠互利的基础上，通过签订合同、协议或制定章程，形成联系密切的农业经营团体。农业产业化联合体成员之间产权明晰、地位平等，坚持民主决策、合作共赢，保障各成员的话语权和知情权。引导各成员在充分协商基础上，制定共同章程，明确权利、责任和义务，提高运行管理效率。

二是关于资源共享与效率利用。"实施意见"阐述了土地、资金、技术以及信息和品牌这些农业生产的基本要素，如何通过农业产业化联合体的组织方式与机制得到更有效的利用：（1）鼓励通过土地流转、土地入股以及加强代耕代种、统防统治、代收代烘等农业生产托管服务环节外包，形成规模经营，产生规模经济。（2）有效筹集与管理资金，提高抗风险能力。鼓励新型农业经营主体通过众筹、上市等方式拓宽融资渠道，支持龙头企业发挥自身优势，为家庭农场和农民合作社发展农业生产经营，提供贷款担保、资金垫付等服务。以农民合作社为依托，开展内部信用合作和资金互助，缓解农民生产资金短缺。鼓励农业产业化联合体各成员每年在收益分配前，按一定比例计提风险保障金，完善自我管理。（3）鼓励以科技创新提高竞争力。鼓励龙头企业加大科技投入，建立研发机构，推进原始创新、集成创新、引进消化吸收再创新。鼓励龙头企业提供技术指导、技术培训等服务，向农民合作社和家庭农场推广新品种、新技术、新工艺，促进科技转化应用。（4）加强市场信息互通，不断创立品牌。鼓励龙头企业在市场信息传递中发挥更多的作用，将市场需求信息传递到生产环节，优化种养结构，实现供求均衡。积极发展电子商务、直供直销等，开拓农业产业化联合体农产品销售渠道。鼓励龙头企业推动农业产业化联合体提高产品质量，树立品牌，分享品牌效应。

三是关于建立多种形式利益共享机制。（1）进一步完善订单带动、利润返还、股份合作等利益共享机制，让农业产业化联合体各成员分享农产品加工、销售环节收益。（2）鼓励龙头企业将农资供应、技术培训、生产服务、贷款担保与订单相结合，分享联合体服务，促进规模经营。（3）引导农民以土地经营权、林权、设施设备等自愿入股家庭农场、农民合作社或龙头企业，让农民共享发展收益。（4）通过各种合作机制，实现利益共享、风险共担，合作共赢。

上述政策文件梳理，帮助我们了解实践中农业产业发展过程，政策文件反复强调了影响农业产业发展的重要因素以及这些因素之间的相互作用，但在每一次重复强调中，内涵都有所变化，反映了福建农业产业在思维与实践的不断创新中发展。随着福建现代农业产业的发展，政策文件所表述的内容也越来越接近于农业产业集群的完整概念。

二、福建农业产业集群发展阶段分析

从上述政策文件阐述内容的梳理中，我们可以清晰地看出福建农业产业化发展的足迹，可以分析出福建农业产业集群形成与发展的过程、特征与程度。福建农业产业集群的发展进程大致可划分为这么几个阶段：

（一）开启于21世纪之后的十年

该阶段的特征是：强调农业产业化经营，农业产业化经营的主要目标是增加农业产业的产出。所谓的农业产业化经营，如上文所述，它的内涵与农业产业集群发展模式并无二致，只是它的发展程度可理解为是农业产业集群发展的初级阶段，由此分析我们可以认为，实践中，福建农业产业集群在21世纪初就已开始发展。

（二）"十二五"期间

该阶段的特征是：龙头企业带动农业产业化发展贡献突出，出现了农业产业龙头企业在具有优势特色农产品区域，或现代农业示范区、科技园区、农民创业园区、闽台农业合作示范区等的聚集；与此同时，农民合作经济组织与家庭农场不断形成壮大，在扩大生产规模、通过龙头企业连接市场上发挥越来越重要的作用；产学研一体化，科技创新促进农业产业化发展有了更好的成效；闽台农业合作与各种示范园区、试点建设在推动农业产业化发展中发挥了重要作用；农产品市场建设与流通渠道得到发展，福建优势特色农业产业已经形成，实践中，各区域不同类型、不同发展程度的农业产业集群已普遍形成。

（三）"十三五"时期

该阶段的特征是，农业产业集群各参与主体在相互作用中进一步发展壮大，福建各区域都有形成优势特色农业产业集群，农业产业集群已成为福建农业产业发展的有效模式与必然趋势。就福建整体而言，已形成茶叶、蔬菜、水果、畜禽、水产、林竹、花卉苗木七大优势特色农业主导产业，并且农业产业集群的发展模式以"农业产业联合体"的叫法，表达在政府的政策文件中。

从强调农业产业化经营，到鼓励农业产业龙头企业的带动作用，再到重视优势特色农业产业发展，又到推进农业产业联合体发展，这些政策文件内容的变化本身就归纳与表达了实践中福建农业产业集群的发展过程。例如：20世纪初，福建农业推进产业化经营，逐渐形成了自己的七大优势特色农业产业，体现了农业产业集群发展建立在资源禀赋优势基础上、具有根植性的特征；"十二五"时期，龙头企业促进农业产业集群发展的作用更加突出，福建优势特色农业产业在龙头企业的带动下，以聚集在不同区域的产业集群模式在发展，而这些产业集群往往成为区域经济的主导或支柱产业，正如安溪的茶产业集群、平和的蜜柚产业集群、南平的奶业产业集群、泉州的花卉产业集群、福清的蔬菜产业集群、光泽的鸡业产业集群、邵武的竹木产业集群、东山的水产产业集群等；在这些产业集群的发展中，龙头企业通过农民合作组织带领农民参与产业链的分工合作，形成了产加销一体化机制，增加了农民收益；与此同时，科研院所与科技人员参与产业集群的技术创新与推广，区域主导农业产业集群带动相关产业集聚与发展，使农业产业集群成为主导产业与相关产业产品的集散中心、研发与创新中心，品牌及其效应也由此产生；从政策文件的梳理中，我们也能深切地感受到在福建农业产业集群的发展中，政府管理、政策和资金的支持一直在发挥着重要的作用。尤其是近年政策文件中对发挥市场机制、制度创新方面有更多的强调，说明政府对农业产业集群的管理，随着农业产业化的发展进程，已从初期更多的行政与计划的方式，转向更多发挥市场作用的方式，从中也说明福建农业产业集群的发展进入更加成熟阶段。

（四）转型升级关键期

"十三五"期间，福建农业产业集群以更快的速度发展，并且进入了转型升级的关键期。随着全国与福建城乡居民人均可支配收入增加，对农业产业产出的市场需求发生了很大的变化，目前市场对农产品品质需求在增强，对农业旅游与生态服务需求在增强，以及福建生态省建议目标的追求，这些方面都在推动福建农业产业向更高的发展阶段转型升级。从福建农业产业发展的实践与政策文件表述中，我们都能看到，在福建农业产业集群化发展的趋势中，农业的多种功能正受到重视和发挥，农业产业已从单一追求农产品产出的传统农业模式，转向追求农产品的品质与农业休闲观光和生态改善的服务产出的模式，现代农业必定是多功能的农业。与此同时，由于现代农业产业集群对农业资源与农村社会文化资源的整合，农业产业有了更丰富的资源基础、更多样化的产出目标、更强的可持续性与更广阔的发展前景。现实中的表现是，市场上有绿色标签的农产品价格往往会高出普通农产品价格的数倍，福建以休闲农业为中心的农业生态旅游在迅速发展。因此，在与农业产业发展相关的政策文件中，多功能农业、休闲农业、创意农业成为关键词的频率越来越高。政策文件中这些表述的变化可说明，实践中福建农业产业集群向多功能生态农业产业集群发展的趋势已经形成，并开始在决策上引起重视。但是，福建农业产业集群实践的发展总是快于理论的研究。接下来，我们将以具体案例分析，进一步论证实践中福建农业产业集群的发展。

第四节　福建农业产业集群发展案例分析

由于受我们所能调查对象的限制，我们所列举的案例，并不能代表福建发展最成熟、最典型、最有代表性的案例，但并不影响我们透过案例观察把握福建农业产业集群总体的发展进程与特征。

2017 年暑期，在福建省农业农村厅、福建省邵武市政府、福建省平潭综合试验区管委会的支持下，我们对福建省部分区域农业产业集群发展状况进行实地调研。虽然调查没有覆盖到全省范围，我们也没有获得规范的统计数据，但福建农业产业集群在实践中的发展给了我们深刻的印象和诸多的启示。

一、平和蜜柚产业集群

（一）平和县概况

平和地处福建省漳州市西南部，与福建、广东两省八县相连，是福建省著名的侨乡和台胞祖籍地。全县现有 57.4 万人口（位居漳州市第四位），面积 2328.6 平方公里（位居漳州市第一位）；辖 16 个乡镇（场）、240 个行政村、16 个社区居委会、12 个作业区、2571 个自然村①。

平和经济欠发达，是原"中央苏区县"、省老区重点县、省扶贫开发重点县。平和传统的主导产业为汽车配件和琯溪蜜柚，近年来积极引导发展机械制造业、木业、茶业、食品加工业等产业。2017 年平和 GDP 为 216.28 亿元，在漳州市 11 个县、市、区中排名第八，发展较为落后。农业在平和经济发展中占据重要地位，2017 年农业总产值 106.11 亿元，约占平和三次产业总产值的 20%，其中蜜

---

① 如无特殊说明，本案例相关数据皆来自实地调研与平和县政府官方网站。

柚产值占农业总产值的 55%。2017 年平和一二三产业的比重为 1:2.5:1.4。

(二) 平和蜜柚产业集群发展现状

平和是农业大县,农业产业化一直走在福建省前列。改革开放给了平和蜜柚产业发展的机遇。1982 年,平和全县蜜柚种植仅有 16 亩,总产量 6.15 吨。目前,平和蜜柚种植面积达到 70 万亩,占该县水果种植面积的 82.5%,年产量 130~150 万吨,年直接产值 50 多亿,涉柚产业的年产值近百亿元。产品出口到荷兰、俄罗斯、比利时、阿联酋等 40 多个国家和地区。平和蜜柚的产量、产值、种植面积、市场占有率、出口量等在全国各蜜柚种植县中稳居第一位,被称为"世界柚乡,中国柚都"。蜜柚产业是平和县最重要的支柱产业之一。

1. 平和蜜柚产业已形成完好的农业产业集群

农业产业集群的特征及判别标准大致可概括为:空间即地理上临近;农户或农业企业是形成集群的最重要和最基本的主体;集群内部有专业化分工;形成了区域的创新网络和完善的产业链条;有龙头企业作为核心中坚力量;有现代化的农业基础设施;有鲜明的本地根植性;规模经济显著,品牌效应大。

平和蜜柚产业已形成包括种苗培育、栽种、水肥虫害管理、采摘、分拣、包装、初加工、深加工、贮藏、运输、销售、出口等环节在内的完整的纵向产业链条,以及在此链条上某些生产环节的专业分工:例如专业种苗培育、专业初加工、专业深加工、专业营销等。与此同时,服务于这一纵向产业链的相关产业与组织也得到发展,形成集群中横向延伸与关联的各种机构,例如,服务于蜜柚生产的包装产业、机械制造产业、农资供应机构、研究培训机构、各种专业合作社与同业公会,以及利用蜜柚产业的优美景观、特有的蜜柚文化、乡村休闲等要素,而形成的农业旅游服务供给等。

平和蜜柚已超越产品的界限,成为一种社会生产关系,扎根于当地经济、文化、教育之中:一方面,平和蜜柚在改良和培育新品种、推广新的种植方法和经验、研发产品深加工、创新营销方式等方面不断发展,使平和琯溪蜜柚成为欧盟 10 个地理标志保护产品之一、"中国驰名商标""福建省著名商标""漳州十大城市名片之一";另一方面,也由此进一步推动了地方的基础设施建设。平和县投入了大量人力物力财力建设综合公路交通网以打通出海、出省便捷快速通道,建设生态水系项目以治理水土流失,并投入巨资加强电力、通信等基础设施建设;再一方面,平和蜜柚产业还带动了其他农业产业的发展,除蜜柚外,平和县还逐渐发展了茶业、香蕉等种植产业和生态木业,分享技术和管理经验,分享物质资源和市场信息,共享规模经济,促进了产业间的良性互动和协调发展,实现经济多元化，体现了平和蜜柚产业对区域经济发展的带动与促进作用。

上述现状表明平和的蜜柚产业已形成完好的产业集群。在该集群中围绕着完整的蜜柚产业链，既有纵向的细致分工，又有横向的相关配套企业与机构。同时蜜柚产业集群一直在带动着区域经济的发展。

2. 平和蜜柚产业集群成长阶段分析

产业集群生命周期理论认为，与产品和产业生命周期理论相类似，产业集群也有生命周期，一般包括诞生、成长、成熟和衰退期四个阶段。其中，产业集群生命周期的成熟阶段有几个主要特征：集群规模增长速度减缓，集群规模扩张到了顶峰，集群内竞争激烈，该行业已成为该区域经济支柱；集群内终端产品或某些产品市场需求增长变缓，这些产品对周边地区或国内、国际的市场影响力达到顶峰，某些产品甚至可以完全垄断或主导市场；产业集群对各种经济资源的吸引力开始下降；集群内部产品行业标准已基本定型，产业链发展完善，集群内企业分工合作加强，资源整合效率提高。在成熟阶段集群如果能够实现技术突破或组织创新，产业集群则有可能跃迁到一种新型的或更高级的发展阶段，否则成熟阶段后的产业集群很容易进入衰退阶段。

平和蜜柚产业已形成显著的地域性，形成地域中纵横向生产和服务分工合作、密切联系的集群空间结构。种植规模已达区域土地资源承载限度。蜜柚产业已成为平和县经济支柱产业，在国内市场的影响力很大，具有很高的市场占有率以及对市场价格形成的影响力。平和蜜柚产业集群已成为全国蜜柚技术创新中心、营销集散中心和全国蜜柚产业农资生产供应地，品牌效应显著。上述特征表明平和蜜柚产业集群已进入快速成长并开始进入成熟阶段。

（三）平和蜜柚产业集群形成与发展动因

产生于对实践发展规律总结的经济学原理阐明，一个产业集群的形成与发展既是根植于当地的资源禀赋、农耕文化传承等必然因素，也会与市场需求和政策支持等非必然因素密切相关。

1. 资源禀赋与农耕文化

资源禀赋：基础条件、形成与发展的物质驱动力。特有资源禀赋是平和蜜柚产业集群形成的基础和前提条件，更是其发展的物质驱动力。

（1）气候条件。蜜柚产业属于水果种植业，产业的产生、发展和成熟对自然环境资源有着天然的依赖。而平和的气温、日照、降雨、地势都吻合蜜柚生长所需要自然生态条件（见表2-1），保证了蜜柚的生产质量。

表 2 - 1　　　　　　　　　　　平和的气候条件（年均）

气温	降雨量	日照和太阳辐射时间	霜期
17.5℃ ~ 21.3℃	1600 ~ 2000mm	中等	41.3 天

资料来源：平和县政府官网。

（2）土地资源。平和土地资源构成中山地面积 260 万亩、林地 268 万亩，耕地面积 35.5 万亩，比重是 7.3∶7.6∶1.0。这种土地资源构成特征决定了平和农业发展山地经济的相对优势。较丰富的山地资源为蜜柚产业发展提供成本较低的土地租金。

（3）农业人口与劳动力。平和县属于福建省经济欠发达与相对贫困区域，农业是国民经济的主要产业。1990 年农业 GDP 占全县 GDP 的比重的 51%，农村居民人均纯收入是 497 元。这种后发优势为改革开放后平和蜜柚产业发展提供了较充足和较廉价的劳动力资源。

（4）地理区位优势。平和距离漳州港和厦门港都不足 100 千米，有着独特的地理区位优势，产品在满足国内市场需求的同时，可通过海运便捷地运至国际市场，运输成本低。

农耕文化：传承与创新。平和有 500 多年的蜜柚种植历史，生产和加工技术代代相传，蜜柚文化积淀深厚，蜜柚情怀根深蒂固。这种根植的农耕文化为改革开放后蜜柚产业的重振与创新提供优势。

2. 历史机遇与产业政策

改革开放：历史机遇的驱动。20 世纪 80 年代初，改革开放后我国经济开始复苏，各类产品基本上都处于供不应求状态。平和县顺应市场需求，发挥自己的优势，大力发展蜜柚产业，逐渐占领了国内市场并初步形成了生产上的地域垄断，巩固和加强了生产技术优势，由此走到全国蜜柚产业发展的前列。

产业政策：重要的外在驱动力。综观平和蜜柚产业集群形成和发展史，政府及其各种扶持政策是最重要的外在驱动力。

（1）确立主导产业地位，引导扶持小农种植。

尽管平和蜜柚有几百年种植历史，但因各种原因，到 20 世纪 70 年代末蜜柚仅剩余几十株，蜜柚生产已几近消亡。依据平和蜜柚栽培的地理环境优势与生产的历史经验优势，20 世纪 80 年代初，平和县就将蜜柚确立为该县的支柱和主导产业，县、乡镇、村等各级政府都将蜜柚产业作为工作重心，人力、物力和财力资源全力向蜜柚产业倾斜，使得蜜柚产业能迅速发展并形成规模，以很快的速度跨过产业生命周期中的萌芽阶段，进入成长期。这对农业来说至关重要。蜜柚作为一种经济作物，从投入到开始收成通常需要 3 至 5 年时间，相对来说具有投入回报的长周期与不确定性。在有限资源配置选择中，以家庭为规模的小农经济生产者，往往会更注重于收益快，风险小的生产投入。因此，如果没有政府的引导与政策扶持，由于小农经济生产者各自眼光与利益偏好的阻碍，平和蜜柚产业的形成就不会如此迅速与有序，在产业成长的萌芽期，政府适当的政策扶持就会成为撬动产业迈上发展之路的杠杆。平和蜜柚产业形成中政府的努力引导与政策扶持起到了十分重要的作用。

（2）适时调整产业发展政策，推进蜜柚产业发展阶段。

依据发展实践，平和县扶持蜜柚产业发展政策大体上可划分为三个阶段。第一阶段是 20 世纪 80 年代初到 90 年代中期，平和县采取政府主导型产业发展政策。为扩大种植面积，形成产业成长的规模基础，推行"县乡干部、职工、城镇居民、农户四轮齐转"政策，要求全县所有人都要种植蜜柚，提出"县办万亩、乡办千亩、村办百亩、户种百株"的目标，以层层定量摊派的方式强行推动蜜柚种植，鼓励各级政府部门干部带头种植。此阶段，在强有力的政策主导下，平和蜜柚种植面积大幅度增加，生产形成规模，产品迅速占领了国内市场并初步形成了生产上的地域垄断，与此同时，巩固和加强了平和蜜柚生产技术优势。这一阶段政策的显著特征是：政府主导，行政动员，以保证蜜柚的规模种植与生产。第二阶段是 20 世纪 90 年代中后期到 2003 年前后。此阶段平和县政府对蜜柚产业发展的政策扶持与工作重心逐渐转向建设品牌与拓展市场。政府投资于各种宣传与广告平台，努力打造平和蜜柚地域品牌，与此同时，重奖营销大户，拓展产品销路。此阶段政府的蜜柚产业发展政策，从主导开始转向引导与服务。第三阶段是 2004 年至今。此阶段政府对蜜柚产业发展的政策已基本转向服务于生产，工作重心放在加强绿色生产监管、建设配套基础设施、积极开展招商引资、扶持产业链条延伸与产品附加值提升上。在不同发展阶段，平和县适时调整蜜柚产业发展政策，有力推进了蜜柚产业在各阶段的发展。

3. 平和蜜柚产业集群组织效率

发展至今，平和蜜柚产业已形成完好的产业集群。农业产业集群作为一种经济现象的出现，是因为这种发展模式具有很高的组织效率。结合平和蜜柚产业集群发展状况，产业集群的组织效率体现在：

（1）形成规模经济。

规模经济（economies of scale）表现为由于生产形成一定规模而使成本下降，经济效益由于生产规模增加而增加。如上所述，平和蜜柚种植面积占全县水果种植面积的 73%，较之国内其他蜜柚种植县，无论在产量、产值、出口量还是市场占有率都稳居全国第一位，被称为"中国柚都"。首先，这种规模使产业集群能够在生产链上形成分工与合作，从而提高了生产效率。蜜柚生产主要包括种苗培育、栽种、施肥、除虫除草、采摘、分拣、包装等环节，而平和蜜柚已基本形成了这些环节的专业化生产。蜜柚种植大户或农业企业将这些生产环节外包给专业化生产的工人或企业。专业化提高了专业生产者熟练水平，与此同时，专业化发展有利用研发资金的投入与最新技术的引进和创新，有利于技术的传播与应用，技术进步提高了经济效益。其次，平和蜜柚产业集群的规模经济体现在以产业集群作为一个整体，提高了购买生产资料的议价能力以及提高了所购买生产资料的品质，降低了生产资料购买和运输成本，降低了产品销售的运输成本等。以最重要的农资—农药、化肥为例，农户和生产企业所使用的农药、化肥通常是以专业合作社的方式集中采购，既提高了议价能力又保证了农资的品质，高毒、高污染、高残留的农药、化肥得到有效控制，这种品质的提升是产业集群规模经济的间接表现。平和蜜柚产业集群在运输上形成规模经济表现得十分明显。平和已成为全国蜜柚集散中心，周边及外省如海南、江西、贵州等地的蜜柚都运往平和再行销售，大大小小的集散市场有几十个。专业性的集散市场整合了运输资源，形成了一批专业性蜜柚仓储企业和一支专门运输队伍，使得运输成本下降。再次，规模化生产降低了集群空间内基础设施建设与利用成本。上述几方面都使规模经济效益形成。

（2）产生范围经济。

范围经济（economies of scope）是研究经济组织的生产或经营范围与经济效益关系的一个基本范畴。范围经济最基本的含义是指企业通过扩大经营范围，增加产品种类，生产两种或两种以上的产品而引起的单位成本的降低。只要把两种或更多的产品合并在一起生产比分开来生产的成本要低，就会存在范围经济。如果将集群理解为一个由许多相关企业联系在一起的生产单位，那么它从提供某种系列产品中获得单位生产成本降低就产生了范围经济，而这种节约来自集群中企业、营销、研发、服务等部门的分工与合作。随着分工的深化，其服务的产品范围不断增加，从而实现了范围经济。产业集群能产生范围经济是由于一个地区某产业发展集中了某项产业所需的人力资源、配套产业、相关服务业等，从而使这一地区在继续发展这一产业中拥有比其他地区更大的优势。平和蜜柚产业集群的范围经济表现得十分显著。

平和蜜柚产业已形成集群内各企业与相关组织的有效分工与合作，并由此产生范围经济。集群内具有规模化的蜜柚生产与加工机械制造企业、蜜柚生产套袋企业、蜜柚深加工研发与生产企业、蜜柚集散与运输中心、蜜柚生态农业旅游、各种专业合作社与行业协会（或同业公会）以及相关的研究与培训机构。

蜜柚生产与加工机械制造：平和已形成以柚类农机为主体、其他农机协同的农机制造业产业群，有力贝机械、华宇机械等机械制造企业，产品主要包括柚果专用的清洗机、输送机、真空包装机、热缩膜机、分级与输送机、套袋生产机、分拣流水线等机械以及可用于多种水果种植的山地果园轨道搬运机、无人喷雾机、滴灌设备、油锯、割灌机、微耕机、自走式喷杆喷雾机、三轮自走式碎木机、生物质燃烧机等农机。

平和农机制造业从无到有、逐渐发展壮大。以农业机械代替部分人工，降低了蜜柚生产者的人工成本；各种农机在集群内生产，节省了搜寻、运输等成本，产生范围经济。同时，全国柚类种植面积迅速扩大，也拓展了农机市场，促进了平和农机制造业的发展，形成生产规模，降低单位生产成本，产生规模经济。

平和蜜柚套袋生产企业和包装材料企业：套袋是一种果树栽培技术，在蜜柚生产中得到广泛应用。平和已有以"国农"为代表的蜜柚套袋生产企业10多家，年产套袋6亿个，推广面积30万亩；围绕蜜柚产业，平和还出现了一些小规模的包装材料生产企业，主要生产蜜柚包装用的各种网袋、纸袋、礼盒、纸箱等。平和所产蜜柚套袋和各种包装材料除在平和本地销售和使用外，还远销全国各柚果产区。套袋和包装材料生产企业在平和集聚，节约了蜜柚种植企业和农户的搜寻成本和运输成本；套袋的推广使用改善了蜜柚外观，降低了农药使用成本，节约了大量的劳动力，增强了平和蜜柚的市场竞争力。

平和蜜柚深加工企业：蜜柚相对于其他农产品而言具有"天然罐头"之称，但它依然是农产品，只有一定的贮存期，产品价格受市场需求波动的影响大。因此发展蜜柚产品深加工，提升产品附加值，同时减少市场价格波动造成的损失是蜜柚产业发展的必然趋势，平和蜜柚产业集群发展为蜜柚产品深加工创造了基础。在市场竞争压力与政府优惠政策鼓励之下，宝丰罐头、华润五丰、中宝食品、广和堂生物科技、国农农业、东湖农产品、南海集团、英才蜜柚等一批蜜柚深加工企业先后落户平和，初步形成南海蜜柚果脯、国农蜜柚果汁、天醇蜜柚花茶、芦溪红蜜柚果酒、宝峰蜜柚罐头、广和堂蜜柚日化用品等一系列蜜柚深加工企业。无疑，这些蜜柚产品深加工企业将产生范围经济效应，是平和蜜柚产业集群向更高阶段发展的关键因素。

蜜柚集散与运输中心：随着平和蜜柚产业集群品牌效应的增强，平和逐渐成为全国蜜柚集散与运输中心。全国蜜柚主产区生产的蜜柚运输到平和加工、包装后再销往全国各地，形成了"全国蜜柚主产区—平和蜜柚集散与运输中心—全国各地市场"的物流模式。最初平和蜜柚只运往山东、浙江、北京等几个主要市场，随着集散与运输中心的形成，运输范围随之扩大，销售市场和网点扩张到全国，平和蜜柚产业集群效益得到提高。

蜜柚生态农业旅游：平和蜜柚产业集群发展为平和蜜柚农业旅游提供了良好的基础。实践中，随着平和蜜柚产业集群的发展，平和蜜柚生态农业旅游也在发展之中，成为平和蜜柚产业集群发展形成范围经济效益的重要体现。平和蜜柚生态农业旅游效益增值空间很大，目前这种潜力还没有被好好挖掘与充分利用，但三十多年蜜柚产业集群的发展、底蕴深厚的蜜柚文化、十三届蜜柚节等活动的广告效应，加之平和优美的自然景观、名人故居、宗教庙宇、传统工艺、红色圣地等，为平和蜜柚生态农业旅游进一步发展奠定了丰富的资源基础。

专业合作社与行业协会：在平和蜜柚产业集群中专业合作社与行业协会连接分散的农户与农资资料购买、产品销售，在生态环境保护监管，在产品质量保障，在维护地域品牌，在信息传递与生产引导方面都发挥着积极的作用。例如：各类农业专业合作社帮助农户统一购买化肥农药，提高了议价能力，同时保障低毒、少污染农药化肥的使用，促进了生态环境的保护；各行业协会可以有效地组织同行业企业加强合作互信，维护地域品牌，组织企业共同维护自身利益，协调集群内企业的利益分配，促进产业信息传导，引导企业合理决策。在平和县各乡镇村都有若干个与蜜柚生产相关的专业合作社和行业协会，如农资行业协会、蜜柚产业联合会、某某镇的蜜柚协会等。上述协会在共享蜜柚行业信息、共建行业标准、开拓蜜柚产品市场、降低企业生产经营成本方面有着积极作用。

研究与培训：技术从来都是发展的重要因素。产业集群的发展离不开技术的研发、培训与推广。产学研结合是一种有效的形式。平和县蜜柚产业集群发展过程中始终与相关院校的科研力量合作，例如福建农林大学、天津科技大学、福建省农科院等。合作研究的内容诸如：新柚品种开发；蜜柚专用配方肥；有机肥替代化肥试验；新型农业机械研发；栽种技术培训和推广；"互联网＋"技术的运用和推广；柚子深加工技术研发等。

（3）产出叠加效率。

产业集群组织效率可归结为，能形成规模经济与范围经济，从而降低集群内生产者与经营者单位产出成本，提高竞争力。由于农业产业集群的发展具有明显的根植性，根植于当地的资源禀赋与农耕文化，同时，产业集群的组织方式有利于技术研发的投入与创新，这两方面都会促使产业集群形成品牌效益，而品牌效益又能促使该产业集群成为周边甚至全国范围的产品研发和集散中心以及与该产业相关的生产资料（例如包装材料、机械设备）生产与供给中心，使该集群成为地方经济的主导产业，增加就业机会等，由此而带来的效益可表述为由于产业集群组织效率而产生的叠加效率。

如前所述，平和琯溪蜜柚品牌已全国著名，在出口国际市场中独占鳌头，体现了平和琯溪蜜柚品牌在全国甚至世界市场上的竞争力。这种品牌效益产生于产业集群的组织效率，同时它又进一步促进了产业集群的发展。首先，品牌提升区域形象，为招商引资和未来发展创造有利条件。其次，利用品牌开展与参与各种活动，为地区经济发展创新平台。例如，利用平和琯溪蜜柚节活动和参加各种农产品交易会等活动推介品牌，吸引投资，扩大市场。再次，品牌也对相关产业产生虹吸作用，关联产业迅速成长。以平和蜜柚集散中心为例。集散中心的形成主要归因于平和琯溪蜜柚品牌效应。早期，因蜜柚生产和销售的需要，平和各镇零散地出现了小规模的蜜柚批发市场，贮存和销售的蜜柚都来自平和境内。随着蜜柚生产规模扩大，这些批发市场也随之扩大。而随着平和琯溪蜜柚品牌效应增强，吸引了大量的采购商前往平和，乃至周边和外省生产的蜜柚也都运往平和，从而地区性的小批发市场发展成了全国性蜜柚集散中心。此外，平和蜜柚产业集群的组织效率以及由此产生的品牌效应，使平和县蜜柚产业集群在全国蜜柚生产加工的科技研发、相关农资的生产与供给等方面都发挥着重要作用。

蜜柚产业已成为平和县重要的支柱产业，全产业链经济总产值约 100 亿元，带动约 6 万人就业，同时产业集群组织方式产生的叠加效率十分显著。综上所述，资源禀赋与农耕文化的根植性，改革开放与市场需求的机遇，政府政策适时的支持与引导，产业集群的组织效率，是平和蜜柚产业集群形成与发展的动因。平和蜜柚产业集群发展的效益是显著的，但也面临着诸多进一步发展的问题。

（四）平和蜜柚产业集群进一步发展面临的挑战

产业集群生命周期原理揭示了产业集群形成、成长、成熟、衰退的一般规律。产业集群的形成有必然因素也有偶然因素。产业集群从成长到成熟有诸多因素的贡献、这诸多因素的贡献形成了竞争力的提升。产业集群从成熟走向衰退也有诸多影响因素，如果产业集群不能摆脱这些不利因素的限制，就会失去竞争力，走向衰亡。如前所分析，平和蜜柚产业集群属于快速成长时期，并已开始形成迈向成熟阶段的节奏，当前平和蜜柚产业集群进一步发展面临的挑战可归结为：

1. 产品市场竞争越发激烈

这种市场竞争既来自同类产品即其他地区蜜柚产品的竞争，也来自替代品即其他水果产品的竞争。

由于土地资源面积、产业结构优化、生态环境保护等因素的制约，平和蜜柚种植与产出量的增长受到限制。因此，随着周边区域蜜柚产业发展，平和蜜柚的市场份额将呈逐年下降的趋势，对市场的影响力将逐步削弱。目前福建省内的龙岩、莆田、宁德、三明等地的蜜柚产量约占到了全省产量的20%。由于适宜蜜柚种植的地区分布较广，我国南部和西南部多数省份都有种植蜜柚，特别是海南、广东、广西、湖南、江西等地种植面积逐年增加，产量快速增长。以江西省井冈山市为例，该市已出台井冈蜜柚产业发展规划，到2020年全市蜜柚种植面积将达100万亩，产量达200万吨，将超过平和蜜柚产量，而2015年其产量尚不足10万吨；广东梅州金柚产量也已从2011年的35万吨迅速增长到2016年的60万吨；广西容县沙田柚产量由2011年的6万吨增长到2016年的16万吨。短短几年时间，各蜜柚主产区的产量都呈现了倍数增长。据估算，2017年平和蜜柚产量150多万吨，全国蜜柚产量400多万吨，平和蜜柚产量占全国的37.5%；而到2020年，平和蜜柚产量预计在150万~180万吨，全国蜜柚产量预计将达到650万吨，平和蜜柚产量占全国比重将下降至25%左右。

蜜柚作为一类水果有其独到之处，但也有其相对劣势。例如：首先，相比与苹果、梨、香蕉等这类大众化水果，蜜柚的消费群体要小很多，市场需求量有限；其次，虽然蜜柚有"水果罐头"之美誉，自然保持期较之其他类水果相对更长，一般是9月份开始成熟，逐渐上市，初步加工和保鲜处理后能保质近4个月。但由于蜜柚单位体积与重量的价值不高（较大个的蜜柚按2.5千克算，2017年底批发价也在4~5元/千克，一个蜜柚的价格一般不超过20元），长期冷藏以分批出售鲜果的收益成本比太低，因此对蜜柚的消费具有非常强的季节性，这种需求与供给特征使以产出量增加形成利润增长的空间受到市场需求的限制。一方面，蜜柚作为非大众化的水果，消费群体小；另一方面，全国各地蜜柚的供给能力不断形成，必然使以鲜果出售的蜜柚市场价格趋于下降。蜜柚产品特征与供需环境的变化，使平和蜜柚产业集群的进一步发展面临激烈市场竞争的挑战。

2. 生产成本上升

除了来自其他生产者的竞争压力外，平和蜜柚产业的竞争压力还来自自身生产成本的上升。在市场竞争中生产成本是关键。如果企业（或产业）能以更低的成本生产，从而可以以更低的价格出售产品，就能在激烈的市场竞争中胜出。

据实地调查，平和蜜柚生产成本主要包括：土地租金（10%）、农药化肥支出（45%）、劳动力投入（35%）、套袋和包装材料（10%）。从成本构成看，农药化肥支出和劳动力投入在总成本中占80%左右。农药化肥支出增加是由于近年来农药化肥价格持续上涨。原因在于环保的重视对农药化肥质量提出更高要求以及市场需求量的增加等各方面原因。以蜜柚种植主要使用的氮肥、钾肥、磷肥等化肥为例，2017年其价格涨幅大多在20%以上。平和蜜柚产业劳动力投入成本的上升主要表现为季节性的供求不均衡。由于越来越多的农民进城务工，平和蜜柚生产的日常劳动者主要是没有外出打工的当地的中老年人，加之蜜柚种植对劳动者的技术要求不高，工资水平通常较低。低水平的工资难以吸引外来劳动者，因此在农忙季节——蜜柚生产集中用工时段就需要用高工资吸引外来工人，劳动力日工资比平时高出许多，劳动力成本大大增加。据调研，普通工平时用工成本约为每天80～100元/人，而农忙时要150～200元/人，熟练的技术工的工资高达每天400～500元/人。持续上涨的生产成本使得平和蜜柚生产的利润空间被压缩。在平和，一般每亩地种植45～60株蜜柚，成熟后（10年以上树龄）的果树单株产果量在100千克左右（若树龄较短，则产量更低），亩产4000～6000千克，每千克成本约为1.4～1.6元，2017年底白柚的批发价为2.4～2.6元/千克，红柚为4.4～5元/千克。在销售情况不理想的年份，蜜柚生产种植户就很可能利润微薄甚至亏损。这种生产成本的上升使平和蜜柚产业集群面临着在经济上不可持续发展的挑战。

3. 生态环境恶化与经济收益损失的双输

良好的生态环境是农业产业发展的基础。农业是如此依赖于生态环境，因此生态环境恶化对农业可持续发展的挑战是十分严峻的。

平和大力发展蜜柚产业三十多年，蜜柚种植面积占平和山地面积的25%，占耕地面积8%，占果树面积的82.5%。为了提高蜜柚生产效率，蜜柚种植通常是连片的。首先，大面积开荒种植破坏植被，造成水土流失，导致水源涵养能力减弱。这种生态环境破坏对经济效益影响可直接表现在夏秋季果园因干旱缺水，果实不能正常膨大，影响产品产量和质量。其次，长时间、大面积在同一块土地上种植蜜柚会使土壤养分失衡、结构破坏，使化肥的使用量增加。再次，大面积种植破坏了生态系统生物多样性及生物之间相生相克的平衡机制，同时大面积种植也在食物链上传递着一种营养信息，这两方面原因都会使病虫害增多，从而农药使用量增加。农药、化肥使用量的增加使环境破坏加剧，而对经济效益的影响则直接表现在当前生产成本的增加，以及由于生态环境恶化未来生产成本的增加（或经济收益的损失）。因此，生态环境的恶化不仅表现为环境破坏带来的种种危害，还直接表现为对经济效益的影响。生态环境的恶化对平和蜜柚产业进一步发展的威胁将是持续性的经济收益损失。之所以是持续性是由生态系统的生态规律性与生态经济系统的生态经济规律所决定。生态系统种群间的关系形成生态系统结构，在此结构基础上，形成物质流动、能量传递、生物质形成与积累的功能，生态系统遵循着这些规律运行。蜜柚产业集群是一个依赖于生态系统资源禀赋而形成的生态经济系统，在这个系统中，生产者的行为选择遵循着追求利润最大化的经济规律，而作为蜜柚生产基础的生态系统则是遵循着生态规律进行物质、能量的传递与生物质的积累（例如，蜜柚产出就是其中一项）。好的生态环境会使蜜柚生产在同样的经济投入中（例如一定化肥农药劳动的投入）产出更多。而这更多就是由生态效率提供的，是生态生产力的表现。如果这种生态生产力被破坏了，想要得到同样的经济产出，通常就要投入更多的化肥、农药和劳动。而这更多的投入可能会使生态环境进一步破坏，生态系统的生产力进一步下降，这样就在生态与经济之间形成恶性循环，反之就会形成良性循环。这就是生态经济规律。因此，受生态规律与生态经济规律的支配，生态环境恶化不仅会造成当前经济收益的损失，而且对将来的经济收益的影响会日益加剧，如果被破坏的生态环境没有得到改善。生态环境恶化正影响着平和蜜柚产业集群的竞争力与可持续发展。

4. 品牌保护不力，品牌形象受到冲击

品牌是产品质量的广告，品牌树立是源于产品独特的品质。品牌，尤其是农产品品牌，可能形成于：区域特定的生态环境资源；传承的农耕文化；产业集群的技术创新优势；产业集群的生产力与市场占有率及影响力的提升等因素。平和琯溪蜜柚品牌的形成综合了所有这些因素。平和蜜柚产业集群发展打响了"平和琯溪蜜柚"品牌，而品牌效应又进一步推动平和蜜柚产业集群的发展。

品牌通常是企业或产业集群一种重要的无形资产。品牌包含着产品质量的信息，它可以使消费者支付意愿增加，可以使产品价格提高，也可能是使同样价格水平时需求量增加，即需求曲线向右移动，无论是哪一种效应，都等于提高了生产者的竞争力，品牌质量信息的传送会增加消费者的需求，扩大生产者利润空间。因此品牌是一种竞争力，保护品牌就是保护竞争力。目前平和蜜柚产业集群发展也面临着品牌难以保护的严峻性。

在调研中了解到，"平和琯溪蜜柚"品牌缺乏有效管理，搭便车现象严重。借助于全国蜜柚集散中心，外地（省内其他县市和外省）生产的蜜柚被中间商收购并运到平和包装加工后，都贴上"平和琯溪蜜柚"品牌，这种侵权行为，会使"平和琯溪蜜柚"信誉受损，影响到未来的销售。保护品牌质量的激励在于消费者再次购买的可能性。因此，乱贴牌将使品牌质量信息传递的作用消失，也是竞争力的消失。

5. 蜜柚深加工步伐缓慢

农产品深加工是充分利用农业与农产品资源、克服农业生产季节性与市场需

求长年性冲突、优化农业结构、增加农业经济效益的重要环节。如前所分析，平和蜜柚产业集群发展已进入迅速成长阶段，但蜜柚产品深加工的发展受资金、人才、政策等诸多因素制约，还处于起步阶段。产业集群融合生产、加工、销售与服务为一体的优势没有得到充分体现。表现在平和蜜柚产出量已达到种植面积极限，但产品基本上以初产品销售，深加工发展步伐缓慢，与产业集群的发展阶段不协调。目前，平和蜜柚深加工产品只有 40 多种，2016 年加工蜜柚约 6 万吨，仅占总产量的 2% 左右。加工企业规模小，工艺设备简单，产品单一，发展资金严重不足。深加工产品附加值不高，目前投放市场的大多是果汁、果酒、果脯、果茶之类单位重量体积价值低的产品，附加值较高的果胶、香精、黄酮等还处于研发试验阶段，尚不能形成规模生产，而以蜜柚为原料的日用洗涤、美容护肤等大路货系列产品也还处于构想开发生产之中。因此平和蜜柚产业产品深加工增值的潜力很大。

（五）平和蜜柚产业集群转型升级：生态农业产业集群

生态农业是现代农业发展的必然趋势，它是对数千年传统农业文明的扬弃。20 世纪中叶，科技进步与工业的快速发展使人们认为可以用工业的方式发展农业，并曾经使其成为现代农业的象征。但这种农业发展模式的不可持续性使人类再次认清了农业的生态本质。农业产业发展与大自然是如此的密切，因此，现代农业可以技术与设施先进、三产融合发展、经济主体组织高效，但都必须以生态的可持续性为基础，必须在生态与经济良性循环基础上实现农业的多功能效益。生态农业是现代农业的必须前提。

农业产业集群是现代农业发展极具效率的组织方式，因此也是现代农业发展的必然趋势。这种集群的组织方式将生产者、管理者、相关的科研和服务机构、各种形式的农业合作组织联系成有机整体，通过集群整体中各经济主体的有效分工合作，形成规模经济与范围经济，从而大大提高农业生产效率与市场竞争力。这种集群的组织方式使区域的农业与农耕文化资源优势得到发挥，使农业三产协调发展，资源得到综合与充分利用，使农业多种功能得以发展、利用与市场化，从而显著增加农业经济效益。生态农业产业集群能使生态农业从理念落实为具有利益推动的实际行动。显然，农业产业集群是现代农业发展的有效模式，而生态农业是现代农业的最基本元素，是现代农业的基础与最主要特征。因此生态农业产业集群是现代农业产业发展的必然趋势与有效模式。

尽管生态农业是现代农业发展的必须前提，承载着农业可持续发展能力，但如果只从初级农产品的当前产出来认定农业产业的经济效益，生态农业会由于其优势与多重价值难以在市场中完整体现而缺乏竞争力。生态农业产业集群之所以是农业产业发展的有效模式，是因为它的组织效率能使生态农业多重功能与效益得到综合与充分利用，并在市场上实现其价值。例如：围绕着区域资源禀赋优势，生态农业产业集群有能力用更低的成本对农业资源与各种产出进行综合的、循环的、可再生的利用，形成无废物生产，实现经济与生态效益双赢；生态农业产业集群通过农业三产的协调发展，有能力提供多样化的加工与深加工产品，以及市场需求日益增长的农业旅游服务产品，以满足人均 GDP 提高后消费者需求的多样化，使生态农业的多种功能转化为市场价值。

农业产业集群可持续发展要以生态农业为根基，而生态农业的优势与多重价值要依托生态农业产业集群的组织效率来实现。因此，我们可以将生态农业产业集群定义为：建立在生态系统承载力基础之上，按照保护环境，合理利用资源，实现生态与经济良性循环的生态经济原理，某一区域农业产业发展相关的利益主体，聚集在一定的空间范围，通过有效的分工与合作，使生态农业优势与多功能价值在市场中得到体现，并由此形成可持续的竞争力与经济效率的现代农业产业组织形式与发展模式。

改革开放后，历史传承与农业气候优势等因素，种植蜜柚成为平和县农业发展、农民增收的重要途径，在政府的积极鼓励下，平和蜜柚种植面积迅速扩大，这一"脱贫果"当今已成为平和县 40 多万农民的重要经济收入来源。30 多年的发展，平和蜜柚产业快速壮大，产业链不断完善，与蜜柚产业链相关的企业和机构组织呈现空间聚集，蜜柚产业集群形成、发展，产生了"世界柚乡、中国柚都""中国柚类第一县"的品牌效益。平和蜜柚产业集群成为全国蜜柚技术创新与蜜柚产品集散中心，产业集群效益不断增强并开始迈向成熟阶段。

产业集群的生命周期规律揭示：一个产业集群的形成、成长、成熟与衰退的过程也就是该产业集群竞争力从而经济效益的形成、增强、稳定与下降的过程。产业集群步入成熟期意味着现有的产业集群结构、规模、技术与生产组织方式所能形成的效益已没有更高的增长潜力，因此，激烈市场竞争中的"不进则退"会导致该产业集群走向衰退。产业集群的成熟期也意味着该产业集群发展面临着经营方式创新、管理理念创新、生产技术创新，从而转型升级，跃迁到一个新的产业集群形态，重新夺得市场竞争力与经济效益的挑战与机遇。可以说，当前平和蜜柚产业集群进一步发展正面临这样的挑战与机遇。

如上所述，当前平和蜜柚产业集群的发展面临着内部生产成本不断增加与外部市场竞争愈加激烈的双重挑战。平和蜜柚产量占全国的比重将从 2017 年的 37.5% 下降到 2020 年的 25%。因此要想在激烈的市场竞争中进一步发展，平和蜜柚产业集群必须转型升级，向蜜柚生态产业集群演变。

蜜柚生态产业集群的生命力在于这种发展模式效益的形成不仅只利用蜜柚产品产量的价值，还在于利用蜜柚产品品质的价值，更在于利用蜜柚景观、蜜柚文化价值所创造的旅游服务产品价值。当前平和蜜柚产业集群发展面临的问题与人均 GDP 增长对农业产出多种需求的经济发展机遇，为这种转型升级提供了必然性与可能性。

蜜柚生态产业集群利用蜜柚生态农业的多种价值满足市场多重需求，会形成可持续的经济效益，同时还能以市场机制促进农业生态环境保护，因为，如果生态效益会体现为经济效益，生产者就会有动力去保护和改善生态环境。我们不难从当前平和蜜柚产业集群发展面临的困难、市场需求的变化、蜜柚生态产业集群的功能来进一步论证平和蜜柚产业集群转型升级的必要性与可能性。

如上所述，受土地资源与生态环境保护的限制，平和蜜柚种植面积已达到极限，同时，蜜柚生产的经济成本（主要是劳动力与农药化肥使用）与生态成本（生态环境恶化带来经济效益的损失）都在上升。此外，受其他区域蜜柚产量的市场竞争与平和琯溪蜜柚品牌保护不力的影响，平和蜜柚鲜果（或初加工产品）的市场竞争力呈下降趋势。因此，以鲜果为平和蜜柚产业集群主要产出品的发展模式受到了市场激烈竞争的挑战。必须转向能提供优质、多样化蜜柚产品与蜜柚旅游消费服务产品的蜜柚生态产业集群发展模式。而这种转型升级的可能性在于市场需求与政策鼓励的机遇。

随着我国人均 GDP 与人均可支配收入的增长，消费者的需求结构与需求层次都会发生变化。具体表现为对优质农产品与农业生态旅游服务的需求会大大增加。2017 年我国人均 GDP 超 8800 美元（资料来源于《中国统计年鉴》），据发展预测，2022 年左右，我国将开始步入高收入国家行列。随着居民收入的提高，追求安全性、个性化和差异化产品和服务将成为需求变化趋势。根据我们的实证研究测算，人均可支配收入增长一个单位，优质农产品需求会增加 0.02 个单位。2020 年、2025 年、2035 年福建城镇居民人均可支配收入将分别达到：57584 元、94626 元和 255522 元。全国居民对福建休闲观光旅游服务消费支出将分别达到：5957.30 亿元、18935.56 亿元和 191309.12 亿元，其中福建本省居民对旅游消费支出将分别达到：4100.97 亿元、10290.10 亿元和 64786.81 亿元。

蜜柚虽然不是大众化的水果，但却是具有保健价值的水果，因此，随着人均可支配收入的增加，优质多样化的蜜柚产品与蜜柚生态与文化旅游服务的市场需求会增强，尤其是农业旅游服务的市场需求正方兴未艾。同时，近年来国家政策更加强调的生态环境保护，鼓励美丽乡村建设，并越来越强调"绿水青山就是金山银山"的生态与经济协调发展。可以说，农业旅游是生态与经济协调发展的典型案例，发展生态农业产业集群是实现"农业强、农村美、农民富"这一乡村全面振兴战略目标的一项有效的具体行动。政策来自实践，是对实践中众多理性经济人在稀缺资源配置选择中形成的集体理性这种经验的肯定，因此，反过来，它可以以正式制度的形式（政策是制度的一部分）用于引导实践发展。政策不仅意味着政府的鼓励与支持，更意味着实践中供求的发展趋势。事实上，在发展实践中平和蜜柚产业集群已开始重视生态环境保护，生态农业旅游发展也有典型的案例。

近些年，平和蜜柚产业越来越重视生态环境保护。对农药和化肥等农资供应与购买实行严格管控，执行定点供应、品牌供应，并由农业专业合作社统一购买，以确保所使用的农药化肥是低毒、低残留。为防止水土进一步流失，严禁新开垦山地种植蜜柚，倡导科学管理，从现有的种植规模中挖掘增产潜力。推广蜜柚果园山顶种树，树下种草覆盖等技术，形成"头戴帽、腰扎带、脚穿鞋"的保护水土生态柚园种植模式。同时，积极推广应用由院士团队土壤肥力专家研发的蜜柚专用配方肥，鼓励使用有机肥，开展有机肥替代化肥试点工作。此外，平和蜜柚还通过建立出口示范基地与获得产品绿色认证来促进蜜柚生态生产。现今，平和县已建立 76 个、总面积 16 万亩琯溪蜜柚出口基地，通过了无公害柚果认证、绿色柚果认证和 GAP 认证。

在生态旅游服务产品供给方面，"柚达拉宫"是个典型的案例。虽然目前"柚达拉宫"旅游服务的潜力还没有得到充分开发，但它对平和蜜柚生态产业集群供给产品向旅游服务扩展具有很强的示范效应。它所展现的创意对平和蜜柚生态产业集群旅游服务产品的创新具有很高的启发价值。平和优美的自然景观、壮观的成片柚林、五百多年的蜜柚栽培历史与文化、依然保存着的一些独特的古村落建筑，以及蜜柚产业三十多年发展形成的品牌效应，加之近十多年平和县成功举办的十三届"蜜柚节"与"蜜柚熟了趣平和"等活动创造的广告效应。这些元素可融合为极具价值的乡村农业生态旅游资源。为平和蜜柚产业集群转型升级为蜜柚生态产业集群提供了可能性与丰富的资源基础。

蜜柚生态产业集群能创新竞争力与经济效益的原因在于它是一种利用蜜柚生态农业多种功能，并将这些功能转化为市场价值，实现经济增长与生态环境保护双赢的可持续发展模式。事实上，实践中这种由自然规律与经济规律所支配的生态经济之间的互动与良性循环是错综复杂的，但我们可以从经济学的市场需求、供给与利润形成的视角，将这种生态产业集群通过对蜜柚生态农业多重价值利用来满足市场需求从而创造利润的具体形式归结为三个方面：一是提供安全优质蜜柚产品；二是提供丰富多样健康营养蜜柚深加工产品；三是提供休闲趣味蜜柚生态旅游服务产品。如前所述，随着人均 GDP 增长，消费者对安全、优质、多样化食品的需求会增长，尤其对生态旅游服务产品的需求会显著增长。

　　安全优质的蜜柚鲜果（或称初加工产品）一定是产自于良好的生态环境，当它们的品质得到相对应的生态产品认证，形成品牌效应后，产品的市场价格就会大大高于普通的产品，据我们的研究调查，有无公害、绿色、有机标注的产品的价格要比普通产品的价格高出数倍到数十倍。例如，据我们调查了解，当波动的蜜柚市场价格下行时，普通柚农是产量越高亏本越多，而严格管理蜜柚品质的柚农，收入却是日渐看涨。举此一例：安厚镇赖坤金的柚园。其 400 亩果园作为家乐福中国家优鲜项目的蜜柚基地，农药、肥料都是严格按照家优鲜质量手册的标准执行，生产过程可追溯，产品由超市统一收购，价格比普通柚果高且稳定。因此，着重柚果品质后，他的收入一直稳定增长。发展蜜柚生态产业集群可以借助良好的生态环境增加经济收益，良好的生态环境才能产出安全优质的柚果。一方面，良好生态环境价值会在柚果价格中得到体现；另一方面，良好的生态环境可以减少化肥农药的使用，使生产成本降低。这两方面都体现了生态农业的优势与价值。

　　农产品加工是对初级农产品进行加工技术处理，使其更易于保存、运输，更加营养、更加便利食用与贮藏、更加个性化与多样化，更能满足市场上消费者的多种需求。农产品加工是农业生产与市场连接的重要环节，它除了能大大增加农产品的经济价值，还可缓冲农产品生产的季节性市场波动对农业收入的影响。因此，农产品加工对提高农业产业的竞争力至关重要。此外，在注重资源与环境保护，强调可持续发展的当今，农产品加工，尤其是深加工有利于对农产品资源的综合与充分的利用，因此农产品的加工程度能反映对资源的利用程度。与此同时，对我国来说，农产品加工业的发展能促进农业产业结构优化，增加就业岗位，促进农业劳动力转移与农业规模经营的形成。

　　从世界经济发展的一般规律来看，经济越发达的国家，农产品加工程度越高。农产品加工产值与农产品产出产值之比可以体现农产品的增值程度及其对 GDP 的贡献程度。农产品的加工程度也说明了随着人均 GDP 增长市场供求变化的趋势以及经济发展的趋势。农产品加工是农业产业链延伸中的重要环节，也是农业产业集群发挥优势的关键所在。农业产业集群较之单个种植农户或家庭农场更有能力形成连接生产、加工、销售的农业产业链。农业产业集群能使集群中的种植、加工、营销各利益主体形成有效的分工与合作，节约交易费用与生产成本。集群中产业链的延伸也意味着资源得到了更充分的利用。因此，农业产业集群能增加经济收益，从而提高整个集群的竞争力。

目前平和的蜜柚加工量只占到全部产出量的2%，说明加强蜜柚产品的深加工还有巨大的潜力。在蜜柚鲜果市场竞争日益激烈，卖方市场转向买方市场，同时随着人均 GDP 增长，人们对基本农产品的直接消费趋于下降，而对农产品的优质化和多样化提出了更高的要求的情况下，"柚贱伤农"在所难免。因此，平和蜜柚产业集群在向蜜柚生态产业集群转型升级过程中，可将加强柚产品加工作为核心内容。据调查了解，蜜柚是一种具有保健功能的食品，蜜柚全身都是宝，从表皮到果皮，从果肉到果渣均可利用。外果皮可以提炼香精，再提取黄酮类化合物，中果皮可作优质果胶的原料，柚子囊可以榨汁，残余的柚子渣可加工成饲料、肥料等，1吨鲜蜜柚价值3000元，若经过深加工，价值可达到2.4万元。平和通过扩大种植面积增加蜜柚生产效益这种外延规模经济已受到土地资源与市场需求的双重限制，但通过柚产品的深加工，资源的充分利用，形成内涵的规模经济，竞争国内外市场的潜力很大。

如上所述，随着人均 GDP 的增加，消费者的需求结构与需求层次会发生变化。恩格尔定律揭示：农产品是人类最基本的生存物质，农业是最基础的产业，无论科技多么日新月异，经济多么快速增长，生活多么丰富多彩，农业依然是最基础的产业；然而受人类生理需求的限制，居民对农产品消费量的需求是相对固定的，随着人均可支配收入的增长，家庭农产品支出占总支出的比重会不断下降。因此，当农产品的供求关系从卖方市场转向买方市场时，由于农产品需求缺乏价格弹性，农产品在市场中实现其价值会遭遇"谷贱伤农"的尴尬。农产品加工能缓冲市场波动对农业生产收入的冲击，但加工后的农产品还是农产品，最终也会受消费者生理需求量的限制。因此，尽管农业是国民经济不可或缺的基础产业，但农业生产特点决定了，只利用农业产品经济价值的传统农业产业的比较利益总是低于其他产业。然而，事实上，农业具有多种功能，人类对农业功能的利用，会随经济发展而变化。经济发展使恩格尔系数不断下降时，追求品质生活的居民对服务消费需求会不断增加，因此，利用农业的多种功能的多重价值开发生态农业旅游服务产品，是提高农业产业比较利益，实现农业产业可持续发展的有效途径。当今我国的人均 GDP 增长也开始进入对服务消费需求增长阶段，这为农业产业利用农业多功能性实现生态经济协调的可持续发展创造了机遇，也为平和蜜柚产业集群进一步发展提供了机遇。

蜜柚生态旅游服务产品供给，将会成为平和蜜柚生态产业集群最重要的经济增长源是毋庸置疑的。较之一般的生态农业旅游，平和蜜柚旅游更具特色与个性。三十多年的发展，平和蜜柚果林已形成一道独特的靓丽景观，童话般的片片层层柚林沿着公路、山丘蜿蜒起伏，驱车前往，仿佛漂流在柚海碧波之上，还有那美轮美奂的"柚达拉宫"等等。这种特色与个性形成的竞争力不是可以轻易被创造的。无疑，平和蜜柚特色会增强平和生态农业旅游竞争力。同时，蜜柚生态农业旅游会是最好的广告，蜜柚生态旅游服务的消费会促进蜜柚产品的消费，相得益彰，彼此促进，进一步提高经济效益。借助国家乡村振兴政策机遇，平和蜜柚产业集群向蜜柚生态产业集群转型升级是有生命力的！

二、安溪茶产业集群

（一）安溪县概况

安溪位于福建省东南沿海，厦、漳、泉闽南金三角西北部，隶属泉州市。全县总面积3057.28平方千米，辖24个乡镇460个村居，人口108万[①]。

安溪经济较为发达，1985年被国家批准为首批沿海对外开放县之一，2013年安溪县名列"中国百强县"，2014年安溪县入选中国中小城市综合实力百强县市第71位和中国最具投资潜力中小城市百强县市第33位。2017年安溪县GDP 515.33亿元，人均GDP 46244元。安溪是全国乌龙茶的重要产地，2016年青茶产量为6万吨，占全国（27.12万吨）比重的22.12%。安溪创下县级茶园总面积、年茶叶总产量、涉茶总产值、茶叶从业人口、受益人口、农民从茶叶中的收入比例等多项全国第一。

（二）安溪茶产业集群的发展状况

茶业是安溪县最重要的支柱产业和民生产业，全县涉茶人口80多万人，农民人均纯收入中有近60%来自茶业。2016年安溪农林牧渔总产值667077万元，其中农业总产值为552083万元，而茶叶产值443904万元，占农林牧渔总产值和农业总产值比重分别高达66.54%和80.41%，茶业在安溪县有着举足轻重、无可替代的作用。

1. 悠久的历史

安溪茶业发展历史悠久。安溪产茶始于唐代后期，其时中原战乱频繁，为躲避战乱，人口大量南迁至宜居安定的福建闽南一带，外来人口带来了先进的中原

---

① 如无特殊说明，本案例相关数据皆来自实地调研与安溪县政府官方网站、各年的《泉州统计年鉴》《中国统计年鉴》以及网络搜寻。

文化，也带来了茶叶生产技术。宋元时期安溪茶业获得快速发展，茶叶种植面积增加，制茶工艺不断成熟，茶产业初具雏形。明清两朝是安溪茶业的兴盛时期，一方面明末清初乌龙茶采制工艺诞生，同时名茶铁观音被发现、培植和广泛传播；另一方面，安溪茶叶得到了市场的认可，特别是在国际市场上，19 世纪乌龙茶风靡欧美，出口量大价高。近代因战事频繁，安溪茶业发展基本停滞。新中国成立后，安溪茶业开始复苏，但发展较慢。改革开放特别是 1985 年国家放开茶叶收购价格后，安溪茶业飞速崛起，与此同时，通过举办"茶王赛"、引入外资外商、打造区域品牌和企业品牌等活动，使得安溪茶叶知名度不断提升，国内外市场占有率不断提高。安溪茶业开始享誉国内外：2009 年至 2016 年连续 8 年蝉联"中国重点产茶县"第一位；2015 年荣获百年世博中国名茶金奖首位；2017 年入选中国十大茶叶区域公用品牌……安溪茶产业集群在安溪茶业复苏和崛起过程中不断发展壮大。

2. 形成较为成熟的农业产业集群

安溪茶产业空间聚集性明显，其主导产业即茶叶是安溪主要的种植作物，2016 年茶叶实有面积 608591 亩，占茶叶和园林水果种植总面积的 80.08%，在此基础上形成的相关产业、中介组织、科研机构等也在安溪聚集。农户和农业企业是安溪茶产业集群形成和发展的重要推动力，全县 34 万余户农村人口中有近 10 万户种植茶叶，涉茶农业企业通过专业合作社形成"公司 + 基地""公司 + 农户"等模式，龙头企业与农户建立了紧密的产销合作关系，成为产业集群最核心的部分。安溪茶产业集群已经形成，茶叶种植、采摘、分拣、粗加工、深加工、包装、销售等有效分工与合作的完整产业链。2004 年，"安溪铁观音"原产地域产品保护获批，成为地理标志产品，同时催生了诸如"日春""八马""华祥苑""三和""品十"等众多全国知名品牌，实现了地域品牌和企业品牌的共同发展。安溪有 1000 多年的茶叶种植历史，形成了深厚的茶文化，加上乌龙茶种植所需的特殊地理和气候环境，安溪茶产业集群有着鲜明的和难以替代的根植性，安溪茶产业已形成明显的产业集群。

我们在实地调研和定性分析的基础上，进一步用产值区位商法判定与论证安溪茶产业集群的成长状况。计算方法如下：

$$L_q = \frac{e_i \Big/ \sum_i^n e_i}{E_i \Big/ \sum_1^n E_i}$$

式中，L_q 为区位商系数，表示某区域中 i 产业占有的产值份额与整个经济中

i产业占有的产值份额之比。e_i表示某区域i产业的总产值；E_i表示全国i产业的总产值。L_q越大说明集聚效应越明显。当$L_q > 1$，说明该区域i产业专业化程度超过全国水平，产业具有集群效应；当$L_q = 1$，说明该区域i产业专业化水平与全国相当；当$L_q < 1$时，说明该区域i产业专业化水平低于全国。根据现有的产业集群测度研究，一般认为当$L_q > 1.12$即达到较高水平的专业化，而当集群在区域经济的份额达到20%时被认为是"亮点"。

由表2-2可以看出，历年来安溪茶产业的区位商均高于40，远远大于1.12的判定值，这表明安溪茶产业集群现象明显，专业化程度高，规模经济优势突出。

表2-2　　　　　　　　　　　　2012~2016年安溪茶产业集聚度

年份	安溪茶叶产值 （亿元）	安溪GDP （亿元）	全国茶叶产值 （亿元）	全国GDP （亿元）	L_q
2012	27.7116	350.9560	953.6	540367.4	44.74
2013	31.4776	380.7730	1106.2	595244.4	44.48
2014	35.0559	410.1940	1349	643974.0	40.78
2015	37.9494	424.0332	1519.2	689052.1	40.59
2016	44.3904	466.37	1702	744127.0	41.61

资料来源：各年的《泉州统计年鉴》《中国统计年鉴》。

3. 产业集群发展模式特征

茶产业集群模式有多种，较为常见的包括龙头企业带动型、专业合作社带动型、集中加工区促进型等。

龙头企业带动型模式是指以茶叶龙头企业为主，围绕一项或多项产品，形成"企业或公司+基地+农户"的产销一体化经营组织模式。首先通过资金重组、资源整合等手段，积极培育和发展一批规模大、有竞争实力、辐射带动能力强的茶叶销售企业、茶叶精深加工企业为产业龙头企业，通过龙头企业的带动与辐射作用，形成茶叶产业集团，通过茶业产业链，在生产、加工、销售等环节，形成公司企业联基地，基地联农户的分工与合作，并以集团的市场竞争力提高经济效率。安溪具有集团实力的龙头企业众多，如"八马""三和"安溪铁观音集团等。"八马茶业"是集基地种植、新品研发、生产加工和产品销售于一体的农业产业化国家重点龙头企业，总种植面积6500余亩，采取的是"公司+基地"模式,所有茶青都来自基地,包括自有茶园基地和协议茶园基地,基地分布于感德、祥华、芦田、西坪、龙涓等乡镇。公司与协议茶园基地签订了收购合同,并为基地提供种苗,栽培和管理技术的专家指导。"三和茶业"规模更大,总种植面积达33800亩,采取的是"公司+基地"及"公司+合作社"的混合模式,基地与合作社再联结农户。

专业合作社带动型产业集群模式是以专业合作社为纽带,逐渐形成以茶叶种植基地为中心,茶叶科研机构、农资部门、茶叶加工、茶叶销售、各级政府管理部门和金融保险部门集聚在一起,相互作用,密切联系而形成的茶产业集群。茶业专业合作社在茶产业集群的发展中发挥着龙头的作用,如"龙涓乡举源茶叶专业合作社""珍田茶业合作社"等。

安溪茶产业集群既有龙头企业带动型,又有专业合作社带动型,其参与主体在集群中的分工如表2-3所示。

表2-3 安溪茶叶产业集群参与主体、分工与特征

集群参与主体	在集群中的分工	特征
茶叶种植农户	茶青的生产与供应	分散、众多的集群参与者,处于产业链上游,价值链低端
茶叶加工农户	毛茶的生产与供应	提供初级加工产品,处于产业链上游,价值链较低端
茶叶加工企业	茶叶精致加工和深加工	龙头企业,处于产业链的核心地位,价值链的中高端
茶叶销售企业	茶叶营销环节	龙头企业,产业链的上游,价值链的高端
专业合作社、茶叶协会等	中介组织,连接农户与龙头企业的纽带,帮助购买生产资料与销售等服务	产业集群运行中不可或缺的环节
茶产业相关企业	提供茶产业生产、加工、销售相关的生产资料与服务	由于茶产业集群的形成而得到发展,体现茶产业集群产生的范围经济
基础设施与公共服务机构	提供交通、通讯、水电基础设施;科技研发、推广创新,教育培训,金融服务,业务咨询等	提供产业集群形成与发展的基础条件;促进产业集群创新、提高竞争力的重要部分
政府相关机构	制定政策,相关管理,引导发展	推动产业集群发展的重要力量

众多的茶叶种植农户与茶叶初加工农户代表着安溪茶产业集群形成的资源禀赋优势与根植性特征,是茶产业集群形成的基础。加工与销售企业是带动茶产业

集群发展的龙头企业，是产业集群形成与发展的核心力量。茶业专业合作社、茶叶协会等，是产业集群中的中介组织，在连接农户与龙头企业、农户与市场、帮助农户购买生产资料、执行环保标准等方面发挥重要作用。茶产业相关企业是伴随着茶产业集群的成长壮大而发展、为茶产业链各环节提供配套生产资料，以及提供存贮运输等相关服务的企业，它们是茶产业集群的组成部分，同时也体现了茶产业集群发展带动相关产业发展所产生的范围经济。基础设施与公共服务机构是产业集群成长中的有机组成部分，基础设施是产业集群能够形成与发展的重要条件之一，公共服务结构与产业集群发展的结合，是产业集群发展的人力资本的投入与资金资本的投入，是推动产业集群科技创新，提高市场竞争力，不断发展的极其重要部分。而政府的政策支持、相关的管理与引导，始终是推动产业集群发展的重要力量。

（三）安溪茶产业集群形成和发展的动因

产业集群理论将影响产业集群形成与发展的主要因素归结为：资源禀赋，包括自然资源优势、地理区位优势等；历史传承与发展机遇，包括传统文化、市场和改革机遇等；龙头企业的成长与带动，包括企业家精神、人力与物质资本投入、科技创新等；政府推动，包括基础设施建设、政策支持、管理投入、制度创新等。安溪茶产业集群已得到很好发展，在成长过程中，影响安溪茶产业集群发展的主要因素与经济学理论中所描述的并无二致，但还是有其显示自己特殊性的地方。

1. 优势的资源禀赋

资源禀赋是农业发展的物质基础。地域、气候、土壤和水源等先天因素对农产品的产量、质量、成本和类型的影响很大，安溪的气候、土地资源、地理位置等资源禀赋为发展茶叶产业提供了坚实的物质保证。

（1）气候条件。

茶叶为常绿灌木，适应力极强，但想要产量高、品质好，除具有优良的品种、精湛的采制技术外，对气候条件有较严格的要求，通常需要满足：位于亚热带及热带区域，年降雨量1500～2500毫米，温度以20～25℃生长最旺，海拔高度可从数十米至2000米。安溪县属南、中亚热带季风区，气候温和，四季分明，雨量充沛，境内地表水资源主要来自降雨量，各乡镇年降雨量适中，降雨量为1600～1900毫米，年平均相对湿度80%左右，年平均温度16～21℃，年日照1850～2050小时，无霜期260～350天。湿润的气候十分有利于茶树的生长，同时，每年5月初夏采制春茶和10月秋末采制秋茶之时，日夜温差大，是茶叶制作最理想的气候条件，制成的茶叶品质独特优异。

（2）土地资源。

安溪多山地少耕地，梯田层叠，田畴狭隘，耕作条件差，有"小旱小忧、大旱半收"之说。全县耕地面积 37 万亩，占土地总面积的 8.06%；山地面积 321 万亩，占土地总面积的 70%。安溪山地土壤的土层厚度、土壤酸碱度、营养元素与矿物质含量非常适合乌龙茶尤其铁观音茶叶的种植，山地砖红壤为主的土质，为培育色、香、味好，含有特殊保健成分的优质茶奠定了自然基础。

（3）地理位置。

安溪县位于福建省东南沿海，厦、漳、泉闽南金三角西北部，隶属泉州市，东接南安市，西连华安县，南毗同安区，北邻永春县，西南与长泰县接壤，西北与漳平市交界。安溪距泉州仅 60 千米左右，货物可通过短距离陆运至泉州或是厦门，经由海运走向国际市场。安溪县境内有安溪、湖头、感德、福德等火车货运站点，货物可经铁路快速运输到国内市场。便利的交通降低了安溪茶产业的运输成本，促进了产业的快速发展。

2. 独特的茶文化

茶文化是人类在茶的生产与消费过程中，所表达的人与自然、人与人之间的各种思想、情感、理念、信仰等文化形态的总称。例如，饮茶活动过程中形成的文化特征包括，茶道、茶德、茶精神、茶联、茶书、茶具、茶画、茶学、茶故事、茶艺，等等。显然，茶文化是茶产品与茶产业价值的重要组成部分，是推动茶产业发展的重要因素之一。

安溪产茶历史已逾千年，是乌龙茶的故乡，不仅培育出了驰名中外的"安溪铁观音"，积累了一整套完整的种茶、制茶、审茶的独特工艺，还形成了极具地方特色的安溪茶文化。安溪铁观音茶文化底蕴深厚，品味高雅，兼备"天、地、人"，集历史、宗教、民俗、礼仪、园艺为一堂；融诗联、书画、音乐、舞蹈、戏剧于一体，荟萃百家之精华，被誉为"中国茶文化的精品"，是中华茶文化和闽茶文化中的一朵奇葩。古老、绚丽、独特的安溪茶文化，其表现形式丰富多彩：安溪中华茶文化博览馆，系统展示了博大精深的中华茶文化和安溪古老茶文化的发展历史；安溪茶文化艺术团，将深厚的茶文化融进优美的歌舞艺术之中，通过精彩的表演，将茶文化之美向世界传播；不断创作的影视作品、琳琅满目的茶歌、茶摄影、茶书画大赛，齐头并进地弘扬着安溪茶文化；安溪茶叶大观园、铁观音发源地遗址等文化旅游景点，以更通俗的方式传播着茶文化的精深；安溪茶文化研究中心等研究机构与研究者们，则贡献着茶文化的挖掘、创作、交流与学术成果，推动着茶文化的传承与创新；而最精彩的民间茶俗首推传承了宋代

"斗茶论道"之风的"茶王赛"。改革开放后，随着安溪茶产业的恢复与壮大，1993年以来，安溪不断在广州、北京、上海、香港，以及安溪本土成功举办各种大型茶事活动，传播源远流长的中华与安溪茶文化。茶文化之美衬托出茶产品与茶产业的价值，茶文化为安溪茶产业创造了巨大品牌与广告效应，增强了安溪茶产业的市场竞争力，不断推陈出新的茶文化是推动安溪茶产业集群发展的重要力量。

3. 进取的企业家精神

企业家是土地、劳动、资本之外的第四种生产要素，且企业家是其他三种生产要素的组织者。熊彼特强调企业家具有"实现生产要素重新组合"的创新能力。鲍莫尔把企业家定义为能够敏锐洞察机会而主动从事某项经济活动以增加自身财富、权力和声望的人①。企业家精神是指某些人所具有的组织土地、劳动与资本等资源用于生产商品、寻找新的商业机会以及设计新的商业模式，或创建一家新企业的特殊才能与品格。因此，企业家精神是一种重要而特殊的无形生产要素。创新和创业是企业家精神的核心内涵，它是指企业家凭着智慧、信念、责任、担当，锐意进取、艰苦奋斗、发现一般人所无法发现的发展机会，运用一般人所不能运用的资源、找到一般人所无法想象的办法，实现创业与发展。企业家精神是企业或产业竞争力的核心力量。

企业家精神一直是安溪茶产业发展与壮大的核心力量。安溪茶产业企业家精神体现出历史传承特征，深受地域即闽南文化的影响和熏陶。安溪人有着经商的天赋与精神。安溪地处福建南部，在古代，福建是边疆地区，当内地发生战乱时，躲避战乱的移民便往福建迁移，移民带来了勇敢、强悍、变革、进取的品格，而福建南部海洋贸易的历史，又造就了他们擅长贸易、追求财富、勇于冒险的精神。闽学海洋文化的特色造就了福建企业家精神中的开放包容、胸怀大局、全球战略的丰富内涵。而这种"胸怀大志、爱拼才会赢"品格和精神财富成为闽南企业家经商和创业重要力量。

安溪靠近泉州港，在宋元时期，泉州成为中国与海外世界联系的主要通道。因此，安溪茶产业企业家除了受闽文化的影响，具有市场意识、重商主义，还具有海洋文化精神。这种闽学海洋文化与安溪茶产业结合，形成了独特的安溪茶产业企业家精神。改革开放后，沉静的企业家精神在市场化进程中焕发，并以个体企业家敏锐的市场意识，推动着安溪茶产业快速发展。安溪茶产业企业家精神特征可归结为：

---

① 马忠新、陶一桃：《企业家精神对经济增长的影响》，载《经济学动态》2019年第8期。

（1）多方拓展，精勤求质，敬业乐群，共济江山。改革开放后，在市场化发展的机遇中，福建茶产业企业家利用安溪茶产业的资源优势与悠久的历史文化，把握市场机遇，以自身的引领作用，带动茶农的积极性，发展茶产业。并以"多方拓展、精勤求质"企业家精神，展开多渠道开发，以工匠精神做精致高质产品，提升产品价值，取得市场竞争力与竞争优势。在发展过程中注重"靠群起优势共济江山"，通过生产环节的分工，通过收购、加工、销售、运输、市场信息分享等方面的合作，带领众多、分散的茶农积极参与产业化经营，优化资源配置，形成规模经济，形成分工合作的产业集群效率，提高了市场竞争力，使广大茶农因茶产业的发展而增加收益，改善生活水平。由于茶产业的发展，安溪从贫困县变为全国百强县之一，安溪茶产业的总产值占到农业总产值的80%多，农民人均纯收入的60%来多来自茶产业。这种经济与社会效益与安溪茶产业企业家精神的贡献是分不开的。智慧、进取、精勤、合作，造就了福建茶业的硕果。

（2）开拓进取，创新价值。这种开拓进取，创新价值的企业家精神突出表现在，注重文化创新与品牌效应创造价值。如上所述，安溪茶文化不断推陈出新创造着安溪茶产品与茶产业的价值，是推动安溪茶产业发展的重要力量。安溪茶产业的发展一直伴随着茶文化的传播与创新，而茶文化的传播与创新又创造了安溪茶产业的品牌效应，产生了茶文化与茶品牌的价值，又进一步推动安溪茶产业发展。

安溪县虽然已有铁观音等名茶，但开拓进取的企业家们依然在传统优势茶上不断挖掘树立新品牌。例如，"安溪铁观音""安溪黄金桂"获得中国驰名商标。安溪知名企业的品牌有"凤山牌""八马牌""祥华牌"等，这些品牌产品都走向了国际市场。

（3）放眼四海，全球战略，爱拼会赢。安溪茶产业注重开拓全球市场，在国际市场上的开拓敢为人先。例如：加入世贸组织后，注重以产品的质量应对绿色贸易壁垒，走向世界；在茶文化的宣传、品牌树立、产品包装，销售渠道等方面，都朝着国际目标发展；为实现茶产业的可持续发展，21世纪以来，更加注重生态茶产业园建设，以生态茶产业集群为发展目标。

安溪茶产业集群的发展，企业家精神的力量功不可没。

4. 政府管理与政策支持

政府始终是推动安溪茶产业发展的重要力量。改革开放后，在安溪茶产业的恢复与发展的不同阶段，政府都在发挥着重要的作用，主要体现在如下几个方面：

第一，在产业发展初期，将政府扶持的重点放在茶产业市场开发与茶产业龙头企业发展。例如为迅速打开和占领国内茶叶市场，以市场需求带动安溪茶产业发展，政府以资金补助方式，鼓励安溪人在全国各地开设茶店，使安溪在全国的销售人员与销售网点迅速增加，为安溪茶产业的进一步发展奠定了市场基础；出台《安溪县茶叶重点龙头企业认定和扶持奖励暂行办法》，在政策、资金、税收及用地、用工等方面给予支持，重点扶持龙头企业发展壮大，鼓励通过租赁、参股等形式兼并重组茶叶企业，对上市茶企，给予资金奖励，充分发挥龙头企业在茶叶基地建设、专业化分工、标准化生产、市场开拓等方面的带动作用，提高茶产业的经济效益。

第二，积极开展招商引资活动，尤其重视以闽台农业合作，促进安溪茶产业发展。20 世纪 90 年代，安溪县政府抓住了闽台农业合作的机遇，积极引进台湾的资金、技术和管理人才，促进安溪茶产业的发展。尤其是台资企业对山地茶园的综合开发、先进的加工设备、加工技术和生产管理经验，产生了很好的示范效应，对安溪茶农经营理念、种茶与制茶技术变革，制茶设备的改进都产生了很大的影响。闽台农业合作促进安溪茶产业发展、提升安溪茶产业竞争力的成效十分显著。

第三，推进"区域公共品牌＋企业品牌"战略。在政府主导，企业参与下，整合各方优势资源，强力打造与保护区域公共品牌，例如："安溪铁观音"位列中国地理标志区域品牌价值茶叶类第一；制定了《安溪铁观音证明商标使用管理规定》，并成立安溪县茶叶总公司作为该证明商标的日常管理机构；在"安溪铁观音"大旗下，聚集了一大批驰名品牌，形成了"母品牌驱动、子品牌支撑"的品牌格局与效应；构建安溪铁观音品牌保护体系，组建打假维权队伍和品牌保护网络，开展安溪铁观音国际注册，制定《安溪铁观音专用权使用许可制度》《安溪铁观音产品产地确认制度》；加强品质管理，2018 年颁布《乌龙茶加工技术规范》，对全县茶叶企业、经营业主进行统一标识管理，全面实施安溪铁观音国家标准和乌龙茶地方标准，用标准来规范生产经营。

与此同时，安溪县各级政府在基础设施建设、金融政策支持、鼓励龙头企业引领茶农参与分工合作、延伸产业链、促进茶产业集群化发展等多个方面发挥了十分重要的作用。

5. 产业集群发展模式效率

安溪茶产业集群的形成与发展是经济规律使然，因为茶产业集群的组织方式会产生集群发展模式的效率，大大提高茶产业的竞争力。茶产业集群发展模式能产生效率是由于在产业集群的组织方式下，通过产业链的上下游延伸、各环节的分工合作，能提高效率，形成规模经济，并能以集群的效率提高茶产业市场竞争力。与此同时，茶产业集群也促进了相关产业的产生与发展，形成范围经济，使建立在资源禀赋基础之上的茶产业成为带动一方经济增长的主导或支柱产业。此外，在茶产业集群的发展过程中，影响茶产业集群发展的要素也得到壮大，并成为促进产业集群发展的重要力量，例如：产学研一体化，促进茶产业集群科技创新，是产业集群保持与创新竞争力的核心力量；茶叶协会等各类中介组织是产业集群发展中连接龙头企业与广大农户不可或缺的力量。

关于产业集群中产业链纵向延伸，形成有效分工合作，产生集群竞争力的一般机理完全适用于安溪茶产业集群效率分析，因此不再赘述，在此仅就安溪茶产业集群发展中较有特色部分展开分析。例如，安溪茶产业集群在纵向延伸过程中也促进了横向延伸的相关产业发展，形成范围经济，可具体到有特色、种类齐全的茶叶机械制造产业和极具地方特色、内容丰富的茶文化旅游。再如，产学研结合促进茶叶相关院系和专业教育蓬勃发展，促进茶产业发展，在安溪也极具特色。又如，作为中介组织的安溪茶叶协会对安溪茶产业发展的贡献也很有特色。

（1）安溪茶产业集群发展促进相关茶叶机械制造产业规模发展。

安溪县茶叶机械生产企业有 300 多家，包含了茶叶生产所需的各种机械，如真空包装机、烘焙机、专用空调、真空机、平板机、炒青机、松包机、摇青机、速包机、烘焙机、筛抹机、烘干机、除湿机、冷藏柜等，茶叶生产过程所需设备。茶叶机械的普遍使用，一方面提高了茶叶生产的标准化水平，如利用机械定时定温晒青、杀青等，避免了因人工和工艺差异带来的产品水平和层次的参差不齐，以及天气变化的限制；另一方面也节约了劳动力，提高了经济效率，降低了茶叶生产成本。安溪茶产业集群发展促进了相关的茶机械产业发展，而茶机械产业发展为茶企业对茶生产机械的购买提供了便利并降低了购买成本，而机械化又提高了茶企业生产质量和劳动生产率，提高经济效益与产品竞争力。茶产业集群的发展促进了与茶产业生产相关产业一起发展，使其成为一方经济的主导与支柱产业。

（2）安溪茶产业集群发展促进茶文化旅游。

随着安溪茶产业集群的发展，茶文化旅游越来越成为产业集群产出中的重要部分。如上所述，安溪茶文化悠久，深厚、独特、创新，已成为安溪茶产业价值的重要组成部分。然而，安溪茶文化的价值不仅体现在促使茶叶产品市场竞争力提升与利润增加，还体现在安溪茶文化所提供的旅游服务所创造的价值之中。

安溪地处福建晋江源头，山峻水秀，是中国生态旅游大县。良好的生态环境不仅为安溪茶产业发展奠定了基础，也为安溪茶文化生态旅游提供了基础。随着居民人均可支配收入的增加、物质生活的丰富，使人们对文化生活的需求不断增长，以满足心灵的升华。茶文化旅游作为一种高品位的生活方式，已越来越受到人们的青睐。安溪茶文化旅游已成为安溪茶产业发展的重要内容之一。安溪茶产业发展促进安溪茶文化的传承、弘扬与创新，而茶文化的发展又促进了茶产业壮大，茶文化与茶产业相辅相成，成为茶产业集群发展不可分割的组成部分。安溪已将自己独特的茶文化与优美的生态景观结合，创造了茶文化旅游景点与线路。例如：在中华茶文化博览馆、茶叶公园、生态茶园等这些景点，人们可以感受到中华茶文化的博大精深，安溪茶生态的雅致；在茶庄园、茶文化基地等，人们可在其中感受精深高雅的茶文化，体验茶叶的采摘与制作，欣赏茶艺表演，品尝茶饮食。安溪茶文化内涵独特性所形成的吸引力，丰富了安溪茶产业集群发展的内容，增强了安溪茶产业集群的竞争力。

（3）安溪茶产业集群发展中产学研结合贡献突出。

产学研结合在安溪茶产业集群发展中表现得尤其突出。在安溪县域范围内有如此之多与茶产业相关的教学科研机构本身就说明了产学研结合、科技创新对安溪茶产业集群发展的重要贡献。安溪县有多所大中专院校，专门为茶产业发展培养与输送人才，如福建农林大学安溪茶学院、安溪茶叶职业技术学校、安溪职业学校（茶叶专业）、福建省艺术学院安溪分校（茶文化艺术、茶叶生产与加工专业）。安溪县有福建省农科院茶叶研究所安溪分所、茶叶科学研究所、优质乌龙茶开发中心、铁观音研究院（我国首家以单品种茶叶为名的研究机构）、茶叶产业技术体系综合试验推广站、国家级茶叶检测重点实验室、国家茶叶质量监督检验中心、乌龙茶质量检测中心、国家茶叶质量安全工程技术研究中心（全国茶行业唯一茶叶质量安全国家级科研机构），等研究机构与质量管理机构。安溪县各乡镇都设立了茶果站，拥有茶叶专业技术人员，提供了茶树种植、茶园管理、茶叶加工、审评销售等技术服务与管理。

产学研结合成为推动安溪茶产业发展的核心力量。教育培训为安溪茶产业发展输送人才。科学研究促进了安溪茶树培育方式改进、生态环境改善、制作工艺改良、产品质量提升、市场竞争力提升。科学研究促进安溪茶产业集群技术进步与创新的同时也促进了茶产业集群专业分工的进一步细分，专业细分与合作又进一步提高了茶产业集群经济效益。

（4）安溪茶产业集群发展中的重要力量——安溪茶叶协会。

在农业产业集群的构成中农民合作组织与专业协会等中介组织是不可或缺的部分，它们在连接农户与龙头企业，传送政府与市场信息，帮助技术创新，制定专业标准，维护专业品牌等方面发挥着重要的作用。随着安溪茶产业集群的发展，在中介组织的作用中，安溪茶叶协会的贡献特别突出，在推动安溪茶产业集群的发展中安溪茶叶协会扮演着越来越重要的角色。因此，我们以安溪茶叶协会为例，阐明安溪茶产业集群发展中各类中介组织是如何推动茶产业集群的发展。

安溪县茶叶协会成立于 2004 年 8 月，是由安溪县及在县以外，从事茶叶生产、加工、流通、科研、教学、监督、管理的人员，组织而成的社团组织，业务主管单位是安溪县茶业管理委员会。安溪茶叶协会在安溪县各级乡镇有分会，在福建省内其他地区及省外也有分会，分支机构多达 60 个。安溪茶叶协会以服务为宗旨，是连接政府与协会会员、协会会员与县内外经济、贸易、科研组织的纽带和桥梁，协会以国内外市场为导向，努力促进科学技术与生产、流通、企业管理的紧密结合，努力提高产品质量，创新品牌，协调会员之间的利益关系，维护会员合法权益，不断推动安溪茶产业集群发展。安溪县茶业协会在茶产业集群中的工作可以归纳为：行业信息收集和传递、行业标准的制定和宣传、专业技能的培养、技术成果的推广、茶业交流活动的组织等。这些务实的工作减轻了市场信息的不对称，促进了技术进步，提高了集群的效率。

可见，安溪茶叶协会的功能已超出了产业集群理论中所描述的中介组织的功能，这种从安溪茶产业集群发展过程中形成并不断壮大的茶叶协会，它体现出产业集群的一种自组织功能，安溪茶叶协会源于安溪，但它作用的范围已大大超出安溪区域，分布各地的安溪茶叶协会组织网络成为推动安溪茶产业的发展走向全国，走向世界的重要力量。安溪茶叶协会在安溪茶产业发展中能发挥如此大的作用，一个重要的原因是，将市场与政府管理的功能有效结合，既以市场发展引导茶产业生产与产品销售、技术创新与品牌创新，又协助政府与企业开展教育培训，实行标准化生产、生态环境保护、产品质量监管等。这表现出现代农业产业集群发展中中介组织功能的新发展，说明在现代农业产业集群发展中，中介组织将发挥更大的作用，中介组织是现代农业产业集群中的重要组成部分。

（四）安溪茶产业集群进一步发展面临的挑战

安溪茶业集群是较为成熟和成功的产业集群，但也面临着如何进一步发展的挑战。安溪茶产业历史悠久，资源禀赋优势突出，企业家精神造就优质龙头企业，重视茶文化的传承与创新，具有特色的茶叶协会发挥积极作用，茶产业集群已形成规模经济与范围经济，众多茶农参与形成区域经济主导产业，但进一步发展也面临如何提升市场竞争力，创新产品质量，保护生态环境等问题。

1. 市场竞争加剧

作为农产品的一类，茶产业产品的消费也是遵循着恩格尔定律，茶叶市场面临着越来越激烈的竞争，一方面是由于茶产业的快速扩张导致"产能"过剩；另一方面是由于各地茶产业发展，茶叶市场竞争更加激烈；再一方面，由于茶叶产品的特殊性，居民对茶叶消费需求会随市场风向而不断改变。

21 世纪以来，我国茶叶（干茶）产量和种植面积（分别见图 2-1 和图 2-2）高速增长。2000～2017 年，我国茶叶年产量从 63 万吨增至 256 万吨，增加了 193 万吨，年均复合增长率达到 8.0%；种植面积从 1089 千公顷增至 3101 千公顷，增加了 2010 千公顷，年均复合增长率为 6.4%。在产量急剧增长的同时，虽然同期茶叶出口量也从 22.77 万吨增至 35.53 万吨，但只增长了 12.76 万吨，仅占新增产能的 6.7%，换言之，新增产能的 93% 依赖于国内市场的消费。从种植

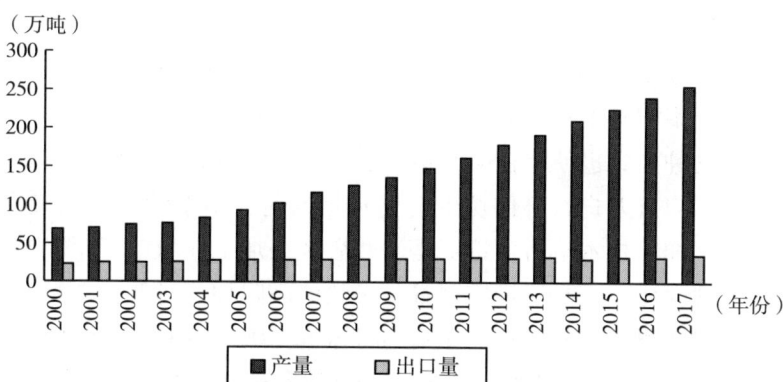

图 2-1　2000～2017 年我国茶叶产量和出口量

资料来源：国家统计局。

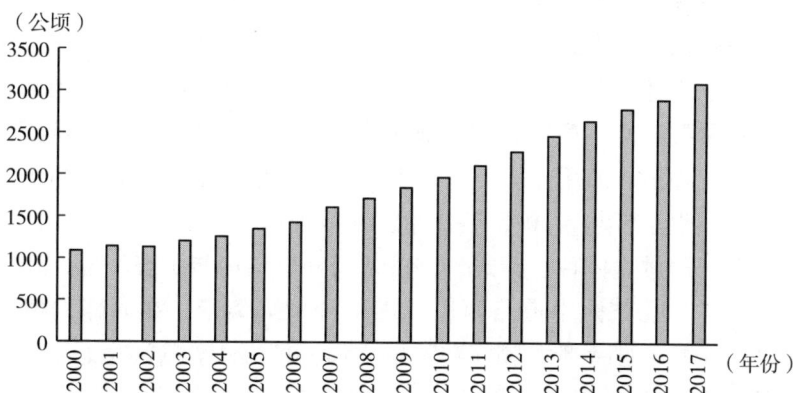

图 2-2　2000～2017 年我国茶叶种植面积

资料来源：国家统计局。

情况看，产业规模的扩张短期内难以控制，部分茶叶产区的发展冲动依然较大。受恩格尔定律的限制，随着人均可支配收入的增长，茶叶市场需求量的增长空间有限，因此，供过于求的状态会使茶产业面临更激烈的市场竞争。据估计，2017年我国茶叶供给过剩率大约为18%～22%，供求失衡问题可能日益突出。

茶树生产能力的培育需要数年时间，而一旦形成，如果管理得好，则可以持续数十年时间，这个特点也加剧了市场竞争，如果市场需求量和需求结构与供给不协调。为了增强竞争力，各产茶区的广告竞争也很激烈，通常茶产业的广告效应会改变消费者需求偏好，或者暂时的需求偏好，从而影响产品的市场竞争力。近年来普洱、大红袍、金骏眉、铁观音等茶叶被市场轮番追捧，争夺茶叶市场份额。

2. 茶叶精深加工还有很大的利润空间

安溪茶产业集群有了很好的发展，尤其在带动众多茶农的参与方面表现得尤其突出，然而这种模式也使得在茶叶精深加工方面成为较薄弱的环节。一是安溪目前有初制加工户近万户，小作坊生产仍然是当前安溪茶叶生产的最主要方式，以初加工为主，加工技术落后。特别是一些名优茶加工还依赖于手工制作，加工难以标准化、规模化、产品质量控制难，导致产品附加值过低。二是精深加工企业数量少，发展历史短。安溪现有茶叶加工企业1000多家，但深加工企业仅占5%。且深加工技术的应用和推广困难。目前安溪茶加工业主要是集中在茶多酚、儿茶素、茶黄素、咖啡碱等的提取，铁观音茶饮料、茶酒、工艺品、保健茶、减肥茶等系列产品的生产上，在提高和推广精深加工方面还有很大的利润空间。

3. 生态环境保护任重道远

安溪县拥有较好的生态环境，然而，为了发展茶产业，大面积单一茶树的种植带来了茶园生态环境退化问题，而生态问题又影响到经济效益。例如：种植结构单一，导致种群失衡，病虫害防治成本高，且导致环境污染、影响产品质量；盲目开垦、单一种植、滥用化肥，造成水土流失严重、土壤养分失衡等，为了改善茶产业发展的生态环境，2005年开始，在政府政策支持下安溪县开启了生态茶园建设行动，通过立体种植模式，改善茶园种群结构与生态环境，比如在茶园顶部种植防护林，在茶园中道路两边及周围种植隔离带，在底部种植林木或果树，形成"头戴帽、腰系带、脚穿鞋"的立体种植模式。安溪生态茶园建设取得了一定成效，但生态环境全面改善，实现茶产业可持续发展还需要进一步的努力。

（五）安溪茶产业集群进一步发展的机遇

安溪茶产业集群是农业产业集群较成功的案例，但也面临着进一步发展的挑战与转型升级的机遇，挑战即机遇。安溪茶产业集群发展面临着市场竞争更加激烈，生态环境需要更全面的改善，产品精深加工有待进一步创新等挑战，这也意味着安溪茶产业集群进一步发展的机遇是，更加完善茶产业集群的产业链，形成更细致的分工与合作，使产业集群茶产品的整体质量提升，以集群的竞争力面对激烈竞争的市场。与此同时，利用安溪茶业专业教育资源丰富的突出优势，更加密切产学研结合，鼓励龙头企业带领茶产业集群创新茶产品精深加工，拓展茶产业发展利润空间。改善安溪茶产业发展生态环境，是可持续发展的需要，也是安溪茶产业集群向生态茶产业集群转型升级的需要。农业的本质是生态农业，尤其是在生态文明、可持续发展成为新时代的共同奋斗目标的当下，茶产业的可持续发展必须建立在良好的生态环境基础之上，可称之为生态茶产业。随着经济发展、生活水平提高，居民对茶产业产出需求发生了改变，这为生态茶业多种功能的发挥提供了机遇。茶产业除了能提供健康饮品外，其丰富的文化内涵为生活水平提高的居民，享受茶生态文化旅游提供了可能。而茶产业集群的效率能使生态茶业的多功能得到更有效的发挥。因此，向生态茶产业集群转型升级是安溪茶产业集群进一步发展的机遇。

安溪茶产业集群的显著特征之一是，龙头企业带领、万众参与、茶企业家精神让安溪茶产业走向全国、走向全世界。"万众参与"、带动一方经济、带领农民脱贫致富是农业产业集群发展的重要意义，然而，"万众参与"也会带来生产标准化、加工规模化、产品质量参差不齐等问题。因此，可以通过茶产业集群组织方式创新，加强产业链的分工合作，进一步细分生产环节，更紧密地合作，提高广大茶农的种茶与制茶质量，以集群的产品质量参与市场竞争。

重视教育与茶产业专业人才培养，是安溪茶产业集群较成功发展的又一特征。安溪茶产业集群茶产品精深加工还有很大的利润空间表明，利用教育与专业人才优势，展开科技创新，帮助龙头企业创新工艺、创新质量、创新品牌、创新营销，使集群的茶产品向精深加工发展有创新的空间。

良好的生态环境是安溪茶产业发展的重要基础之一，然而，大面积茶园开发与种植也带来了生态环境退化、在生态与经济之间形成恶性循环的威胁。为了改善生态环境，实现茶产业的可持续发展，安溪生态茶园建设取得了一定的成效，但全区域生态茶园建设依然任重道远。改善茶产业生态环境是安溪茶产业可持续发展的需要，也是安溪茶产业集群向生态茶产业集群转型升级的需要。所谓的生态茶产业集群可理解为，建立在良好的生态环境基础上，并以保护与不断改善生态环境的方式生产与经营茶产业，在此生态基础之上，以产业集群的组织效率发展茶产业。生态茶产业集群就是将生态茶产业的优势与茶产业集群的优势结合在一起，利用生态茶产业的多种功能与茶产业集群的组织效率，形成多种产出、具有可持续竞争力的茶产业发展模式。

较之其他的农产品，茶产品的需求收入弹性更高，茶产品不仅是满足生理需求的产品，更是一种满足精神层面需求的产品。随着人均可支配收入的增加，作为生理需要的茶产品的需求是不会有快的增加，依然会遵循着恩格尔定律，但作为满足精神层面需求的茶产品消费需求反而会随着收入的增加而增加。例如，随着居民人均可支配收入的增加，茶生态文化旅游的需求会增加，而茶生态文化旅游需求的增加会促进茶产品消费的增加。再如，"以茶会友"等精神层面的需要也会增加茶产品的消费。与此同时，随着居民生活水平的提高，需求层次的提高，茶生态文化旅游的消费需求的增长会快于茶产品消费需求的增长，茶生态文化旅游产出服务会成为生态茶产业集群产出中越来越重要的部分。因此，市场对茶产业产出需求结构的变化，给予安溪茶产业集群向多功能、多种产出的生态茶产业集群转型升级的机遇。

第三章

福建生态农业产业集群发展动力分析

上述研究从福建农业发展过程、福建现代农业发展的目标、福建实践中生态农业与农业产业集群发展实践与案例、农业生态本质与多功能性，以及市场需求的变化等方面分析，论证生态农业产业集群是福建现代农业发展的趋势与模式。接下来将分析福建生态农业产业集群发展的动力。

像经济体中任何产业的经济实体一样，生态农业产业集群发展的动力也在于获取更多的利润。如果将生态农业产业集群整体作为一个生产者，这个生产者的利润是由市场对其产品的需求与生产者的供给能力所决定，也就是说，生产者或任何经济实体的发展动力，首先在于它们的产出有市场的需求，其次生产者有供给能力，这样才能实现经济利益，形成发展的激励。而建立在资源最优配置基础上实现的生产者利润最大化就是市场供求均衡那个点上所对应的生产者所提供给市场的产出量。因此，我们借助经济学最基础的市场供求均衡理论，对福建生态农业产业集群发展动力从以下三个部分展开分析：福建生态农业产业集群产出的市场需求；福建生态农业产业集群市场供给能力；福建生态农业产业集群产出的市场供求均衡。

第一节 生态农业产业集群发展市场均衡理论模型

实践发展显示，现代多功能生态农业能以其多种产出满足人们对生态农业多种产出日益增长的消费需求，而现代生态农业产业集群的生产组织方式能以其集群的组织效率提高这种多功能产出的供给能力，通过集群组织效率促进资源优化配置，实现盈利目标。

随着经济发展，生活水平提高，人们对农业产出的需求正逐渐从传统农业提供单纯的农产品量的需求转向了对农业农产品品质的需求，以及农业生态产出（例如生态农业旅游服务产出）的需求。在这里，我们将现代农业生态产出定义为农业除农产品以外的产出。现代农业的生态产出是相当综合的，它包含农业形成的清新环境、优美景观、与其内含的农耕文明、传统文化、民俗风情、农事趣味等。这种农业的生态产出不仅体现了现代农业可持续发展方式有利于生态环境保护，而且这种良好的生态环境加之内含的农耕文明与乡村文化，还提供了农业旅游的环境基础与丰富内容。这种农业生态产出最为典型的产品就是生态农业旅游服务。目前，建立在现代生态农业基础之上的农业观光与乡村旅游已越来越成为农业收益中最重要的组成部分，它是未来农业的发展方向。而生态农业产业集群通过集群中各经济主体的有效分工，通过农业产业链各环节与集群中生产、加工、服务三产业有效合作与效率配置，通过集群形成的学习效应、品牌效应、规模经济与范围经济，有利于降低成本，提高竞争力，有利于生态农业多功能的利用，能使生态农业多种功能得到更充分的发挥，使生态农业的经济与生态产出在既定的技术与资源禀赋下达到最大化。这种供给能力与竞争优势是生态农业产业集群发展的根本动力。我们以"生态农业产业集群产出市场供求均衡理论模型"进一步描述与总结生态农业产业集群发展动力。在此，为了简化分析，我们将综合的多功能生态农业产业集群的产出归纳为两类：品质农业农产品产出与生态农业旅游服务产出。与此对应的生态农业产业集群市场需求也可归纳为这两类。

图 3-1 表示，最初农业产出与需求均衡点在总需求曲线 AD_1 与总供给曲线 AS_1 的交叉点 A，此时农业的产出结构主要是传统的农产品，农业实际 GDP = A_1，与这一经济发展阶段相对应的人均 GDP = GDP_{A_1PC}（表示对应于农业总产出等于 GDP = A_1 这一发展阶段，经济社会的人均 GDP，PC 代表 Per Capita）；随着人均 GDP 增长与人口增长，对农业产出总需求会增加，但由于恩格尔定律的存在，人均 GDP 达到一定水平后，人们对农产品量需求的增加有限，但对农产品质的需求会增加；同时，人均 GDP 提高，人们对生活品质有了更多追求，生态农业旅游的需求会不断增加，这种由需求与对应的产出结构的变化，会使农业的总产出或总需求（即实际 GDP）增加。此时的农业实际 GDP 包含了生态农业农产品的产出与生态农业生态产品的产出，这种产出的增加将表现为总供给与总需求曲线的右移，以及均衡价格的提高。均衡价格的提高的原因有两方面（假定其他影响因素不变）：其一，生态农产品通常生产成本更高，同时，为了更健康的生活，人们愿意以更高的价格购买生态农产品；其二，农业生态旅游属于第三产业，通常第三产业产品价格要高于第一产业，因此生态农业旅游对农业 GDP 增

长的贡献同时存在于产出量（生态农业旅游成为农业产出的重要部分）的增加与产品价值的增加，从而产品价格的提高。因此生态农业产业集群发展会使生态农业总需求、总供给曲线向右移动，例如，如图 3 - 1 所示，从 AD_1 和 AS_1 移动到 AD_2 和 AS_2，价格从 P_1 移动到 P_2。市场供求形成于新的均衡点 B，此时经济发展水平也达到人均 GDP = GDP_{B_1PC}（表示对应于农业总产出等于 GDP = B_1 这一发展阶段，经济社会的人均 GDP），图中 AS 表示这一发展阶段生态农业产业集群的潜在生产能力。由此模型分析可看出，生态农业产业集群，由于能够利用产业集群组织的效率，充分发挥多功能农业潜力，通过改变生态农业产品结构，提高产品质量，能满足与创造市场需求，促进农业可持续发展。而且生态农业产业集群提供的生态农业旅游产出与生态农产品产出不会此长彼消，而是相互促进，进一步增加经济收益。生态农业为农业生态旅游提供资源基础，而生态农业旅游不仅会由于旅游而增加收益，还会由于生态农业旅游而增加对生态农产品消费的需求，从而进一步促进生态农产品产出。因此能够更好地发挥生态农业多功能效益的生态农业产业集群，具有发展的动力。

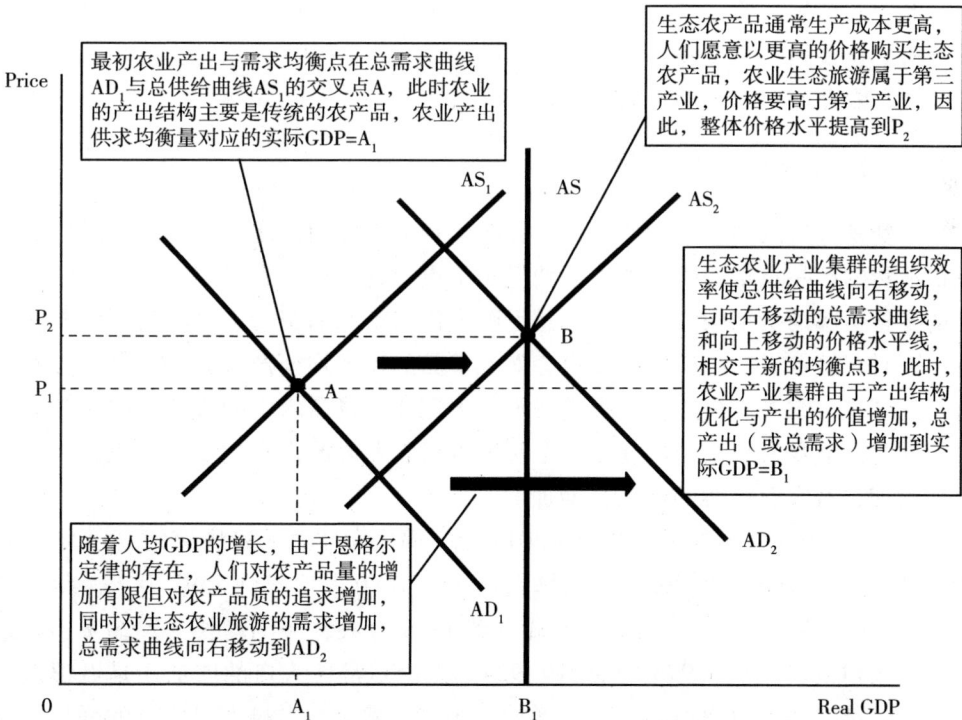

图 3 - 1　生态农业产业集群发展市场均衡理论模型

基于上述生态农业产业集群发展市场均衡理论模型的思路，我们分别对福建生态农业产业集群产出的市场需求、市场供给与市场供求均衡进行分析，以此论证福建生态农业产业集群发展的动力。为了简化分析，我们也将福建多功能生态农业产业集群的产出归纳为两大类型，即品质农产品产出与农业旅游服务产出（我们将多功能生态农业产业集群除了农产品产出之外的其他产出都归类于农业的生态产出，但就目前经济发展阶段而言，较具代表性、较易经济量化的部分就是生态农业旅游服务产出）。

第二节　福建生态农业产业集群产出市场需求分析

市场需求分析通常包含市场需求影响因素分析与市场需求预测分析。

一、市场需求影响因素分析

鉴于农产品消费需求的复杂性，我们首先从影响农产品消费需求的诸因素展开分析。这些因素主要有：人口数量与结构、人均 GDP、人均可支配收入、恩格尔系数、农业产出市场消费需求结构等。

（一）人口数量与结构

消费是人口的消费，因此人口是影响消费最重要因素之一。总人口对应的是可供消费的产品总量，因此人均消费量是个重要的指标。人口对农业产出消费偏好的变化引起消费结构的变化，也是反映人口与市场消费需求之间关系的重要指标。同时，城乡人口结构的变化也会对农产品的供求均衡产生影响，例如，农村人口的减少，原先农民用于自家消费没有表现在市场需求中的农业产出部分会减少。同时，城乡人口结构的变化，会影响到对农业旅游需求的变化，例如，城市人口增加，对农业旅游的需求会增加。

表 3 - 1 统计数据显示：2005 ~ 2018 年，福建常住总人口从 3557 万人增加到 3941 万人，年均增长 0.792%；城镇人口从 1757 万人增长到 2593 万人，年均增长 3.039%；农村人口从 1800 万人减少到 1348 万人，年均增长 - 2.20%；城镇人口与农村人口比从 0.976 增加到 1.924。无论是常住人口的增加还是城镇人口的增加，都意味着对农产品需求的增加。尤其是城镇与农村人口比重的增加，通常是伴随着工业化与城市化进程的发展，以及在此进程中人均 GDP 与人均可支

配收入的增长，这意味着经济增长过程中收入增加的人口对品质农产品需求与农业旅游服务需求的增长。意味着福建生态农业产业集群发展与产出有市场需求，因此有发展动力。

表 3 – 1 　　　　　　　　　2005～2018 年福建人口数量与结构统计

年份	常住总人口（万人）	城镇人口（万人）	农村人口（万人）	城镇人口/农村人口
2005	3557	1757	1800	0.976
2006	3585	1807	1778	1.016
2007	3612	1857	1755	1.058
2008	3639	1929	1710	1.128
2009	3666	2020	1646	1.227
2010	3693	2109	1584	1.331
2011	3720	2161	1559	1.386
2012	3748	2234	1514	1.475
2013	3774	2293	1481	1.548
2014	3806	2352	1454	1.618
2015	3839	2403	1436	1.673
2016	3874	2464	1410	1.748
2017	3911	2534	1377	1.840
2018	3941	2593	1348	1.924
年均增长率（%）	0.792	3.039	-2.200	5.358

资料来源：所有数据均来自《福建统计年鉴》相关指标的年末数据。

（二）人均 GDP，人均可支配收入、恩格尔系数

1. 人均 GDP

人均 GDP（GDP capita）是说明经济发展状况与居民生活水平的重要指标。人均 GDP 的增长内含着产业结构升级、制度创新与技术进步、资本深化、人力资本储蓄增加。而与生态农业产业集群发展密切相关的是居民对农业产出需求的变化。表现为，随着人均 GDP 增长（生活水平的提高），居民对优质农产品或称"品质农产品"（品质农产品 = 绿色农产品 + 有机农产品，在需求结构中的比重

会增加）以及农业旅游的需求会增加。王德章（2010）等人的研究认为，当人均 GDP 在 3000~4000 美元时，绿色食品消费平均增长将达到 20% 以上，且绿色食品消费量的增长速度比人均 GDP 的增长速度快一些。

表 3-2 和图 3-2 均显示了 2002~2018 年全国与福建省人均 GDP 变化。2002~2018 年间，全国人均 GDP 从 2002 年的 9506 元上升到 2018 年 35753.7 元；福建省人均 GDP 从 2002 年的 12739 元上升到 2015 年的 63843.9 元，增速快于全国平均水平。

表 3-2　　　　　　　2002~2018 年福建与全国人均 GDP 变化情况　　　　单位：元/人

年份	全国	福建
2002	9506.0	12739.0
2003	10395.4	14113.0
2004	11378.3	15687.6
2005	12600.5	17394.9
2006	14124.5	19850.4
2007	16050.6	22723.7
2008	17509.3	25513.4
2009	19060.2	28481.1
2010	20986.3	32244.3
2011	22879.8	35984.9
2012	24559.5	39763.1
2013	26336.9	43818.7
2014	28117.2	47807.6
2015	29905.9	51632.1
2016	31748.5	55504.3
2017	33704.4	59445.0
2018	35753.7	63843.9

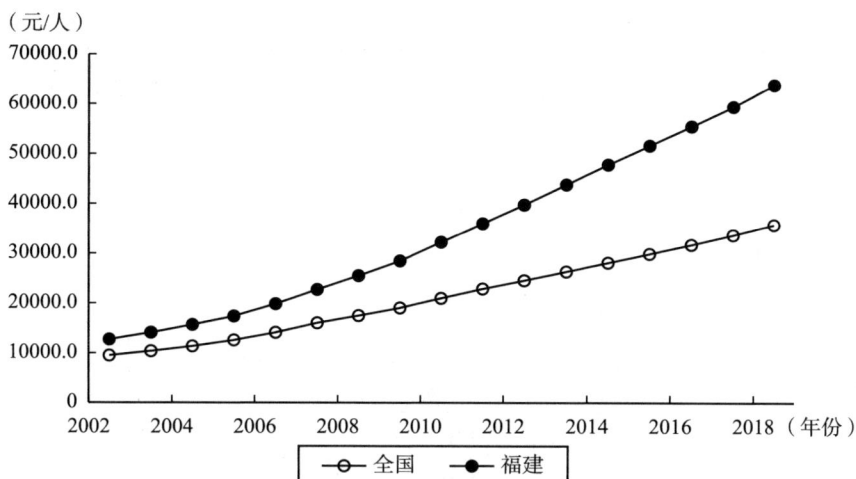

图 3 – 2　2002～2018 年全国与福建省人均 GDP 变化趋势

资料来源：全国和福建人均 GDP 分别用相应的指数进行平减，数据来自《中国统计年鉴》和《福建统计年鉴》。

2. 人均可支配收入

人均可支配收入（disposable personal income）是个人收入减去税收后数值，如果说人均 GDP 反映了一个经济体的整体经济水平，那么人均可支配收入是说明居民实际支付能力的最好指标。然而，人均 GDP 决定人均可支配收入，前者是后者的基础。因此，如果说人均 GDP 是从人均产值的角度反映了福建经济发展水平，那么人均可支配收入反映了建立在人均 GDP 产出发展水平基础之上的福建居民消费支付能力。根据《福建统计年鉴》数据，我们用下式计算出 2002～2018 年间福建省人均可支配收入，与全国人均可支配收入，用表 3 – 3 和图 3 – 3 描述它们的变动趋势。

$$人均可支配收入 = \frac{城镇人数 \times 城镇人均可支配收入 + 农村人数 \times 农村人均可支配收入}{城镇人数 + 农村人数}$$

较之全国的水平，福建人均可支配收入增长较快，从 2002 年的人均 6118 元增长到 2018 年的人均 36367.1 元，且始终高于全国水平。

表 3 – 3　　　　　2002～2018 年福建与全国人均 GDP 变化情况　　　　单位：元/人

年份	全国	福建
2002	4531.6	6118.6

续表

年份	全国	福建
2003	4947.3	6823.4
2004	5383.8	7672.4
2005	5964.8	8645.5
2006	6653.6	9952.3
2007	7538.7	11491.5
2008	8257.3	13086.2
2009	9168.3	14869.2
2010	10122.1	17124.8
2011	11161.6	19268.3
2012	12343.3	21558.3
2013	13343.0	23981.2
2014	14407.6	26384.6
2015	15476.2	28677.9
2016	16453.9	31077.0
2017	17658.4	33596.7
2018	18799.9	36367.1

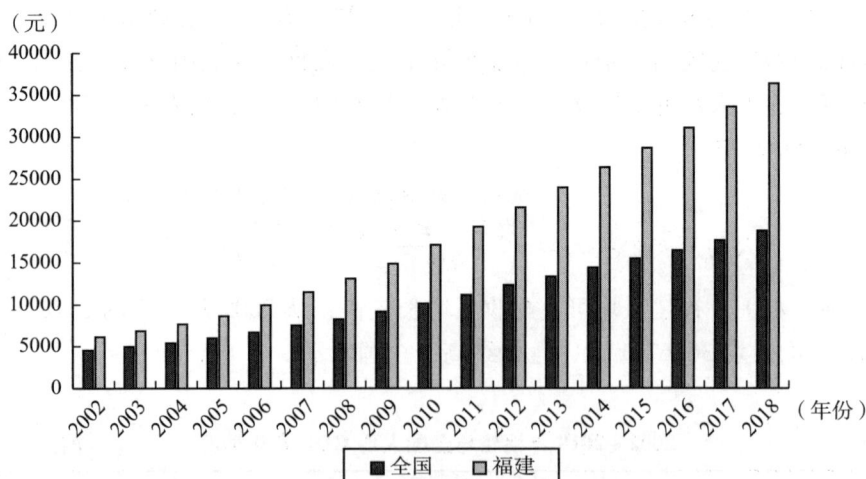

图 3 - 3 2002~2018 年间全国与福建人均可支配收入变化趋势

资料来源：数据分别来自《中国统计年鉴》《福建统计年鉴》，且均用相应的 GDP 指数进行平减。

王德章（2010）等人的研究认为，人均可支配收入每增加 100 元，绿色农产品消费会增加 3.9665 元。品质农产品消费的增长快于人均可支配收入的增长。品质农产品消费增长快于所有农产品消费增长速度。

3. 恩格尔系数

恩格尔系数（Engel's coefficient）是食品支出总额占个人消费支出总额的比重。恩格尔系数分析验证了恩格尔定律原理。恩格尔定律揭示：一个家庭或个人收入越少，用于购买生存性的食物的支出在家庭或个人收入中所占的比重就越大。对一个国家而言，一个国家越穷，每个国民的平均支出中用来购买食物的费用所占比例就越大。

恩格尔系数揭示了不同人均可支配收入水平与人类多层次需求之间的关系。人均可支配收入越高，恩格尔系数越小。它说明，无论在哪个发展阶段，生存性食物的消费支出都是最重要与基础性的，同时它也表明，这种生存性食物的需要是由生理需要决定的，当达到满足的需求量之后，它的增加就非常有限，这时候可支配的消费支出就会转向更高层次的消费需求。

恩格尔系数揭示了农业产业发展与人类多层次之间的关系。恩格尔系数表明农业产业产出的食物是人类生存与发展最基本的需要，就生存意义层面而言，农产品的需求是刚性的。但是，一旦人类对农产品生存需要的量达到满足后。农业产业的发展就面临着如何提高产品质量、如何使产出多样化以满足更高层次需要的挑战。否则农业产业的发展就会陷入"谷贱伤农"的困境。农产品是人类生存与发展不可或缺的物质，而单一生产农产品的农业，受恩格尔定律的限制，以及农产品生产特点本身的限制，经济效益难以提高，当农产品量的产出超过供求均衡时，只生产农产品的农业产业发展模式将难以为继。因此，当人均 GDP，从而人均可支配收入达到一定水平时（通常此时的农业经济已有能力使农产品的供给达到市场需求量），如何改变农业产业的产出结构，利用农业的多功能性，使人类对农业产出多层次需求得到满足，是现代农业产业发展的方向与出路。本文所力图论证的生态农业产业集群就是一种有效率，可持续的现代农业产业发展模型。表 3 - 4 列举了福建 2002 ~ 2018 年间居民恩格尔系数的变化趋势。

表 3 - 4　　　　　**2002 ~ 2018 年福建省居民恩格尔系数变化趋势**　　　　单位：%

年份	农村居民恩格尔系数	城镇居民恩格尔系数
2002	45.86	43.45
2003	45.15	42.21

续表

年份	农村居民恩格尔系数	城镇居民恩格尔系数
2004	46.71	41.59
2005	46.09	40.88
2006	45.16	39.30
2007	46.14	38.86
2008	46.38	40.63
2009	45.94	39.67
2010	46.14	39.26
2011	46.36	39.22
2012	45.98	39.35
2013	38.90	32.67
2014	38.19	33.19
2015	37.57	32.99
2016	37.32	33.19
2017	36.86	32.92
2018	35.73	31.98

资料来源:《福建统计年鉴》。

据相关研究资料,恩格尔系数达59%以上为贫困,50%～59%为温饱,40%～50%为小康,30%～40%为富裕,低于30%为最富裕。由表3-4可知:2002～2018年,无论是城镇居民还是农村居民,福建居民恩格尔系数均呈现下降趋势。农村居民恩格尔系数从2013年开始下降到40%以下,2018年下降至35.73%。城镇居民恩格尔系数2010年就下降到40%以下,2018年下降至31.98%。这充分说明随着收入水平的提高,福建居民正在进入消费需求升级的新阶段。恩格尔系数显著降低说明福建省对农业产出的需求已从量的需求转向质的追求,以及转向农业服务性产出的需求,例如农业旅游。这也意味着福建农业产业发展模式必须转变。

(三) 消费需求结构

消费需求结构是影响市场消费需求的重要因素。从整个宏观经济来看,过去三十年,居民的需求主要在物质生活的改善,从温饱到小康。而当前与未来的消费需求已出现转型和升级，即从温饱和小康的需求转向品质消费与服务消费的需求，用"十九大"给出的描述就是居民要追求"更美好的生活"。农业的生态性与多功能性为这种转型与升级提供了基础与可能性。这种消费需求结构的变化为农业从传统的单一生产农产品的农业发展模式，转向农业产品与农业服务产出并重的多功能农业发展模式提供了经济基础。恩格尔定律已归结出，无论经济社会如何发展，农业依然是最重要与不可或缺的基础性产业，一定数量的农产品依然是人类生存需求的必需品。恩格尔定律也表明，经济发展到一定阶段后，人类消费需求会升级，消费需求结构会改变。就农业产业而言，正如当今实践中所表现，农业在保护生态环境、提供休闲观光、体验农事、青少年教育、传扬农耕文明等，这些方面的服务消费在不断增强。农业的多功能性使农业能够在保持提供人类生存所需要的农产品的同时，又能转向提供优质生态农产品与农业旅游服务，以满足更高层次的消费需求。因此，就满足人类消费需求结构变化而言，农业产业还有巨大的潜力与创新发展空间。

经济社会对农业产业产出消费需求结构的变化趋势已十分明显，并正在实践中发展着。由于统计资料缺乏，在此我们仅用"2014～2016年福建休闲农业营业收入"这一片段统计数据作为典型案例，说明福建省对现代农业产出消费需求的变化。2014～2016年福建休闲农业营业收入如表3－5所示。2014～2016年，福建省休闲农业营业收入从84.57亿元上升至103.4亿元，年均增长率约为10.57%；其中农家乐营业收入增长最快，从2014年的15.12亿元上升到2016年的27.64亿元，年均增长率35.23%，说明近年来福建本地市场对农业生态旅游服务的需求以较快的速度增长。

表3－5　　　　　　　　2014～2016年福建休闲农业营业收入　　　　　单位：亿元

类别		2014年	2015年	2016年	年均增长率（%）
营业收入	合计	84.57	68.40	103.40	10.57
	农家乐	15.12	17.64	27.64	35.23
	休闲观光农庄	69.45	50.75	75.75	4.44

资料来源：福建省农业厅。

再以福州市为例，2015年，福州市已建成各种休闲农场和农家乐分别达到175家和298家，比上年增长7.4%和9.2%。休闲农场、农家乐接待的国内外游客数量达到890万人，并带动了9600人就业。可见休闲农业在福州市已带来较好的社会效益和经济效益。

上述从人口数量与结构、人均 GDP、人均可支配收入、恩格尔系数、消费需求结构诸方面分析了农业产出消费需求的影响因素。总之，消费首先是人口的消费，农业产出的消费量与人口数量与结构密切相关。人口数量决定农业产出基本的市场需求量，对农业产出市场需求有基础性的影响。其次需求（demand）是人们想要消费某一商品并有能力支付这种消费的欲望。因此，表现为一国经济实力的人均 GDP、具体到一个家庭的支付能力的人均可支配收入，对市场消费需求有决定性的影响。恩格尔系数揭示了经济发展水平与消费需求结构变化的关系，包含在其中的经济发展水平与传统农产品需求之间的关系，对当今现代农业应如何发展以满足转变的市场消费需求有引导性的影响。而消费需求结构分析表明，我国消费需求转型与升级的趋势，为多功能性生态农业产业的发展提供了动力。

二、市场需求预测分析

市场需求预测是十分微妙而复杂的。预测的目的在于阐明发展趋势。而预测的基础是现状。

（一）消费需求现状

如上所述，我国经济经过三十多年的快速增长，在物质方面的需求得到满足后，消费需求结构已开始转向品质消费需求与服务消费需求的增长。而在农业产业产出消费需求结构转变方面，具体表现可归结为，居民对优质农产品需求的增加与对农业休闲观光旅游需求的增加。

1. 品质农产品消费需求现状

我们对品质农产品给出的定义是，以符合环保要求、以可持续的方式生产出的健康安全的农产品。因此，国内相关部门统计制定的"三品一标"产品都属于我们研究的品质农产品范畴。所谓农产品"三品一标"是指无公害、绿色、有机农产品和具有地理标志的农产品。无公害农产品是指，产地环境和产品质量均符合国家普通加工食品相关卫生质量标准要求，经政府相关部门认证合格、并允许使用无公害标志的农产品。无公害农产品是指无污染、无毒害、安全的农产品，无疑，当今的农产品至少要满足这一基本的要求才能符合市场的需求。绿色农产品是指，经专门机构（通常是国家绿色食品发展中心）认定的无污染、安全、优质、营养的农产品。有机农产品是指，根据有机农业原则采用对环境无害的方式生产的农产品，其生产过程禁止使用农药、化肥、色素等化学物质，其产品流通过程受全程监控，由独立认证机构认证并颁发证书，因此是一种高品质的农产品。地理标志农产品是指，源于特定地域、产品品质和相关特征主要取决于自然生态环境和历史人文因素，并以地域名称冠名的特色优质农产品。

在无公害、绿色与有机农产品中，无公害已是当今人们对农产品的最基本要求，绿色农产品越来越受到大众的青睐，有机农产品是品质最高的产品，但由于其生产成本高，目前还无法成为绝大部分居民的需求。而具有地理标志的农产品品牌本身就说明了该产品的优质与特殊，也是一种能满足追求高品质消费的农产品。我们将这些"三品一标"农产品都定义为品质农产品，因为这些农产品是在好的生态环境中生产出来，并且都要求以保护生态环境的方式来生产，更高品质的生态农产品还要求农产品生产、加工与流通整个过程要严格遵循生态学原理与符合健康环保要求。不难想见，随着经济发展进程中居民对农产品品质消费需求的增强，品质农产品的内涵会不断变化，也就是说，随着人均 GDP 增长与人均可支配收入的增加，更高品质的地理标志农产品与有机农产品在品质农产品中的比重会不断增加。

目前我国对品质农产品消费需求的统计主要集中在绿色农产品和有机农产品两大类上，因此我们研究也以这两类统计数据为代表，并假定现有市场中的农产品至少都是无公害等级的产品，都属于品质农产品（在我们研究的田野调查中，深深感受到这一点，基层管理组织与相关的各类专业社组织的管理者，通过严格的农药化肥销售与使用的控制，通过严格的农残检测，控制农产品质量，而且这也是农产品生产者在市场竞争中必须做到的）。随着居民对农产品品质消费需求的增加，绿色农产品与有机农产品在品质农产品中的比重会不断增加。因此，我们通过分析绿色农产品与有机农产品消费占整个农产品消费比重的变化，阐明居民对品质农产品消费需求现状与趋势。但如果按我们研究所定义的"三品一标"农产品都属于品质农产品，实际的品质农产品市场需求量会比我们以绿色与有机农产品为代表所分析出的品质农产品消费需求量更大。

我们利用中国绿色食品发展中心提供的全国绿色食品和有机食品国内销售额数据分析品质农产品的国内消费状况（在此，虽然绿色食品与有机食品并不完全等同于绿色农产品与有机农产品，但作为一种趋势分析，完全可以用这组数据代替）。由于自 2014 年之后中国绿色食品发展中心没有提供有机食品国内销售额（只有绿色食品数据），故利用公式 $a_n = a_1 \cdot (1+r)^{n-1}$（其中 a_i 表示 i 年的有机食品销售额，r 表示年均增长率）和已知统计数据推算 2014 年之后的国内有机食品销售额，得出以下分析结果见表3-6和图3-4。

表3-6　　　　2009~2018全国人均有机农产品、绿色农产品消费变化情况

年份	有机农产品消费（万元）	绿色农产品消费（亿元）	人均GDP（千元/人）	全国城镇人均可支配收入（元/人）	城镇人口（万人）	城镇人均有机食品消费（元/人）	城镇人均绿色食品消费（元/人）
2009	1925400.00	3162.00	25.96	17174.65	64512.00	29.85	490.14
2010	1453905.00	2824.00	30.57	19109.44	66978.00	21.71	421.63
2011	1453905.00	3135.00	36.02	21809.78	69079.00	21.05	453.83
2012	1453905.00	3178.00	39.54	24564.72	71182.00	20.43	446.46
2013	2382000.00	3625.00	43.32	26467.00	73111.00	32.58	495.82
2014	3005299.35	5481.00	46.63	28843.85	74916.00	40.12	731.62
2015	3791697.82	4383.00	49.99	31194.83	77116.00	49.17	568.36
2016	3902541.09	3866.00	53.68	33.62	79298.00	49.21	48.75
2017	4600616.79	4034.00	59.20	36.4	81347.00	56.56	49.59
2018	5423562.33	4557.00	64.64	39.25	83137.00	65.24	54.81

注：（1）数据来源：中国绿色食品发展中心与推算；（2）人均有机食品消费＝有机食品消费/城镇人口。

由表3-6和图3-4可知，无论是绿色农产品还是有机农产品的需求，总体上处于增长趋势，绿色农产品国内销售额从2009年的3162亿元上升到2018年的4557亿元；相比较而言，有机农产品由于生产成本很高，它的市场价通常是普通农产品价格的十多倍，而且居民对市场中有机农产品的确认还缺乏充分的信任，因此全国有机农产品的国内销售额远低于绿色农产品的销售额，但也表现逐渐上升趋势，从2009年的192.54亿元上升到2018年的542.36亿元。居民对绿色农产品与有机农产品消费需求增长趋势表明，随着生活水平的提高，居民对农产品的品质消费需求在增长，而且随着人均可支配收入的增加，这种品质消费需求会持续增长。

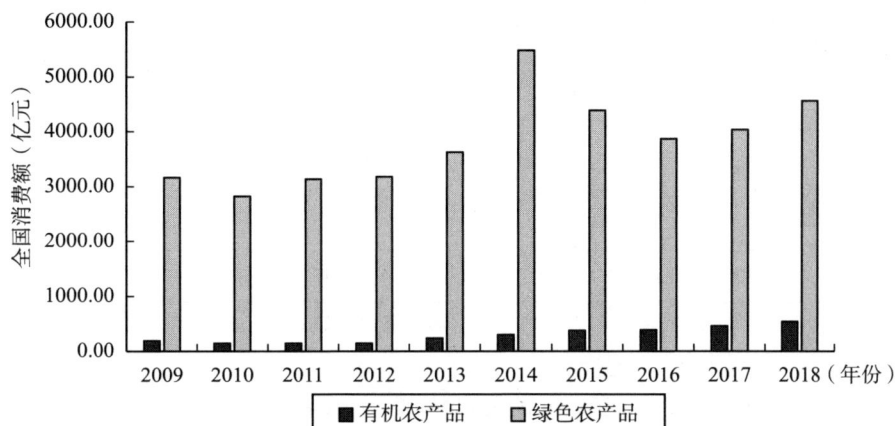

图 3 - 4 2009~2018 年全国有机农产品和绿色农产品国内销售额

资料来源：中国绿色食品发展中心。

品质农产品消费能力与城镇居民的可支配收入水平和全国人均 GDP 紧密相关。此处将上述指标的全国数据列于图 3 - 5~图 3 - 7 中，以清晰显示近年来各指标的变化趋势。

由图 3 - 5~图 3 - 7 可知，随着全国城镇居民人均可支配收入和人均 GDP 水平的增加，品质农产品的消费呈现波动中上升态势。表 3 - 7 为《中国绿色食品统计年报》中上述指标的福建地区数据。

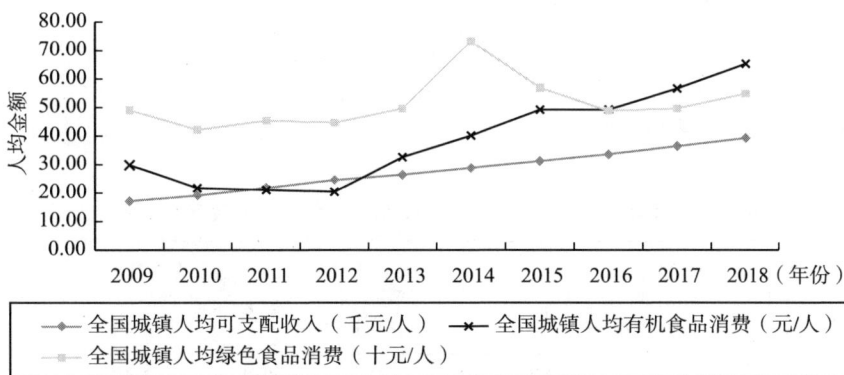

图 3 - 5 2009~2018 年全国城镇居民人均品质农产品消费与

人均可支配收入的变化趋势图

注：为便于图形呈现，此处将全国城镇人均绿色食品消费额单位换算成千元/人，城镇人均绿色食品消费额单位换算成十元/人。

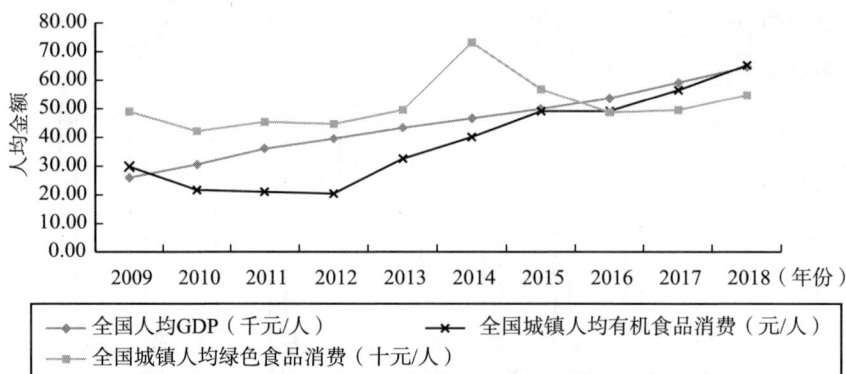

图3-6 2009～2018年全国城镇居民人均品质农产品消费与人均GDP变化趋势图

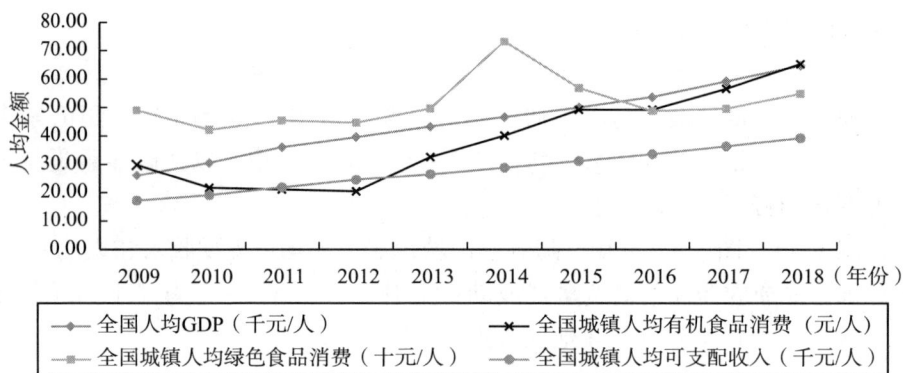

图3-7 2009～2018年全国城镇居民品质农产品消费、

人均可支配收入、人均GDP变化趋势图

注：为便于图形呈现，此处将全国人均GDP和全国城镇人均可支配收入单位换算成千元/人，城镇人均绿色食品消费额单位换算成十元/人。

表3-7 2009～2011年福建城镇居民人均有机农产品、绿色农产品消费支出

年份	有机农产品消费（万元）	绿色农产品消费（万元）	人均GDP（元/人）	城镇居民人均可支配收入（元/人）	城镇人口（万人）	人均有机农产品消费（元/人）	人均绿色农产品消费（元/人）
2009	75046		33840	19577	2019	37.17	
2010	59431		40025	21781	2109	28.18	
2011		345000	47377	24907	2161		159.65

注：人均有机农产品消费=有机农产品消费/城镇人口。

　　此外，为了更具体地描述居民对品质农产品消费需求现况，我们设计了市场调查问卷（见表3-8），利用学生寒假时间，深入超市与农产品集市进行实际价格调查。首先，我们将调查对象划分为：蔬菜类、粮食类与肉类。其次，再将这三类农产品的每一类又划分出五个品质等级标准：有机、地标、绿色、无公害、一般。又将一般以外的其他等级农产品都归为品质农产品。调查地点涉及福建、河南、四川三个省的五个市与三个县中的43个超市与3个集市。调查时间是2018年春节前后。

　　根据所得到的调查数据，首先，将各种等级（有机、地标、绿色、无公害）品质农产品价格与一般农产品价格进行比较，以一般农产品价格为基数，计算出各品质等级农产品市场价格是一般农产品市场价格的倍数，再计算出总的品质农产品市场价格是一般农产品市场价格倍数的平均值，以此比较分析不同调查区域居民对品质农产品需求程度的差异。经济学理论与实际情况给我们的认知是，人均GDP越高的区域对品质农产品的需求程度会越高，因此品质农产品与一般农产品的市场价格差异会越大。调查数据统计分析结果显示：总体而言，农产品价格的高低排序与农产品品质等级的高低排序是一致的。以蔬菜为例（在调查中，我们对蔬菜类产品市场价格所收集到的数据较其他两类农产品市场价格所收集到的数据更为全面），计算结果显示：有机、地标、绿色、无公害蔬菜的价格分别是一般蔬菜价格的1.42倍~15.19倍、1.43倍~2.68倍、1.48~9.00倍、1.11~3.89倍，详细见表3-9。

表3-8　　　　　　　　　　　　　　　调查问卷表

调查地点：　　　　　　　　　　　　调查时间：

产品名称	有机（价格）	地标（价格）	绿色（价格）	无公害（价格）	一般（价格）
蔬菜类					
具体菜类					
粮食类					
具体粮食类					
肉类					
具体肉类					

表 3 – 9   品质农产品价格统计量描述表

地区			有机	地标	绿色	无公害	人均GDP
福建	龙岩	合计	3.7500	2.6820	1.9000	2.0000	72631.0000
		蔬菜	4.0000			2.0000	
		粮食	3.5000				
		肉类					
	福州	合计	15.1928	2.1460	6.6760	3.8930	82637.0000
		蔬菜	15.1928		9.0000	3.3250	
		粮食					
		肉类	2.7303	1.9760	1.8269	1.1282	
	莆田	合计	3.0660	2.6820	3.2330	2.2090	63534.0000
		蔬菜	3.2998		3.2331		
		粮食					
		肉类					
河南	濮阳	合计	2.0000	6.0000	2.8100	2.2090	41400.0000
		蔬菜					
		粮食					
		肉类	2.0000				
	洛阳	合计	2.7860	2.6820	2.7780	2.2090	55860.0000
		蔬菜	2.7860	2.6820	2.7780	2.2090	
		粮食					
		肉类					
	方城	合计	3.3280	1.4310	1.6160	2.2090	20000.0000
		蔬菜			1.5677		
		粮食			1.1799		
		肉类			1.3567		
四川	重庆	合计	2.1850	1.9500	1.4800	1.1120	58500.0000
		蔬菜	2.1850	1.9500	1.4800	1.1120	
		粮食					
		肉类					

地区			有机	地标	绿色	无公害	人均 GDP
四川	苍溪	合计	1.4190	1.6160	1.9838	1.8300	20598.0000
		蔬菜	1.4190	1.6160	1.9838	1.8300	
		粮食					
		肉类					

　　再将上述统计数据用聚类分析方法，按照指标相似度进行归类，并与调查区域人均 GDP 相联系，进一步分析人均 GDP 差异与品质农产品需求程度差异的关系，结果显示：品质农产品价格差异程度与人均 GDP 差异有显著的关系。例如：如果按二类划分，福州相对于其他区域的差异性得到凸显；在我们所能得到的调查对象中，福州人均 GDP 最高，平均品质农产品市场价格与一般农产品市场价格的差别也最高，因此独立出一类；而其他区域则属于人均 GDP 相对较低（相对于福州），平均品质农产品市场价格也相对低的另一类（具体如图 3-8 所示）。

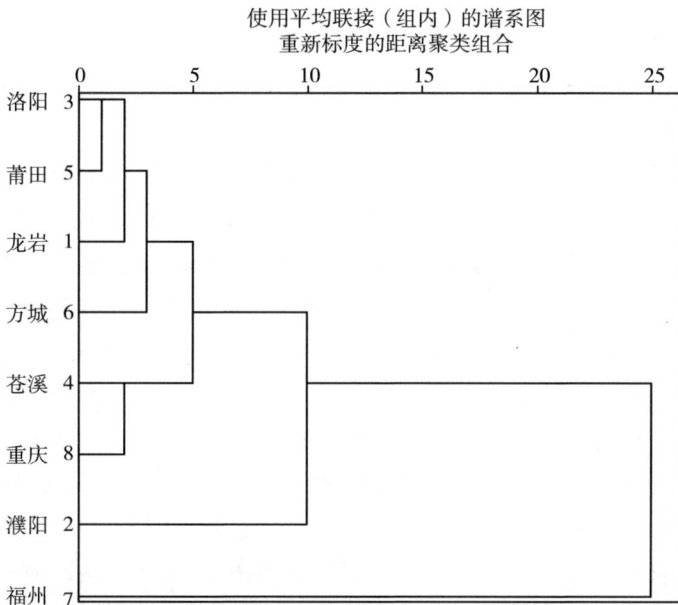

图 3-8　人均 GDP 差异与品质农产品需求程度差异聚类分析图
资料来源：课题组调查数据。

由于农产品市场价格受众多因素影响，而且我们调研的区域与收集的数据都不够广泛，因此只能以这一调查分析作为研究的一个补充案例，以佐证我们的研究观点与结论。但是，从这项不够完美的调查结果中，我们依然可看出居民对品质农产品消费需求变化的总体趋势，并得出结论：品质等级越高的农产品，其市场价格越高；人均 GDP 越高的区域对品质农产品的需求程度越高；随着人均可支配收入增加，追求品质农产品是市场需求变化必然趋势。

2. 生态农业旅游服务消费需求现状

生态农业旅游越来越成为城镇居民通过亲近自然来缓解工作疲劳，并在短时间和近距离内可以实现的一种旅游方式。生态农业旅游可以将在清新而充满生机环境中放松身心、在趣味的农事体验中教育与亲近子女、在美食品尝中休闲欢乐等融为一体，因此越来越成为人均可支配收入提高后城镇居民的一种消费选择。对应于这种消费需求的增加，近二十年福建各类生态农庄，休闲农场等集生产与休闲功能为一体的农业产业发展模型逐渐形成，并以农业产业集群的组织方式，形成规模经济，多功能利用创新等效益。我们从统计数据分析与案例分析两个层面论证福建生态农业旅游市场需求现状。

由于生态农业旅游直接统计数据的缺乏，在此，我们用"福建省居民旅游消费"和"全国居民在福建省休闲观光度假消费"这两类相关统计数据间接地反映福建生态农业旅游发展与满足市场需求的概况。

表 3 – 10 间接反映了福建省居民与全国居民对福建省生态农业旅游消费需求变化的总体趋势。利用这些统计数据的依据是：（1）福建旅游资源特征使福建省居民生态农业旅游消费是福建省居民旅游消费的重要组成部分。"背山面海""八山一水一分田"、森林覆盖率全国之最的自然资源基础，使福建的广大农村地区和城市周边，不仅有秀丽的田园景观、神奇的森林风光、迷人滨海斑斓，还有与之相伴的奇山、异石、秀水、名胜古迹，更有精致的、具有地域特征的民俗风情，美食文化，民间曲艺等。例如，著名的南靖土楼、平和古镇、云水瑶、沙县小吃、南音、闽剧、莆仙戏等，都与美丽的乡村密切相关，而乡村是农业的摇篮。农业旅游总是伴随与融合着农业、农村和农民的发展，总是离不开作为其发展基础的优美自然生态景观。这些自然与文化资源使福建的旅游与生态农业、古老村落、乡村文化密切相关。因此，福建省居民旅游消费统计数据能在一定程度上反映福建省居民的生态农业旅游需求变化趋势。（2）在《福建统计年鉴》列出的全国居民在福建旅游消费收入九种项目中，休闲观光度假这一类是最接近生态农业旅游消费收入，而且福建大部分的旅游景点都与农业农村密切相关。因此我们选择这一统计数据来说明全国居民对福建生态农业旅游服务消费需求的变化。

表 3 – 10　　　　2002～2018 年福建省生态农业旅游服务相关消费收入情况

年份	福建本省居民旅游消费（亿元）	福建本省居民多日游消费	福建本省居民一日游消费	全国居民在福建休闲观光类旅游消费（亿元）
2002	146.50	113.00	33.50	137.32
2003	159.52	115.98	43.50	113.06
2004	226.60	190.10	36.50	213.72
2005	257.12	208.87	48.25	300.58
2006	316.79	261.15	55.64	370.33
2007	393.51	311.32	82.19	421.60
2008	436.50	335.12	101.38	447.10
2009	422.53	290.02	132.51	479.50
2010	547.09	342.28	204.81	651.62
2011	611.05	436.73	174.32	694.45
2012	727.38	512.55	214.83	890.38
2013	968.75	620.39	348.36	1065.81
2014	1347.92	962.23	385.69	1756.26
2015	1512.74	1047.21	465.53	2137.79
2016	1697.97	1179.27	518.70	2631.90
2017	2243.68	1535.40	708.28	3491.64
2018	3021.10	2010.35	1010.75	4814.33
年均增长率（%）	20.82	19.71	23.73	24.90

资料来源：《福建统计年鉴》。

表 3 – 10 显示：福建本省居民旅游消费需求不断增长，旅游消费支出从 2002 年的 146.50 亿元增加到 2018 年的 3021.10 亿元，年均增长率 20.82%。福建本省居民旅游消费包括福建省居民多日游消费和一日游消费两方面。而一日旅游消费的短时间，近距离特征与目前福建省大部分生态农业旅游资源供给基础更吻合（也就是说，福建现有的大部分生态农业旅游都是依托于农业产业的发展，住宿等旅游条件还在发展之中，更适合于一日游）。统计数据显示：2002～2018 年，福建本省居民一日旅游消费的年均增长率是 23.73%，快于多日旅游的年均增长率 19.71%，这可间接说明福建生态农业旅游消费在全省当地居民旅游消费中的份额在增长，福建生态农业旅游在快速发展之中。

"全国居民在福建休闲观光类旅游消费"统计数据从全国市场消费需求的角度分析全国居民对福建生态农业旅游服务消费需求的快速增长。统计数据显示，全国居民对福建休闲观光类旅游消费需求支出从2002年的137.32亿元增加到2018年的4814.33亿元，年均增长率24.90%。这一高增长速度表明，相对于全国而言，福建所拥有的生态农业旅游资源使福建满足全国居民生态农业旅游服务消费需求增长空间很大。因此，福建的生态农业产业集群，由于其能提高效率、更好地利用与产出农业的多种功能，具有发展动力。

福建生态农业旅游的发展始于20世纪80年代末，随着居民消费需求的形成而发展。生态农业旅游是城市居民利用周末或节假日到城市郊区或具有特色农业＋优美自然风光的乡村去体验一种与城市不一样的生活的活动。生态农业旅游使城市居民可在绿水青山中，观赏田园风光，体验采摘耕种等农事活动，品尝农家美食，感受自然之美、农耕文明之美与乡村文化之美，从中获得身心放松与愉悦，并收获对农业文化的了解。

福建生态农业旅游发展至今已有了丰富的内容和一定的规模，例如：不同区域根据自己的资源优势形成了不同内容的生态农业旅游类型——生态农庄、观光农业园区、教育农业园区、森林公园、水上人家、民俗观光村、农家乐，等等；由于自然环境与闽台农业合作的优势，福建生态农业旅游处于全国先进行列，在福州、泉州、厦门、漳州等地已形成休闲农业产业集聚区，生态农业旅游已成为乡村集体与村民收入的重要来源。

福建生态环境优美，且各区域资源禀赋的较大差异，为内容丰富多彩的生态农业旅游提供了基础。福建生态农业旅游通常都会依托于某一优势农产品而展开，例如茶、花、果等，根据生态农业旅游的主要内容的区别，总体上可划分为两大类：农业生态文化旅游与农业休闲观光旅游，但这两类旅游内容也难以分开，只是侧重点的区别。

农业生态文化旅游注重在农业旅游中了解、体验、传播、分享农业文化。通常是通过旅游过程中的观光、听讲（培训）、参与、体验而体会与分享农业文化。福建此类型的生态农业旅游甚多，可列举我们调研过的邵武南武夷药博园和安溪茶庄园为个案。

南武夷药博园提供了极具特色的中医药养生农业生态文化之旅，满足生活水平提高后的居民对更高生活品质的追求。邵武南武夷药博园位于福建邵武城郊镇朱山村张家坊，为国家AA级旅游景区，致力于打造中医药健康养生之旅。

南武夷药博园，是福建邵武国家农业科技园区重点建设项目之一。占地1600多亩，建设中药材大田种植基地300余亩、林下中药材栽培基地1150余亩、武夷山脉药用植物种质资源圃 160 余亩，其中已收录武夷山脉药用植物近千个品种，是我省第一座中医药博览园。南武夷药博园以中医药文化为底蕴，园内设中药材基地、药用植物种质资源圃、科技研发、中药炮制、标本制作、药膳烹饪、养生讲堂、养生盆栽等区域，是一个集观光、品尝、教育、体验、养生、销售等功能为一体的综合性园区。在这药香四溢园区中，旅客们可以观赏到近千种武夷山脉药用植物，体验药材养生盆栽制作，品尝美味健康药膳与中药材保健饮品，了解中药炮制、标本制作、药膳烹饪、中药养生等相关知识。

邵武南武夷药博园只是南平中药材产业集群中的一个核心部分，是中药材产业链向旅游服务产出延伸的例子。生态中医药文化之旅是以闽北药材产业集群发展为依托，但也能够很好地说明市场对农业产业产出需求的变化。药博园的生态中药材文化之旅能够蓬勃发展说明市场有这种需求。将旅游、健康、中医药文化紧密结合，使具有资源禀赋优势的中医药产业集群向提供健康、生态、文化旅游服务发展，是符合市场需求变化、具有潜力的发展方向。

安溪茶庄园发展是福建农业生态文化旅游服务需求快速增长很突出的表现。茶文化独具魅力，它悠久的历史，深厚的文化底蕴，加之茶生长的优美环境，使游客既可以目睹茶园翠绿的喜悦与生机，又可以沐浴茶文化的洗礼。在安溪茶庄园的茶历史博览馆和百茶园中，你能感受到茶文化的博大精深，你可以读到植物形态的茶百科全书，在安溪茶生态文化游览的茶艺的展示与茶叶制作的参与中，你能更深地感受到在一叶翠绿转变为晶莹剔透的甘露过程中，人类的智慧是如何将大自然、梦想、诗歌与汗水融入茶文化。在安溪高山茶园品名茶之清香，你会融入云雾缭绕、碧波荡漾茶仙境，远离城市的喧嚣，给人无限遐想的空间，还有那大自然的诗歌和田园之梦的美好。

茶生态文化旅游是现在与将来安溪茶产业发展最具潜力的方面。随着我国人均 GDP 的增长，安溪茶产业以茶庄园的模式创新茶生态文化旅游，已展示很好的市场前景。安溪茶庄园以茶园生态游乐、茶艺展示、茶文化熏陶、植茶制茶体验、茶饮茶餐品尝等服务内容吸引游客，同时促进茶产品销售。安溪茶庄园俨然已经成为周边市民周末、小长假游乐的好去处。

安溪茶庄园以"高标准生态茶园 + 观光工厂 + 休闲驿站"的模式，致力打造集旅游观光、文化传播、教育体验、美食购物为一体的综合性旅游景区，是集生产、展示、休闲、研发为一体的茶生态文化旅游精品景点。目前安溪已有华祥苑茶庄园、中闽魏氏茶庄园、高建发茶庄园、冠和茶庄园、历山茶仙茶庄园、八马茶业茶庄园等 10 多家具有规模的茶庄园，茶庄园发展数量与建设水平都位居全省前列。

例如，八马茶业茶庄园包含标准化茶园种植区、古今铁观音制作区、中华茶文化博览园区、仿古商业区、酒店会议中心区、研发中心区、八马龙门精制厂，这七个功能区把铁观音的种植、初制、精制、茶文化集合在一起，能让人们在这个茶庄园的游览中就能了解到铁观音标准化生产的全过程，同时八马茶叶茶庄园借助博览园文化载体形式，展示百年八马品牌文化历史轨迹等，这些在国内都属首创。再如，华祥苑茶庄园是安溪县最早建设的茶庄园之一，它将茶道与儒家文化结合，那里空气清新，满眼皆绿，木质的小屋、天边的云彩，仿佛进入童话世界，在那里游客可以在生态源头寻找舌尖上正韵茶香的秘密。茶产业是所有农业产业中'最文化'的产业，茶庄园是传承与创新茶文化，将茶产业三产融合，满足市场需求，推动茶产业转型升级的有效模式。在满足现代居民对茶生态文化旅游需求方面，茶庄园有极大的发展潜力与可持续的生命力。

农业休闲观光旅游注重于身心的放松，游客在优美的生态环境中，在别致的田园风光中，感受大自然之怀抱，体验采摘之乐趣，享受农家之美食，体会农耕文明与乡村文化之厚重。福建这类农业休闲观光旅游胜地的形式和类型众多，它们通常与农业产业发展密切相关，总是以符合某地资源禀赋优势的特色农业产业发展为依托。

例如，漳平永福樱花园农业休闲观光旅游。永福镇位于高山盆地，山清水秀，素有"高山花园"和"小庐山"之美誉，是全国最大的高山乌龙茶生产基地、海峡两岸最大的杜鹃花生产基地，永福镇是全国有名的花乡，被评为全国环境优美乡镇、全国休闲农业与乡村旅游示范点。漳平永福樱花园中，有42个品种，15万株樱花，镶嵌在5万多亩翠绿的高山有机茶园里，每年1月下旬到3月中旬，不同品种、五颜六色的樱花先后盛开，轮番争艳，美不胜收，吸引了无数省内外及国外旅客。色彩斑斓的樱花跳跃在碧波蜿蜒、自由伸展茶垅之上，欢呼雀跃、五彩缤纷的游客漂流在艳花翠茶之中，形成了一幅美到惊艳、流动着的中国风景致，创造了一份独有的茶园樱花韵。

为发挥永福生态和产业优势，打造独具特色的高山生态休闲旅游品牌，政府将建设永福镇樱花园作为"美丽乡村"建设重点项目给予支持。经过几年的努力，如今的永福镇是樱花种植品种最多、规模最大，樱花盛开时令最佳，景观全国最靓的"中国最美樱花圣地"，慕名而来的游客总是"爆棚"。永福高山茶樱花园盛开季节时，涌动人海与樱花茶园交相辉映之美景，在艺术家眼里是诗之歌，在生态学家眼里人与自然和谐之美，在经济学家的眼里是旺盛的市场需求和GDP的增长。

再如，平和蜜柚园农业休闲观光旅游。平和县地处福建省漳州市西南部，有五百多年蜜柚种植历史。改革开放后平和恢复蜜柚生产，逐渐形成成熟的蜜柚产业集群，蜜柚产业已成为平和县最重要的支柱产业之一，现今蜜柚产值占到该县农业总产值的55%，蜜柚种植面积占该县水果种植面积的82.5%，被称为"世界柚乡，中国柚都"。近年，随着人均GDP的增长，平和蜜柚产业集群迎合市场需求变化的挑战与机遇，不断向农业旅游延伸产业链。较之一般的生态农业旅游，平和蜜柚旅游更具特色与个性。三十多年的发展，平和蜜柚果林已形成一道独特的靓丽景观，童话般的片片层层柚林沿着公路、山丘蜿蜒起伏，驱车前往，仿佛漂流在柚海碧波之上，还有那美轮美奂的"柚达拉宫"、依然保存着的一些独特的古村落建筑、底蕴深厚的蜜柚文化、成功举办的十五届"蜜柚节""蜜柚熟了趣平和"等活动的广告效应，加之平和优美的自然景观、名人故居、宗教庙宇、传统工艺、红色圣地等，为平和蜜柚生态农业旅游发展奠定了丰富的资源基础。农业休闲观光旅游市场需求的增强使这些丰富的旅游资源有了用武之地。

（二）消费需求预测

基于数据的可得性[①]，我们使用1996～2015年全国城镇居民人均可支配收入与全国城镇居民人均品质农产品消费数据揭示人均可支配收入与品质农产品消费的比例关系，再用这种比例关系预测福建品质农产品的消费需求增长趋势。在这个预测分析中，我们将"有机农产品"与"绿色农产品"消费作为品质农产品消费的代表，统一用"品质农产品"消费来表达。具体分析步骤包括：首先，借助1996～2015年全国城镇居民品质农产品人均消费支出与全国城镇居民人均可支配收入统计数据，进行格兰杰因果关系检验；其次，通过向量自回归建立全国城镇居民人均品质农产品消费支出与城镇居民人均可支配收入之间的定量关系；最后，依据2005～2018年福建城镇居民人均可支配收入增长趋势，通过灰色系统动态分析方法预测2019～2035年的福建城镇居民人均可支配收入数据，再结合全国层面的定量关系，预测2019～2035年福建城镇居民人均品质农产品消费需求增长趋势。此处，我们将变量"城镇居民人均可支配收入"（记为ckzp）增长，作为引致变量"城镇居民人均品质农产品消费支出"（记为pnx）增长的格兰杰（Granger）原因。时间序列具体数据如表3-11所示。

---

① 《中国绿色食品公报》仅断续提供个别年份有机农产品的消费数据，自2014年起有机农产品数据连续缺失，采用的模拟值过多会引起检验结果偏误过大，仅使用原始数据又产生样本量过小的问题。综合考虑下，本书采用1996～2015年的全国数据分析"人均可支配收入"与"品质农产品消费支出"之间的量化关系。在确定量化关系后，使用最新的福建人均可支配收入来预测福建品质农产品的消费情况。

上述的福建生态农业产业集群产出市场需求影响因素与市场需求现状分析已论证了福建生态农业产业集群的产出，无论是品质农产品的产出市场消费需求，还是生态农业旅游服务产出的市场消费需求都有巨大的增长空间。相比较而言，受人类需求层次发展规律与恩格尔定律支配，随着人均可支配收入的增加，农业旅游服务消费需求增长的体量与速度要大于品质农产品需求的增长。

接下来，我们依然将生态农业产业集群的总产出归纳为品质农产品与农业旅游服务两大类，分别对这两类农业产出进行市场消费需求预测。

1. 品质农产品市场消费需求预测

首先我们用用格兰杰因果关系分析方法，建立 1996～2015 年全国城镇居民人均可支配收入增长与全国城镇居民人均品质农产品消费支出增长情况数据关系表，以揭示人均可支配收入增长与人均品质农产品消费支出增长的关系，再以这种数据关系为依据，用灰色动态预测方法预测随着福建城镇居民人均可支配收入增长福建城镇居民人均品质农产品消费需求增长趋势，在这个预测分析中，我们将"有机农产品"与"绿色农产品"消费统一用"品质农产品"消费来表达。其次，作为进一步的分析，我们又以 2005～2015 福建"绿色农产品""有机农产品"市场需求状况数据为依据，用灰色动态预测方法，预测 2017～2035 年福建品质农产品市场需求发展趋势。

我们的方法：首先，借助 1996～2015 年全国城镇居民品质农产品人均消费支出增长与全国城镇居民人均可支配收入增长统计数据，进行格兰杰因果关系检验；其次，依据建立的城镇居民人均品质农产品消费支出增长与城镇居民人均可支配支出增长关系，以及依据福建城镇居民人均可支配收入增长趋势，通过灰色系统动态预测方法得出未来 20 年随着福建城镇居民人均可支配收入增长福建城镇居民人均品质农产品消费需求增长趋势。在此，我们将变量"城镇居民人均可支配收入"（记为 ckzp）增长，作为引致变量"城镇居民人均品质农产品消费支出"（记为 pnx）增长的格兰杰（Granger）原因。时间序列具体数据如表 3-11 所示。

表 3-11　　　　　　1996～2015 年全国城镇居民人均品质农产品消费支出与

城镇居民人均可支配收入增长情况　　　　　　　单位：元/人

年份	品质农产品人均消费支出	人均可支配收入
1996	41.60	4838.90
1997	61.00	5160.30
1998	68.50	5425.10

续表

年份	品质农产品人均消费支出	人均可支配收入
1999	69.00	5854.02
2000	87.10	6280.00
2001	104.00	6859.60
2002	118.90	7702.80
2003	138.00	8472.20
2004	158.40	9421.60
2005	189.83	10493.00
2006	266.95	11759.50
2007	329.80	13785.80
2008	430.45	15780.76
2009	519.99	17174.65
2010	443.34	19109.44
2011	480.38	21809.78
2012	478.97	24564.72
2013	528.40	26467.00
2014	771.74	28843.85
2015	617.53	31194.83

资料来源：《中国统计年鉴》《中国绿色食品统计年报》。

　　进行格兰杰因果关系检验的一个前提条件是时间序列必须具有平稳性，也就是说，格兰杰因果检验的前提是各变量存在同阶单整的关系（变量的时间序列具有平稳性），对于各变量间是否存在同阶单整关系可通过单位根检验。单位根检验的原假设是：存在单位根。在存在单位根的情况下，序列是非平稳的。单位根检验的结果如果 P 值小于 0.05 说明在大概率上拒绝了原假设，一般就认为统计学意义上具有平稳性。因此我们首先用 Augmented Dicky - Fuller（ADF 检验）对 1996～2015 年全国城镇居民人均可支配收入与品质农产品消费支出的时间序列数据的平稳性进行单位根检验（unit root test），检验形式为滞后一期。有时，为了判断序列的平稳性，需要使用变量差分的形式代入 ADF 进行检验，如果序列的一阶差分拒绝原假设，则说明一阶差分后是一个平稳序列，此时原序列称为一阶单整过程序列；如果序列的二阶差分拒绝原假设，则说明二阶差分后是一个平稳序列，此时原序列称为二阶单整过程序列。测算结果见表 3 – 12。

表 3 – 12　　　　　全国城镇居民人均可支配收入与城镇居民人均
品质农产品消费支出 ADF 检验结果

指标	指标含义	ADF 统计量（p 值）	结论
pnx	品质农产品人均消费额	– 2.187（0.4973）	不平稳
d. pnx	品质农产品人均消费额的一阶差分	– 3.238（0.0772）	不平稳
d2. pnx	品质农产品人均消费额的二阶差分	– 4.623（0.0009）	平稳
ckzp	全国城镇人均可支配收入	– 1.095（0.9300）	不平稳
d. ckzp	全国城镇人均可支配收入一阶差分	– 3.946（0.0105）	不平稳
d2. ckzp	全国城镇人均可支配收入一阶差分	– 5.355（0.0000）	平稳

由表 3 – 12 可知，城镇居民品质农产品人均消费支出（pnx）和城镇居民人均可支配收入（ckzp）在二阶差分后均在 99% 以上的大概率上拒绝了原假设，说明两变量同属于二阶单整过程序列，为同阶单整。

在 pnx 和 ckzp 为同阶单整的前提下，利用软件 stata13 进行 ckzp 与 pnx 间的格兰杰因果检验，检验步骤如下：

第一步，分别引入 pnx 和 ckzp 的滞后期建立 pnx 的向量自回归模型（Vector autoregression，VAR），由于数据只有 20 期，因此，我们将滞后阶数确定为 1 期，回归模型表述为：

$$pnx_t = a_0 + a_1 pnx_{t-1} + a_2 ckzp_{t-1} + \mu_t$$

第二步，进行 VAR 模型回归，输出结果如下（见表 3 – 13）：

表 3 – 13　　　　　　　　　　VAR 回归结果

var pnx ckzp，lags（1）	% VAR 回归命令
Vector autoregression	% VAR 回归输出结果
Sample：1997 – 2015	No. of obs = 19
Log likelihood = – 244.2707	AIC = 26.34429
FPE = 9.52e + 08	HQIC = 26.39476
Det(Sigma_ml) = 5.03e + 08	SBIC = 26.64253

Equation	Parms	RMSE	R - sq	chi²	chi² P > chi²	
pnx	3	67. 6609	0. 9154	205. 5558	0. 0000	
ckzp	3	415. 608	0. 9979	9022. 192	0. 0000	
	Coef.	Std. Err.	z	P > |z|	[95% Conf. Interval]	
pnx						
pnx L1.	0. 2376	0. 2609	0. 9100	0. 3630	- 0. 2738	0. 7490
ckzp L1.	0. 0206	0. 0072	2. 8700	0. 0040	0. 0065	0. 0346
_cons	- 27. 8450	33. 8153	- 0. 8200	0. 4100	- 94. 1217	38. 4317
ckzp						
pnx L1.	1. 5521	1. 6028	0. 9700	0. 3330	- 1. 5893	4. 6936
ckzp L1.	1. 0536	0. 0440	23. 9600	0. 0000	0. 9674	1. 1398
_cons	250. 4645	207. 7110	1. 2100	0. 2280	- 156. 6415	657. 5706

第三步，对模型进行格兰杰因果检验，输出结果如下（见表 3 - 14）：

表 3 - 14　　　　　　　　　　格兰杰因果检验结果

Equation	Excluded	chi²	df	Prob > chi²
pnx	ckzp	8. 2479	1	0. 004
pnx	ALL	8. 2479	1	0. 004
ckzp	pnx	0. 93778	1	0. 333
ckzp	ALL	0. 93778	1	0. 333

注：因为本研究中解释变量只有一个（pnx 下的 ckzp；ckzp 下的 pnx），"ALL"栏中的解释变量其实还是前一栏中的解释变量，所以在相同变量进行格兰杰因果检验时汇报的结果相同。

由表 3 - 14 可知，城镇居民人均可支配收入是城镇居民人均品质农产品消费的格兰杰原因，但城镇居民人均品质农产品消费不是城镇居民人均可支配收入的格兰杰原因。

根据表 3 - 13 的 VAR 回归结果可知，具体的回归方程为：

$$pnx_t = -27.8450 + 0.0206 ckzp_{t-1} + 0.2376 pnx_{t-1} + \mu_t$$

回归方程显示：前一期城镇人均可支配收入每增加 1 元，当期品质农产品消费增加 0.02 元。

依据格兰杰预测得到城镇居民人均可支配收入增长与品质农产品消费支出增加的比例关系。接着，依据 1996～2018 年福建城镇居民人均可支配收入原始数据（表 3－15 所示），利用 GM（1，1）灰色动态预测模型，可以得出福建城镇居民人均可支配收入的灰色预测生成数列、模型计算值、残差、相对误差（如表 3－15、表 3－16 所示）。

表 3－15　　　　　　1996～2018 年福建城镇居民人均可支配收入　　　　　单位：元/人

年份	福建城镇居民人均可支配收入
1996	5574
1997	6144
1998	6486
1999	6860
2000	7432
2001	8313
2002	9189
2003	10000
2004	11175
2005	12321
2006	13753
2007	15505
2008	17961
2009	19577
2010	21781
2011	24907
2012	28055
2013	28174
2014	30722
2015	33275
2016	36014
2017	39001
2018	42121

表3-16 福建城镇居民人均可支配收入灰色预测生成数列和残差检验结果

生成数列	模型计算值	实际值	残差	相对误差（%）
k = 2	6401. 3433	6144	257. 3433	4. 1885
k = 3	7023. 1836	6486	537. 1836	8. 2822
k = 4	7705. 4308	6860	845. 4308	12. 3241
k = 5	8453. 9530	7432	1021. 9530	13. 7507
k = 6	9275. 1882	8313	962. 1882	11. 5745
k = 7	10176. 2000	9189	987. 2000	10. 7433
k = 8	11164. 7380	10000	1164. 7380	11. 6474
k = 9	12249. 3047	11175	1074. 3047	9. 6135
k = 10	13439. 2286	12321	1118. 2286	9. 0758
k = 11	14744. 7442	13753	991. 7442	7. 2111
k = 12	16177. 0805	15505	672. 0805	4. 3346
k = 13	17748. 5569	17961	- 212. 4431	- 1. 1828
k = 14	19472. 6900	19577	- 104. 3100	- 0. 5328
k = 15	21364. 3091	21781	- 416. 6909	- 1. 9131
k = 16	23439. 6841	24907	- 1467. 3159	- 5. 8912
k = 17	25716. 6656	28055	- 2338. 3344	- 8. 3348
k = 18	28214. 8379	28174	40. 8379	0. 1449
k = 19	30955. 6881	30722	233. 6881	0. 7607
k = 20	33962. 7904	33275	687. 7904	2. 0670
k = 21	37262. 0090	36014	1248. 0090	3. 4653
k = 22	40881. 7209	39001	1880. 7209	4. 8222
k = 23	44853. 0594	42121	2732. 0594	6. 4862

依据格兰杰预测得到的城镇居民人均可支配收入增长与品质农产品消费支出增加的比例关系和依据 GM(1，1) 灰色动态预测模型得到的福建城镇居民人均可支配收入的灰色预测值，可计算出 2019 ~ 2035 年福建城镇居民品质农产品消费支出预测值，如表 3 - 17 所示。

表 3 - 17　　　　福建城镇居民人均可支配收入和品质农产品人均支出预测值　　单位：元/人

年份	福建城镇居民人均可支配收入预测值	福建品质农产品人均支出预测值
2018	42121.00	—
2019E	49210.18	842.42
2020E	53990.57	984.20
2021E	59235.33	1079.81
2022E	64989.57	1184.71
2023E	71302.80	1299.79
2024E	78229.31	1426.06
2025E	85828.67	1564.59
2026E	94166.25	1716.57
2027E	103313.77	1883.33
2028E	113349.89	2066.28
2029E	124360.94	2267.00
2030E	136441.63	2487.22
2031E	149695.86	2728.83
2032E	164237.64	2993.92
2033E	180192.04	3284.75
2034E	197696.29	3603.84
2035E	216900.93	3953.93

　　表 3 - 17 实证分析得到的预测结果显示：2035 年福建城镇居民人均可支配收入预测值是 216900.93 元，是 2019 年 49210.18 元的 4 倍，以年均 10.10% 的速度增长；2035 年福建品质农产品人均支出预测值是 3953.93 元，是 2019 年 842.42 元的 4.69 倍，以年均 10.15% 的速度呈现不断增长的趋势。品质农产品支出增长速度快于人均可支配收入增长速度。

　　依据表 3 - 17 可将福建城镇居民人均可支配收入增长与福建城镇居民人均品质农产品消费支出增加的变化趋势用图 3 - 9 表示。

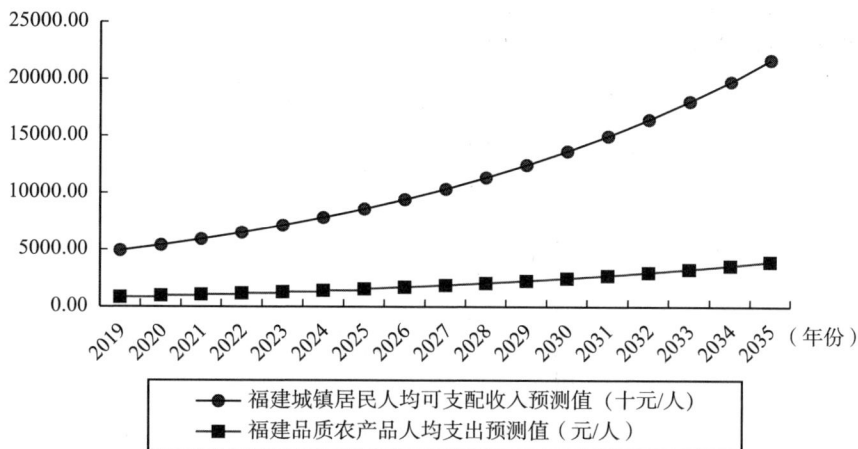

图 3 - 9　2019 ~ 2035 年福建城镇居民品质农产品人均消费支出增加预测趋势图
注：为便于图形展示，此处将人均可支配收入单位换算成十元/人。

作为进一步的分析，在上述福建居民人均可支配收入增长与品质农产品消费增长趋势分析的基础上，又以 2005 ~ 2018 年福建生态农业品质农产品市场需求状况数据为依据，用 GM(1，1) 灰色动态预测模型对 2019 ~ 2035 年福建生态农业产业集群品质农产品消费需求趋势进行预测。

灰色系统理论（Grey System Theory）以"小样本""贫信息""不确定性"系统为研究对象，它的特点是，充分开发利用已有的最少信息，在缺数据和模糊背景下，通过对"部分"已知信息的生成、开发，提取有价值的信息，实现对系统运行行为、演化规律的正确描述和有效监控。

GM(1，1) 模型是灰色系统理论中应用最广泛的一种灰色动态预测模型，该模型由一个单变量的一阶微分方程构成。它主要用于复杂系统某一主导因素特征值的拟合和预测，以揭示主导因素变化规律和未来发展变化态势。

GM(1，1) 灰色动态预测模型的形式如下

令 $x^{(0)}$ 为 GM(1，1) 建模序列，$x^{(0)} = (x^{(0)}(1)，x^{(0)}(2)，\cdots，x^{(0)}(n))$，令 $x^{(1)}$ 为 $x^{(0)}$ 的生成序列，$x^{(1)}(k) = \sum_{m=1}^{k} x^{(0)}(m)$，对 $x^{(1)}$ 建立单变量的一阶微分方程 GM(1，1) 模型

$$\frac{dx^{(1)}}{dt} + ax^{(1)} = b \qquad (3.1)$$

其中 a，b 是待辨识系数。对式（3.1）进行离散化，并用灰导数 $x^{(0)}(m)$ 代替 $\frac{dx^{(1)}}{dt}$ 在 t = m 处的值，$x^{(1)}$ 的均值序列 $z^{(1)}(k) = 0.5[x^{(1)}(k) + x^{(1)}(k-1)]$ 代替

$\dfrac{dx^{(1)}}{dt}$ 的背景值，得到式（3.1）的白化方程

$$x^{(0)}(k) + az^{(1)}(k) = b, \quad k = 2, 3, \cdots, n \tag{3.2}$$

$$记 \begin{cases} C = \displaystyle\sum_{k=2}^{n} z^{(1)}(k) \\[2mm] D = \displaystyle\sum_{k=2}^{n} x^{(0)}(k) \\[2mm] E = \displaystyle\sum_{k=2}^{n} z^{(1)}(k)x^{(0)}(k) \\[2mm] F = \displaystyle\sum_{k=2}^{n} z^{(1)}(k)^2 \end{cases} \tag{3.3}$$

从式（3.2）可以求得辨识系数 a，b 如下：

$$\begin{cases} a = \dfrac{CD - (n-1)E}{(n-1)F - C^2} \\[3mm] b = \dfrac{DF - CE}{(n-1)F - C^2} \end{cases} \tag{3.4}$$

将 a，b 带入式（3.1），得到 GM(1，1) 的白化响应函数 $x^{(1)}(k+1)$ 的预测值 $\tilde{x}^{(1)}(k+1)$：

$$\tilde{x}^{(1)}(k+1) = \left[x^{(0)}(1) - \dfrac{b}{a}\right]e^{-ak} + \dfrac{b}{a} \tag{3.5}$$

对 $\tilde{x}^{(1)}$ 进行一次累减生成得到 $x^{(0)}(k+1)$ 的预测值 $\tilde{x}^{(0)}(k+1)$；

$$\tilde{x}^{(0)}(k+1) = \tilde{x}^{(1)}(k+1) - \tilde{x}^{(1)}(k), \quad k = 1, 2, \cdots, n \tag{3.6}$$

其中 $\tilde{x}^{(1)}(1) = x^{(0)}(1)$。使用相对残差 $e(k+1)$

$$e(k+1) = \dfrac{x^{(0)}(k+1) - \tilde{x}^{(0)}(k+1)}{x^{(0)}(k+1)} \times 100\% \tag{3.7}$$

来定义平均残差、预测精度等。

$$\sigma^{(0)}(k) = \dfrac{x^{(0)}(k-1)}{x^{(0)}(k)}, \quad k \geqslant 3 \tag{3.8}$$

为 $\sigma^{(0)}(k)$ 的级比。根据 GM(1，1) 参数 a 的可容区为（-2，2），可以得到：当级比 $\sigma^{(0)}(k)$ 满足

$$\sigma^{(0)}(k) \in (0.1353, 7.389), \quad k = 2, 3, 4, \cdots, n \tag{3.9}$$

GM(1，1) 模型才是有效的。

接下来进行生态农业产业集群品质农产品消费需求灰色预测。

由于统计数据不完整，我们利用相关数据间接推算的方法，形成 2005～2018

年福建品质农产品（品质农产品＝绿色农产品＋有机农产品）销售额初始数列。根据厂商收入等于居民支出 GDP 计算原理，我们将福建省品质农产品的销售额用居民对品质农产品市场消费需求支出来表达，形成表 3－18。

表 3－18　　　　　2005～2018 福建生态农业品质农产品市场需求状况　　　　单位：亿元

年份	福建绿色农产品市场需求	福建有机农产品市场需求
2005	11.33	1.48
2006	16.50	2.24
2007	21.22	2.83
2008	28.57	3.57
2009	34.78	7.70
2010	31.06	5.82
2011	34.49	7.34
2012	34.96	9.26
2013	39.88	9.53
2014	60.29	12.02
2015	48.21	15.17
2016	42.53	17.00
2017	44.37	20.61
2018	50.13	25.00

资料来源：中国绿色发展中心：《中国绿色食品发展报告》。

利用 GM（1，1）灰色动态预测模型，可以得出福建品质农产品市场需求灰色预测生成数列、模型计算值、残差、相对误差，见表 3－19 和表 3－20，可以得出 2019～2035 年福建品质农产品市场需求灰色预测值，见表 3－21。

表 3－19　　　　福建绿色农产品市场需求灰色预测生成数列和残差检验

生成数列	模型计算值	实际值	残差	相对误差（%）
—	—	11.33	—	—
k＝2	24.89	16.50	8.39	50.85
k＝3	26.55	21.22	5.33	25.13
k＝4	28.33	28.57	－0.24	－0.86
k＝5	30.22	34.78	－4.56	－13.12

生成数列	模型计算值	实际值	残差	相对误差（%）
k = 6	32.24	31.06	1.18	3.78
k = 7	34.39	34.49	− 0.10	− 0.30
k = 8	36.68	34.96	1.72	4.93
k = 9	39.13	39.88	− 0.75	− 1.87
k = 10	41.75	60.29	− 18.54	− 30.76
k = 11	44.54	48.21	− 3.67	− 7.62
k = 12	47.51	42.53	4.98	11.71
k = 13	50.68	44.37	6.31	14.23
k = 14	54.07	50.13	3.94	7.85

表 3 – 20　　　　福建有机农产品市场需求灰色预测生成数列和残差检验

生成数列	模型计算值	实际值	残差	相对误差（%）
—	—	1.48	—	—
k = 2	3.08	2.24	0.84	37.72
k = 3	3.67	2.83	0.84	29.77
k = 4	4.37	3.57	0.80	22.47
k = 5	5.21	7.70	− 2.49	− 32.40
k = 6	6.20	5.82	0.38	6.47
k = 7	7.38	7.34	0.04	0.50
k = 8	8.78	9.26	− 0.48	− 5.16
k = 9	10.46	9.53	0.93	9.71
k = 10	12.45	12.02	0.43	3.55
k = 11	14.82	15.17	− 0.35	− 2.32
k = 12	17.64	17.00	0.64	3.77
k = 13	21.00	20.61	0.39	1.90
k = 14	25.00	25.00	0.00	0.01

表 3 - 21 　　　　　　　福建品质农产品市场需求灰色预测值　　　　　　单位：亿元

年份	福建绿色农产品消费需求预测值	福建有机农产品消费需求预测值
2019	57.68	29.77
2020	61.53	35.44
2021	65.64	42.19
2022	70.02	50.22
2023	74.70	59.79
2024	79.69	71.18
2025	85.01	84.74
2026	90.68	100.89
2027	96.74	120.10
2028	103.20	142.98
2029	110.09	170.22
2030	117.45	202.65
2031	125.29	241.25
2032	133.66	287.21
2033	142.58	341.93
2034	152.10	407.07
2035	162.26	484.61
年均增长率（%）	6.68	19.05

　　将表 3 - 21 的预测值描绘为图 3 - 10，可看出 2019～2035 年福建省品质农产品市场需求变化趋势。

　　表 3 - 21 和图 3 - 10 显示，2019～2035 年间，福建省品质农产品市场需求将保持持续增长。其中，福建绿色农产品消费需求将从 2019 年的 57.68 亿元增加到 2035 年的 162.26 亿元，年均增长率 6.68%。有机农产品消费需求将从 2019 年的 29.77 亿元增加到 2035 年的 484.61 亿元，年均增长率 19.05%。这一预测可进一步论证我们前面定性分析的结论：受恩格尔定律支配，居民对农产品的需求达到生理满足量之后，对农产品需求量难以增加，但随着人均可支配收入的增长，对品质农产品的需求还会持续增加，品质消费成为新的农产品消费需求。这也证明了能够促进优质农产品生产的生态农业产业集群具有发展动力。

（亿元）

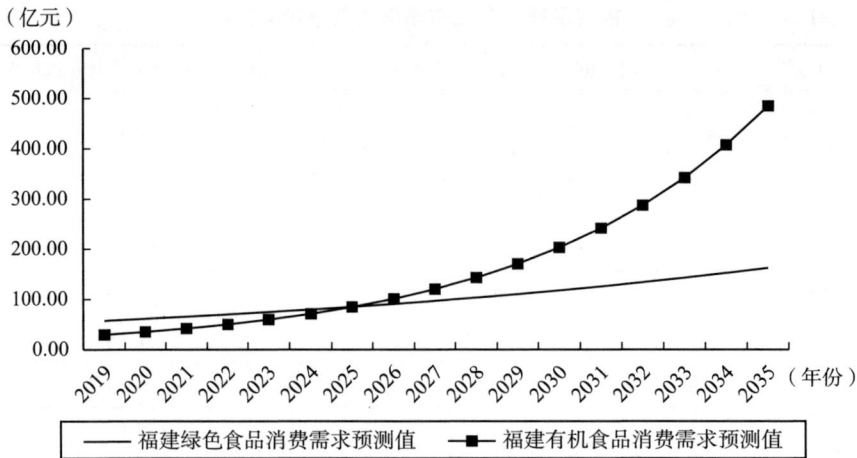

图 3 – 10   福建省品质农产品市场需求变化趋势图

2. 生态农业旅游服务消费需求预测

在表 3 – 22 福建本省居民对福建生态农业旅游服务消费需求与全国居民对福建生态农业旅游服务消费需求统计数据分析基础上，我们用灰色预测方法对福建未来生态农业旅游服务消费需求作进一步的预测。由于直接的统计数据难以获得，我们分别用福建本省居民旅游消费和全国居民在福建休闲观光类旅游消费这两组数据作为福建本省居民对福建生态农业旅游服务消费需求与全国居民对福建生态农业旅游服务消费需求预测的基础数据，理由是，随着城镇居民生活水平的提高，对自然怀抱、田园风光与悠然静谧乡村的热爱，在居民旅游消费中生态农业旅游的消费会不断增加，并且作为周末、小长假、子女教育、体验与城市不同生活的好去处，可以预见生态农业旅游消费在总的旅游消费中的比重会不断增加。因此，作为一种旅游消费需求变化趋势的预测，所选择的这两组数据是有实证意义的。

依据表 3 – 22 统计数据，利用 GM（1，1）灰色动态预测模型，可以得出福建本省居民旅游服务需求和全国居民在福建休闲观光旅游服务需求灰色预测生成数列、模型计算值、残差、相对误差，见表 3 – 23 和表 3 – 24，可以进一步得出2019～2035 年福建本省居民旅游服务需求和全国居民在福建休闲观光旅游服务需求灰色预测值，见表 3 – 25。

表 3 - 22　　　　　2002～2018 年福建省生态农业旅游服务相关消费支出情况　　　单位：亿元

年份	福建本省居民旅游消费	全国居民在福建休闲观光类旅游消费
2002	146. 50	137. 32
2003	159. 52	113. 06
2004	226. 60	213. 72
2005	257. 12	300. 58
2006	316. 79	370. 33
2007	393. 51	421. 60
2008	436. 50	447. 10
2009	422. 53	479. 50
2010	547. 09	651. 62
2011	611. 05	694. 45
2012	727. 38	890. 38
2013	968. 75	1065. 81
2014	1347. 92	1756. 26
2015	1512. 74	2137. 79
2016	1697. 97	2631. 90
2017	2243. 68	3491. 64
2018	3021. 10	4814. 33

资料来源：《福建统计年鉴》。

表 3 - 23　　　　福建本省居民旅游服务需求灰色预测生成数列和残差检验

生成数列	模型计算值	实际值	残差	相对误差（%）
—	—	146. 50	—	—
k = 2	207. 11	159. 52	- 19. 49	- 8. 60
k = 3	247. 80	226. 60	- 9. 32	- 3. 62
k = 4	296. 49	257. 12	- 20. 30	- 6. 41
k = 5	354. 75	316. 79	- 38. 76	- 9. 85
k = 6	424. 45	393. 51	- 12. 05	- 2. 76
k = 7	507. 84	436. 50	85. 31	20. 19
k = 8	607. 62	422. 53	60. 53	11. 06

生成数列	模型计算值	实际值	残差	相对误差（%）
k = 9	727.00	547.09	115.95	18.98
k = 10	869.85	611.05	142.47	19.59
k = 11	1040.75	727.38	72.00	7.43
k = 12	1245.24	968.75	−102.68	−7.62
k = 13	1489.90	1347.92	−22.84	−1.51
k = 14	1782.64	1512.74	84.67	4.99
k = 15	2132.89	1697.97	−110.79	−4.94
k = 16	2551.95	2243.68	−469.15	−15.53
k = 17	3053.36	3021.10	474.38	18.39

表 3 - 24　　全国居民对福建休闲观光旅游服务需求灰色预测生成数列和残差检验

生成数列	模型计算值	实际值	残差	相对误差（%）
—	—	137.32	—	—
k = 2	369.84	113.06	69.26	23.04
k = 3	443.04	213.72	72.71	19.63
k = 4	530.73	300.58	109.13	25.89
k = 5	635.78	370.33	188.68	42.20
k = 6	761.62	421.60	282.12	58.84
k = 7	912.36	447.10	260.74	40.01
k = 8	1092.94	479.50	398.49	57.38
k = 9	1309.27	651.62	418.89	47.05
k = 10	1568.41	694.45	502.60	47.16
k = 11	1878.84	890.38	122.58	6.98
k = 12	2250.71	1065.81	112.92	5.28
k = 13	2696.19	1756.26	64.29	2.44
k = 14	3229.84	2137.79	−261.80	−7.50
k = 15	3869.11	2631.90	−945.22	−19.63
k = 16	4634.91	3491.64	3040.98	190.78
k = 17	5552.29	4814.33	199.28	3.72

表 3 – 25　　　2019～2035 年福建生态农业旅游服务需求消费支出灰色预测值　单位：亿元

年份	福建本省居民对旅游消费支出预测值	全国居民对福建休闲观光旅游服务消费支出预测值
2019	3653. 28	6651. 24
2020	4371. 07	7967. 70
2021	5229. 89	9544. 73
2022	6257. 46	11433. 90
2023	7486. 92	13696. 98
2024	8957. 94	16407. 98
2025	10717. 99	19655. 57
2026	12823. 85	23545. 95
2027	15343. 46	28206. 34
2028	18358. 13	33789. 15
2029	21965. 12	40476. 94
2030	26280. 80	48488. 44
2031	31444. 42	58085. 63
2032	37622. 59	69582. 37
2033	45014. 64	83354. 63
2034	53859. 07	99852. 79
2035	64441. 25	119616. 39

根据表 3 – 25 预测值，可以绘制 2019～2035 年福建省生态农业旅游服务消费需求变化趋势图（见图 3 – 11）：

图 3 – 11 显示，2019～2035 年间，福建本省居民与全国居民对福建生态农业旅游服务需求都表现为持续增长趋势，其中，福建本省居民旅游服务消费需求将从 2019 年的 3653. 28 亿元增加到 2035 年的 64441. 25 亿元，全国居民对福建休闲观光类旅游需求将从 2019 年的 6651. 24 增加到 2035 年的 119616. 39 亿元。相比较而言，全国居民对福建休闲观光旅游的增长速度要快于本省居民消费需求增长速度。这种持续与旺盛的市场需求增长趋势正是福建生态农业产业集群发展动力所在。

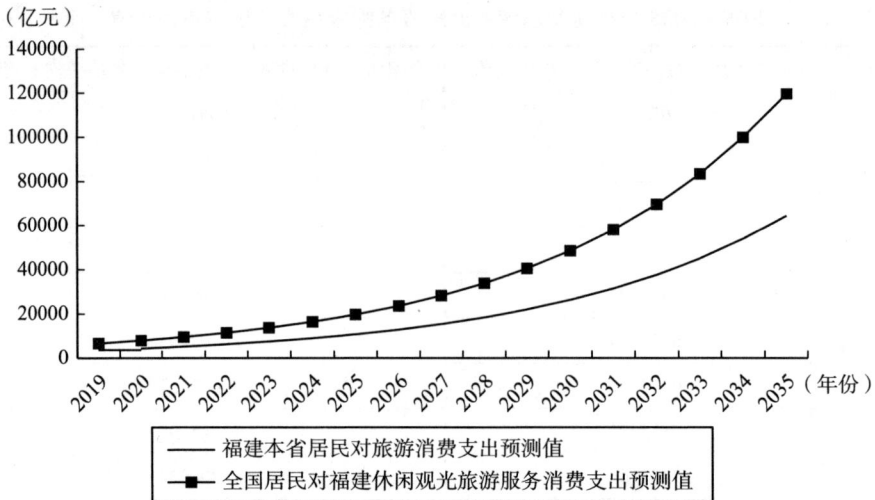

图 3 – 11 2019～2035 年福建省生态农业旅游服务消费需求变化趋势图

第三节 福建生态农业产业集群市场供给分析

供给是指某一时间内和一定的价格水平下，生产者愿意并可能为市场提供商品或服务的数量。供给是供给动力和供给能力的统一。对某一产业而言，市场供给是该产业所有生产者供给的总和。从供给的基本概念不难理解，市场价格对生产者的供给动力有决定性的影响。因为在生产成本既定的情况下，市场价格越高生产者所获得的利润就会越多，增加产出的动力也就越大。由此也说明，同样数量与质量产出品的生产成本越低，利润的空间就越大，生产者增加供给的动力越大。因此市场价格与生产成本是影响供给的最重要因素。然而，市场价格的形成是无数的供给者与需求者在市场这只看不见的手的引导下作出行为选择的结果。这种错综复杂的多因素影响和选择的结果最终会表现在总供给与总需求决定的市场价格上，由于价格形成的复杂性与不可预测性，使价格虽然是生产者增加供给的重要影响因素，但一般生产者是难以控制市场价格，影响供给者供给选择的是预期价格。而决定生产成本的因素是生产投入要素的价格与更为重要生产投入要素的配置效率。

我们对福建生态农业产业集群供给分析的切入点依然选择影响供给的重要因素：市场价格与生产成本。同时与上述分析一致，我们依然将生态农业产业集群的供给归结为品质农产品与生态农业旅游服务产品两大类，并且随着人均 GDP

增长，居民对品质农产品与生态农业旅游服务的需求会与日俱增，以这种市场需求增长趋势为市场需求预期价格的依据，即随着人均 GDP 增长而增长的市场需求使市场预期价格也会随之增长，预期价格增长的背后是预期需求的增长。因此，我们在分析价格对福建生态农业产业集群供给影响时，是假定长期预期价格总是增长的，影响福建生态农业产业集群供给能力的主要因素是生产成本。我们以此研究思路，分析福建生态农业产业集群的资源配置效率与供给能力，即我们对福建生态农业产业集群供给能力的分析侧重于成本影响因素，即在供给价格既定的前提下（认同预期价格随 GDP 增长而提高的预期），分析供给曲线上下移动的影响因素、资源配置效率是如何影响供给的变动。

一、生态农业产业集群发展资源配置效率与供给能力

生态农业产业集群资源配置效率与供给能力的分析旨在阐明，当农业产业的产出品与生产要素的价格为既定的条件下（假定生产者在决定生产量时以产品的市场预期价格为决策依据，而生产要素的价格是已知的），生态农业产业集群的发展模式为何能提高资源配置效率，从而提高农业产业的市场供给能力。

资源配置效率是指，在一定的技术水平条件下，用于生产投入的各种要素在各期望产出主体间分配所产生的效益。因为不同的分配会产生不同的效率，形成不同的效益。它的核心意义在于，在同样资源消耗量下，由于资源要素组合方式改变，效益增加。经济学讨论资源配置效率可分为广义与狭义两个层面。广义的资源配置效率是指宏观层面的整个社会资源配置，它由经济制度安排而实现，例如，计划经济、市场经济或混合经济。狭义资源配置效率是指整体经济中微观主体对资源的利用效率，它由微观主体的生产组织方式来实现。显然，我们讨论福建生态农业产业集群发展的资源配置效率是属于狭义资源配置效率层面的分析。

资源可理解为社会经济活动中人力、物力和财力的总和，每一项经济生产活动都是这些资源要素以不同的组合方式投入与产出的结果。相对于人类不断增长与更加多样化的需求而言，资源总是相对稀缺的，合理配置能在耗费同样的资源的情况下，产生更好的效益，产生资源配置效率。因此，配置效率可表述为：用投入要素的最佳组合来生产出最优的产品数量组合，或者说，用投入要素的最佳组合来实现最优的市场供给能力，也就是说，资源配置效率的提高，意味着消费同样数量的稀缺资源，能形成更大的市场供给能力。我们分别从生态农业资源配置效率、农业产业集群资源配置效率与生态农业产业集群配置效率这三个方面展开分析。

（一）现代多功能生态农业资源配置效率与供给能力

现代多功能生态农业使农业资源配置效率有了更丰富的内涵，农业供给能力也有了更全面的表现。在传统的、以单一农产品为产出目标的农业经济资源配置中，农产品是农业供给的主要内容，农产品产值是资源配置效率的唯一衡量标准。生态农业使农业产出有更丰富的内容，并且与当前市场中居民对农业产出的需求相适应。当我们将当前居民对农业产出更丰富的需求归结为品质农产品产出与生态农业旅游服务产出时，更易于分析与其对应的现代多功能生态农业如何使农业资源得到优化配置，使农业的供给能力得到提高。

经济学资源利用效率的评价是，以生产要素的投入与经济产品产出量的差异来比较，效率可表现为：同样数量的要素投入能获得更多的产出，或者同样的产出只需更少的要素投入量。经济学将各种生产投入要素归结为：土地、资本、劳动和技术。土地的意义和内涵总是随着人类知识的发展与科技的进步而不断丰富。在经济学理论中，广义的土地概念是指自然资源，其中包含自然物（如陆地、山丘、河川、湖泊、海洋、水流、潮汐等）和自然力（如空气、日光、湿气、势力、风力、吸力、黏着力、膨胀力等）。土地的概念是，具有固定空间位置的有形与无形自然资源的综合体。从这个意义上来说，土地在这里指的人类所赖以生存与发展的自然生态系统。在工业社会发展阶段，由于自然资源相对丰富，在分析资源配置效率的投入要素时，土地常被作为不变的生产要素，而更多地讨论资本、劳动和技术对资源配置效率的影响，由于技术的创新需要时间的积累，因此，在分析一定时期内资源的配置效率时，技术也常被作为既定的前提。因此，资本与劳动的边际投入产出分析被作为重要的资源配置效率分析工具。

狭义的土地仅指地球上的陆地部分，包括水面和滩涂。土地对于农业产业而言，是指用于发展农业的土地，即农地。农地是农业最基本的生产要素，从狭义来说它可以指某个具体的生产地块，但都离不开广义土地的概念，即每一具体地块能被农业生产所利用，是因为它与其存在的空间共同形成了具有生产力的自然生态系统。这种以农地为核心而形成的农业自然生态系统是农业经济活动赖以进行的空间，对人类经济社会发展而言，它具有多重利用价值。在这个自然生态系统基础上，资本、劳动、技术要素的投入，以及这些要素的组织方式，决定农业经济的产出，即资源的利用效率，以及对资源多重利用价值的利用程度。在追求农业农产品产出量的经济发展阶段，人们利用的是农业自然生态系统生产农产品的功能，而忽略了这一自然资源的其他功能。当今，随着人均 GDP 的增加，居民对农业产出的需求发生变化，例如，居民对农业生态旅游的需求在增加，使生态农业旅游服务成为现代多功能生态农业的重要产出与供给，其农业产业的产值大有超过农产品产值的发展趋势。因此，现代居民需求与现代农业供给的变化，赋予农业资源效率配置新的内涵与新的评价标准，表现为一种基于农业自然资源多功能利用基础之上的资源配置效率的叠加效益、供给内容的丰富与供给能力的增强。例如，由于农业自然生态系统这一资源利用的多功能性，它可以在生产品质农产品的同时，形成优美的农业景观，这个优美的农业景观本身就有人们认知与未认知的存在价值，而当前最直观的经济效益就是，它可以成为生态农业旅游的重要内容：提供人们生态休闲观光；人们可以在其中进行农事体验、领会农耕文明、享受健康美食等。多功能生态农业的资源利用效率不完全像传统经济学中分析的那样，尤其是农业自然生态系统资源要素的配置，不是非此即彼，并以边际产值相等作为最优配置的判断，相反，它的利用效率是相辅相成的。良好农业自然生态系统是品质农产品生产的基础。而品质农产品的生产也会促进良好农业自然生态系统形成，促进生态农业旅游服务的供给，增加经济效益。与此同时，生态农业旅游服务的增加也会促进品质农产品消费的增加，最终使整个农业经济效益在资源多重价值的利用中而提高利用效率，具体可表现为，同时获得品质农产品产出市场增值收益与农业生态旅游服务供给而获得的收益，产生一种叠加效益。在多功能生态农业发展模式中，由于对农业自然生态系统资源多重价值的利用，在没有消耗更多自然资源的情况下，能产生更多的经济效益，显著提高了资源配置效率。同时，由于多功能生态农业发展模式对农业自然生态系统的保护，能实现资源配置效率的可持续性。

资源配置效率总是以提高相对稀缺的资源要素的利用效率为目标。在经济发展进程中，自然资源要素会变得相对稀缺，因为它要受限于生态系统的生产能力，而生态系统的生产能力受生态规律所支配。而在这一过程中，经济发展会使资本以更快速度积累，会有更多的人力资本投入，促进技术进步，以提高劳动生产率。因此，为提高资源配置效率，努力提高相对稀缺资源利用率显得更加重要。多功能生态农业发展模式，利用农业自然生态系统资源利用多重性，使利用同样的资源能获得更多的收益，并且还具有资源利用效率的可持续性，它符合提高稀缺资源要素利用效率的资源配置效率目标。因此，多功能生态农业资源利用方式赋予了现代农业资源配置效率更丰富的内涵，与此同时也形成更丰富的供给内容，并且在生态与经济的良性循环中形成更强大的供给能力。

（二）农业产业集群资源配置效率与供给能力

农业产业集群是多功能生态农业实现资源效率配置、提高供给能力的有效组织方式，这是由产业集群的功能与效率所决定的。相关的农业产业因某些原因，集聚于某一区域农业自然生态系统空间中，形成纵向产业链与横向关联产业的联系，就能创造产业集群优化资源配置的组织效率，它本质上是一种由于契约创新而形成的效率，也就是说，产业集群的参与主体通过产业集群的这种契约形式，能够形成有效的分工合作，从而提高农业产业的资源配置效率。

农业产业集群形成是农业产业发展进程的产物，因为产业集群能够有效提高农业产业资源配置效率。在经济发展进程中，由于资源禀赋、农耕文化传承、历史机遇、政策优势等原因，农业产业会在某一区域集聚，并以纵向与横向的分工合作产生农业产业集群效率。分工与合作能提高资源配置效率的原因在于，只有合作才能分工，分工首先可以改变资源配置的组合方式，分工形成专业化生产，有利于规模经济形成，有利于技术创新，而专业化生产、适度规模与技术创新都能提高劳动生产率，从而提高资源配置效率。农业产业集群是介于市场与企业之间的组织形式，农业产业集群中各参与主体间形成契约关系，可降低交易费用，而交易费用的减少也意味着生产成本降低与资源配置效率的提高。农业产业集群也会促使相关产业在农业产业集群中集聚与发展，也就是说，农业产业集群中优势、主导产业的发展会带动该区域相关产业在农业产业集群中集聚和发展，产生范围经济，从而进一步提高资源配置效率。农业产业集群中容易产生学习效应，促进知识传播和技术进步，形成竞争合作的氛围，推动集群中的龙头企业不断创新，从而提高资源配置效率。农业产业集群容易形成品牌效益，产生集群竞争优势等。农业产业集群的上述功能决定了产业集群能提高资源配置效率，从而提高农业产业集群的市场竞争力与供给能力。

（三）生态农业产业集群资源配置效率与供给能力

生态农业产业集群与农业产业集群的区别就在于前者更注重与强调农业发展的生态基础以及对生态生产力的利用。农业的本质是生态农业，因为农业发展总是依托于一定的生态系统并利用生态系统的生产力。遵循生态规律，利用生态规律才能实现可持续发展，良好的生态环境是农业产业可持续发展的基础。现代农业必定是生态农业，可持续发展的农业产业集群必定是生态农业产业集群。生态农业产业集群还意味着农业供给适应市场需求变化的调整。生态农业能更好地发挥农业的多种功能、利用农业的多重价值，以满足市场对农业供给更丰富的需求。而供给与需求均衡是资源效率配置的最基本的判断。因此，生态农业产业集群的资源配置效率，是生态农业的资源配置效率加上产业集群的资源配置效率，是一种在生态与经济良性循环中而创造的资源配置效率。当我们将市场需求的变化的归结为居民对品质农产品需求与生态农业旅游服务需求的增加，生态农业产业集群的资源配置效率就表现为这两方面产品供给能力的增强。

生态农业产业集群之所以能够增强品质农产品与生态农业旅游服务供给，以满足人均可支配收入增长后居民消费需求的变化是因为生态农业产业集群既保持了农业产业集群优化资源配置的组织效率，又能使生态农业的多功能性通过农业产业集群的效率得到有效发挥，使农业的多重价值得到更有效地利用，能够实现提高品质农产品供给的同时增强生态农业旅游服务的供给。

二、福建生态农业产业集群发展的资源禀赋

供给能力与生产成本有关，决定生产成本的重要因素之一是生产投入要素的价格，投入要素价格与资源禀赋有关。总体而言，一个产业具有资源禀赋优势，意味着相比较市场竞争对手而言，该产业生产资源要素的成本可以更低，因此具有更高的市场竞争力。生态农业产业集群发展的资源禀赋可包含：自然资源与生态环境的比较优势；农耕历史与文化的传承与积累；资本与劳动力资源等。福建生态农业产业集群发展的资源禀赋优势可概括为：优越的生态环境；丰富的农业资源类型；悠久的农耕文化；独有的闽台农业合作优势（而资本与劳动力资源禀赋没有特别的比较优势，在此研究中不作专门的分析）。

(一) 优越的生态环境

当今，生态环境越来越成为经济增长基础与实力、成为竞争力的重要因素，福建优越的生态环境优势越来越成为福建生态农业产业集群发展的自然资源禀赋优势与竞争力优势。

福建地处中国东南沿海，在北纬 23°33′～28°19′，东经 115°50′～120°43′之间，跨中、南亚热带，具有中亚热带和南亚热带海洋性季风气候特征，年平均气温在 17～22℃之间，水资源较丰富，雨热同季，有利于农作物生长，且全省绝大部分地区作物可全年生长。全省陆地面积 12.4 万平方公里，海域面积 12.51 万平方公里。福建海岸曲折，陆地海岸线长达 3752 公里，海岸线长度居全国第二位，滩涂资源总面积 29.12 万公顷，大小港湾 125 个，其中不少优良港湾是我国与东南亚国家之间的重要商贸口岸。

福建倚山面海，由武夷山组成的闽西大山带环绕北、西、南三面，构成福建省与邻省的陆上界线，同时，其西边和北边的海拔多在 1000 米以上，对西北方向来的冷气流有明显的阻滞作用，也使来自东南的热带气流从西边出境受阻，因

此，受西北绵亘大山带阻隔气流的地形作用以及受东部海域气候影响，福建成为一个相对独立的，具有明显区域特征的自然生态系统。在这个区域生态系统中，既有受太阳辐射、大气环流等地带性因素的影响而形成的南北纬度分布规律，又有受地形、海陆位置等非地带性因素影响而形成东西经度分布特点。福建相对独立的自然生态系统，加上复杂多样的地形地貌，形成了发源于本省境内的河流并基本上在本省入海，即福建具有自成流域独立入海的水系单元。福建整体地势呈现西北高，东南低。在地形从西北向东南倾斜中，土地类型也依次从以山地、平原到水域为主而变化，各区域生态环境差异性形成资源多样性。福建一省境内山海相济，自成上、中、下游流域系统，森林覆盖率为65.95%，长期居全国之首（除台湾地区外）。福建是全国水、大气、生态全优的省份之一，2015年，主要河流水质Ⅰ类~Ⅲ类水质比例为94%，全省68个城市空气质量平均达标天数比例为97.8%。福建优越的生态环境为福建农业发展提供了丰富的自然资源，为现代生态农业产业集群发展创造了自然资源禀赋优势。

（二）丰富的农业资源类型

如上所述，福建自然条件多样，山海兼备，既有闽西北至闽东南的区域生态差异，更有山区与海域的垂直空间生态位差异，这种自然条件赋予福建种类繁多的生物资源与其生长空间，赋予福建农村优美的山林与滨海景观。丰富的农业资源类型为多功能生态农业产业集群发展提供资源基础。

全省地貌以山地、丘陵为主，约占土地总面积89.9%，其中海拔800米以上的山地约占土地总面积的14.8%，500~800米的低山约占土地总面积的31.2%，500米以下的丘陵约占土地总面积的43.5%，河谷平原仅占土地面积10.5%。由武夷山脉、杉岭山脉和仙霞岭山脉组成的闽西北大山带，与由鹫峰山脉中的凹处、博岭山脉、戴云山脉组成的闽中大山带，大体平行斜贯全境。境内山岭耸立，丘陵连绵，河谷和盆地错综其间，加入南亚热带和中亚热带海洋性季风气候与充沛降雨，形成了复杂多样、适应多种生物生长的小气候，造就了福建丰富的物种资源。

全省植物种类有3000种以上，仅在陆地森林生态系统中就有用材树种400多种，药用植物600多种，野生木本淀粉和糖料植物40多种，油料植物30多种；动物类中野生动物有数千种，海洋鱼类750种，甲壳类和头足类如蛤、蛏、泥蚶等有数十种、淡水鱼类160多种，10米等深线内的浅海约有41万公顷，有利于发展海水养殖和近内海捕捞；微生物中真菌类有430种，被利用并大量生产的有蘑菇、香菇、鲜草菇、银耳、黑木耳、茯苓等。在农业生产过程中，人工培育的作物、林木、畜禽、鱼类等种类品种亦多种多样，为发展我省农、林，牧、副、渔多种经营提供了宝贵的财富①。

在丰富的农业资源类型与优越的生态环境基础之上，福建已逐步形成闽西北绿色农业产业、闽东南高优农业产业和沿海蓝色农业产业带，以及嵌于这三大农业产业带中的各类农业产业集群，并且福建的农业产业正朝着生态化方向发展，迎合市场的需求，品质农产品与农业生态旅游产品供给不断增加。据福建省绿色食品发展中心统计，截至 2015 年，福建省累计创建省级以上园艺作物标准园和畜禽养殖标准化示范场 997 个，累计有效使用标志的"三品一标"产品 3416 个。目前，福建省具有一定规模的休闲农业点已达 2200 多家，资产总额达 380 多亿元，年接待游客突破 6000 万人次，年营业额 85 亿元。全省获得全国休闲农业与乡村旅游示范县 8 个、示范点 23 家，获得全国最美休闲乡村 9 个。福建省已形成茶叶、蔬菜、水果、畜禽、水产、林竹、花卉苗木 7 个优势特色迅速发展的产业②。"特色多样，资源丰富"是福建农业的特点，也是其农业自然资源禀赋优势。

（三）悠久的农耕文化

农耕文化是与农业发展有关的文化，是在漫长的农业发展过程中，人类对自然认识、利用、发展自身，同时认识自身、保护自然，协调人与自然关系的所有思想、活动、艺术、制度的积累、记载与传承，农耕文化是农业文化最核心的内容，是村民生产、生活与其生态环境协调的智慧结晶。农耕文化的智慧可具体展现在如下形式之中：不断进步的生产工具；"顺天时，量地利"的栽培技术；吻合地域生态与资源特征的村落建筑；表现差异化的饮食习惯与民俗风情；独特的民间艺术与宗教；各种具有约束力的正式与非正式制度。农耕文化饱含着中华民族五千多年人与自然和谐发展的智慧，而不同区域的人群在不同生态环境中孕育了不同形式，各具特色的农耕文化，使这种人与自然和谐发展的智慧有了更深厚与广泛的内容。就像千奇百怪的大自然，农耕文化的特殊性也是丰富多彩并不可复制的，因为农耕文化不仅会体现出人类协调自身与大自然关系共同智慧，也会体现出"因地制宜"的地域个性与不可复制性。这种区域的差异性使特殊的农耕文化对各区域现代农业更具有利用与发展的价值。

无疑，农耕文化是现代多功能生态农业产业集群发展的特殊资源，它是促进

---

① 资料来源：福建省农业概况，http：//12316. fjagri. gov. cn：8025/general.
② 资料来源：闽农网，http：//www. 8yp. com/niu/.

现代生态文明传承与发展农业文明历史，促进农业三产融合发展，使农业多功能得到有效发挥的重要元素。随着居民人均 GDP 增长与物质生活的满足，内容丰富、形式多样、各具特色的农耕文化，越来越成为身处喧嚣与繁忙之中的现代都市居民回归自然，走近自然的需求。分享、体验与领会这种人与自然和谐发展的智慧，正快速成为生态农业产业集群充分发挥农业多功能性，创新农业服务产出供给的发展实践。

福建山高水长，散落在青山、绿水与碧海之中的农耕文化像自然资源一样绚丽多姿：森林与峻岭、果园与村落、花圃与蜓路、梯田与青山、茶园与樱花、滩涂与海殖、滨海与渔船、古镇与炊烟，这种生活、生产与地域的大自然融为一体的农耕文化，通常会展现到某一独特的景观之中。例如：平和壮观的柚海碧波；游溪风光无限的联合梯田；闽西神秘而璀璨的土楼群；南境仙境般的云水瑶村落；漳平艳丽的茶山樱花；安溪幽雅而深邃茶博物馆；云霄天水交融红树林等。这些不胜枚举的独特景观体现的不仅仅是天人合一艺术之美，更是一种生产方式与生活形态的体现，是农耕文化与天地参合之后而形成鬼斧神工之作，是历经沧海桑田农耕文化的缩影，它们都是体现悠久农耕文化的典型案例，是我省生态农业产业集群发展独有的资源禀赋优势。与此同时，福建"八山一水一分田"的土地资源特征，也使"精耕细作""立体种植与养殖"的农耕文化有深厚的积累，更增强了我省现代多功能农业产业集群发展的良好基础。

（四）独有的闽台农业合作优势

闽台农业合作是福建农业独有的优势。台湾民众 80% 祖籍福建。闽台交流的历史源远流长，据研究记载，福建早期人类通过台湾海峡海底陆桥向东迁移，将古文明带进台湾。汉、唐时期，福建与台湾之间有了更多的往来。宋、元时期，随着台湾在行政上归属福建管辖，经济交往更趋频繁。明、清两朝，福建不断向台湾移民，郑成功收复台湾与康熙统一台湾，均进一步加强了海峡两岸的经济往来与闽台农业的交流。

闽台一水相连，民众有着相同的传统习俗与文化背景，闽台纬度相同，农业自然生态环境相似，农业品种相互适应性强，这种特殊的"天时、地利、人和"条件，使改革开放后的闽台农业合作始终走在全国的前列。

闽台农业发展阶段差异性，以及由此形成的生产要素配置效率的差异性，为闽台农业合作，实现资源要素整合与优化配置提供了可能性与必要性。台湾农业早在 20 世纪 60 年代就已进入世界先进行列，此后，工业化与城市化进程的加速，台湾农业进一步发展面临着土地与劳动力成本不断上升的压力。而改革开放后的福建农业发展正需要台湾的技术与资本引入，较之台湾，福建的土地与劳动力资源相对丰富与价廉，因此，这种由于发展阶段差异而形成的闽台农业生产要素禀赋与配置效率的差异，使闽台农业合作在取得双赢中不断发展。改革开放后的福建农业发展进程始终是与闽台农业合作的发展进程联系在一起的。闽台农业合作发展至今，台湾农业良种、栽培技术、管理方式、经营理念等，已根植于福建农业之中，同时福建也成为台胞农业发展的重要园区，如今已很难找到没有受台湾农业影响的福建农业，闽台农业合作发展已成为福建农业发展中最具特色的部分。据统计，截至 2017 年底，福建省累计批办台资农业项目 2636 个，合同利用台资 38.3 亿美元，实际到资 21.8 亿美元，福建省农业利用台资的数量和规模一直处于大陆各省市第一位。2017 年福建省新批农业台资项目 42 个，合同利用台资 1.2 亿美元，实际到资 8500 万美元，闽台农产品贸易总额达到 18.8 亿美元，同比增长 8.8%，呈现出稳定增长态势①。

　　随着改革开放后福建人均 GDP 的快速增长，当前闽台农业合作进入一个新阶段——发展生态农业产业集群，提供品质农产品与农业休闲旅游服务产品，正成为新阶段闽台农业合作的重要内容与模式。台湾重视品质农产品与休闲农业服务产品供给始于 20 世纪 70 年代，快速发展于 90 年代，至 21 世纪已相当成熟，休闲农业已成为台湾农业中最重要的部分，在整个农业产值中占据越来越大的份额。据统计，台湾目前已有 8000 多家休闲农业产业园，积累了丰富的发展经验。而福建近年农业休闲旅游正迅速发展，资源丰富，基础设施好，市场需求旺盛，因此，闽台农业这种资源禀赋的互补，为新阶段闽台农业在更高发展层次上的合作创造了条件。目前这种合作已逐渐体现在福建生态农业产业集群的发展方向之中，体现了现代农业组织方式与农业多功能性和市场需求多样性的相适应，体现了现代农业满足市场需求的供给创新。无疑，闽台农业合作的基础与目前的发展趋势是福建生态农业产业集群发展的独特资源优势。

　　优美的生态环境、丰富的农业资源类型、悠久的农耕文化、独有的闽台农业合作优势，是福建生态农业产业集群发展的资源禀赋优势。这种资源禀赋优势具有可持续性、满足现代农业供给多功能性、资源投入边际产出递增可能性等特征。然而与任何市场竞争产业一样，现代农业产业要降低成本提升竞争力，除了资源禀赋优势外，更重要的还在于资源的配置效率，尤其是如何发挥农业资源利用的多功能性来提高资源配置效率具有极大的潜力。无疑，生态农业产业集群就是提高现代农业资源配置效率的一种有效发展模式。

---

　　① 资料来源：福建省农业厅。

三、福建生态农业产业集群供给能力分析

福建生态农业产业集群的供给能力表现在以下方面。

（一）良好的基础与发展目标

随着经济发展进程，实践中福建农业产业集群已有很好的发展基础，并且为适应市场的需求，正朝着生态农业产业集群的方向快速发展，福建具有独特优势的优美生态环境、特色丰富的物种资源、悠久的农耕文化、改革开放后闽台农业合作的基础以及政策的鼓励与支持，为福建农业发展模式转向生态农业产业集群提供了良好基础。

福建农业产业集群形成是与福建农业生态系统的自然资源特色密切联系在一起，福建农业发展至今形成了四大主导产业（林木产业、畜牧产业、园艺产业、水产品产业），十大特色农产品（畜禽、茶叶、花卉、笋竹、蔬菜、水果、烤烟、中药材、水产、食用菌），形成了与福建自然资源区域分布差异相适应的三大农业产业带，即闽西北绿色农业产业带、闽东南高优农业产业带与沿海蓝色农业产业带。在这三大产业带中成长着与当地资源条件相适应、各具特色的农业产业集群。这些农业产业集群已成为或正在成为区域农业的有效发展方式，创造了或创造着区域经济的支柱产业。福建农业产业集群发展形成于自身自然资源特色与优势之上，具有资源基础与发展潜力。

生态农业产业集群发展模式符合"创新、协调、绿色、开放、共享"发展理念。发展生态农业产业集群是福建省的特色与优势所在，是福建省发展特色现代农业的具体模式，是转变农业发展方式，提高农业产出质量与效益，创新农业供给，提高农业竞争力的有效途径。福建生态农业产业集群发展的基础良好，同时生态农业产业集群也是实现福建现代农业发展目标的有效模式。

我们可进一步从"福建省'十三五'现代农业发展规划"（简称"规划"）目标与实现途径的描述中，看出"规划"目标实现的基础与潜力所在，以及生态农业产业集群这种农业生产与经营方式的制度创新促进"规划"目标实现的重要性。"十三五"规划是在"十二五"规划，以及以往时期发展基础上形成的，它充分表现与概括了福建农业发展的基础、潜力与方向。发展休闲农业、提高农产品质量、保护与改善农业生态环境是"规划"的重点与重要内容。"规划"提出"扶持发展休闲农业；培育发展创意农业；优化休闲农业布局；……提升农产品质量安全水平；构建新型农业经营体系。"这些目标是从不同侧面对福建省现代

农业发展潜力与趋势的描述，我们可以将这些目标归结为创新农业供给，满足市场对现代农业品质农产品与生态农业旅游服务的需求。而"构建新型农业经营体系"部分提到培育农业合作社、家庭农场、龙头企业等新型农业经营主体，发展多种形式适度规模经营、推进多种经营方式共同发展、完善农业产业化经营机制，以及健全农业社会化服务，这些目标都可包含在农业产业集群的农业生产组织方式中。而生态农业不仅意味着农业产业发展环境的保护与可持续发展，更意味着品质农产品的保障与农业多种功能的发挥。因此，"福建十三五现代农业发展规划"的发展目标最终都可以体现在生态农业产业集群品质农产品供给与生态农业旅游服务供给的增加，并且生态农业产业集群将是提高农业产业资源配置效率与创新市场供给最有效的发展模式。

"福建现代农业十三五发展规划"提到"2020年，每年扶持省市县三级农民合作社示范社500家，省级家庭农场示范场1000家，省级重点龙头企业销售收入总额将达3000亿元，培育年产值超50亿元的龙头企业5个。……每年创建省级以上园艺作物标准园和畜禽养殖标准化示范场各100个，五年创建部级水产养殖健康示范场50个。……建立农资监管、农产品质量安全信息可追溯两个平台。……建立食用农产品产地准出与市场准入管理衔接机制。……实现全省主要农产品质量安全总体监测合格率高于全国平均水平、乡镇农产品质量安全流动监测全覆盖、'三品一标'认证位居全国前列这三个目标。"

"规划"拟增长的龙头企业、家庭农场、农业合作社等经营主体正是农业产业集群的构成主体。"规划"拟建设的国家现代农业示范园区、台湾农民创业园区等各类园区通常是产业集群发展的发源地与核心区，这类园区通常会有项目投入，建成好的基础设施，吸引龙头企业资金投入、技术带入、研发机构建立，成为良种培育、技术研发与培训中心，成为农产品加工、物流配送、电子商务中心，由此成为区域产业集群形成的核心区，带动整个区域产业集群发展。"规划"提到的现代农业经营主体、现代农业园区与基地的建设、现代农业产品质量达标数量等具体指标，是对福建生态农业集群近期供给能力更直观、具体的描述。"规划"为我们描述了福建现代农业的发展基础、潜力与趋势以及应有的发展模式。因此，我们不难从福建现代农业发展目标的描述中进一步了解福建生态农业产业集群的供给能力。

（二）一批进入成长期与快速成长期的农业产业集群

福建已具有一批进入成长期与快速成长期、产品已形成品牌，在全国与国际市场具有竞争优势的农业产业集群。这一批农业产业集群已成地方经济的主导产业或支柱产业之一，创造着市场供给能力。

例如，具有"中国茶都"之称，集经济、文化、生态为一体的安溪茶产业集群，该农业产业集群在县级茶园总面积、年茶叶总产量、涉茶总产值、茶叶从业人口这几方面，均名列全国第一，农民人均纯收入的60%来自茶业，2016年青茶产量约占全国的22%，茶叶产值占农业总产值的80.41%；具有"世界柚乡，中国柚都"称号的平和蜜柚产业集群，该农业产业集群在产量、产值、种植面积、市场占有率、出口量等方面在全国各蜜柚种植县中稳居第一位，已成为全国蜜柚技术创新中心、营销集散中心和全国蜜柚产业农资生产供应地，"平和琯溪蜜柚"已成为欧盟10个地理标志保护产品之一、"中国驰名商标""福建省著名商标"，平和蜜柚产值约占到该县农业总产值的55%；具有水产品出口名列全国设区市第一的漳州市水产产业集群，该农业产业集群借助闽台农业合作优势迅速发展，集生产、加工、贸易、物流中心为一体，水产品出口创汇占到福建省的56%；具有全国现代化程度最高、南方规模最大的光泽圣农肉鸡产业集群，该农业产业集群集饲料加工、种鸡饲养、苗鸡孵化、肉鸡饲养、屠宰加工、食品深加工、废弃物循环利用、产品销售为一体，成为吸纳农村剩余劳动力，带动一方经济发展的支柱产业；具有"中国食用菌之都"称号的古田县食用菌产业集群，该农业产业集群食用菌鲜品产量约占全省的三分之一，银耳生产规模处于世界领先，产业集群主体除了龙头企业、专业合作社、农户，还有菌种生产研究机构、相关机械制造、原辅材料供给、物流配送等相关产业，农民收入的70%来自食用菌产业；具有"国家花木之乡"称号的漳州地区花卉产业集群，该农业产业集群突显闽台农业合作优势，集家庭大户种植，花卉生产龙头企业，花卉销售企业，花卉包装企业，花卉运输与物流企业为一体，是海峡花卉集散中心，花卉出口创汇成为地方经济的重要收入；具有国家级现代农业示范基地、海峡两岸农业合作实验区之称的福清现代蔬菜产业集群，该农业产业集群以具有现代化设施的龙头企业与科研机构，在产业链的上游通过专业合作社连接千家万户，在下游以订单或联盟的方式连接商贸超市，同时产品出口日本等东南亚国家及全国各地，该集群已形成种苗培育工厂化、蔬菜生产标准化、生产基地规模化、产品加工专业化、各环节服务社会化的较完善的产业集群结构，福清蔬菜产值占种植业的比重达52%，是福建省主要蔬菜生产基础之一，蔬菜业已成为福清市农业的主导产业。已获得多项品质农产品标志。具有全国毛竹交易市场和毛竹拉丝基地之称的邵武竹产业集群，该产业集群的地域特征是，位于中国南方集体林区重点林业市，是福建省重点林区，林地面积占土地面积80%多，然而，该竹产业集群已带动周边省份与区域的竹产业发展，70%的竹材原料是从周边县市流入。此外还有：具有集牧草种植、奶牛饲养、乳制品加工销售、科研开发于一体，成为福建最重要乳品生产基础的南平乳品产业集群；具有"中国禽苗之乡"称号，带动饲料、种禽、禽花、兽医、编笼、运输等相关产业一同发展的莆田市新度镇禽苗产业集群；具有蛋品生产、加工与出口位居全国之首的福州福清禽蛋产业集群；具有生猪养殖规模位居全国设区市第一的龙岩市生猪产业集群等。

农业产业集群已成为现代农业发展的必然方式，这些产业集群的共同特点是：利用资源禀赋优势，龙头企业带动，延伸纵向产业链条，形成生产、加工、贸易、物流、科技研发一体化；带动相关产业发展，产生集群横向发展的范围经济，在此过程中，产业集群引领着当地村民参与集群生产以及形成了劳动力等生产要素资源的重新配置，农业产业集群组织方式创造了资源配置的效率，使其成为带动一方经济发展的有效发展模式，与此同时，产业集群本身也成长为区域经济主导产业。福建一批成长着与迅速成长着的农业产业集群提高了资源配置效率，增强着福建农业产业的供给能力。

（三）品质农产品供给增加，休闲农业迅速发展

生态农业产业集群，将产业集群的优势与生态农业的优势相结合，进一步提高资源配置效率与供给能力。福建农业产业集群呈现向生态农业产业集群转变的趋势。当前福建生态农业产业集群供给能力增强具体表现还可归结为，品质农产品供给增加与休闲农业迅速发展。

1. 品质农产品供给增加

品质农产品首先要产自良好的生态环境，农业产业集群能够发展的一个重要因素是产品质量的不断提升，而各类现代农业的示范区、创业园等，通常都会成为各地生态农业产业集群发展的基础与核心区，因此，我们可以从福建农业产业集群构成主体的数量增长，各类园区数量的变化，品质农产品获奖、认证数量的增加，农业监测面积的增加等这些间接数据观察来了解福建生态农业产业集群品质农产品生产资源配置效率与供给能力的增强。

据福建省农业厅 2017 年、2018 年政府工作报告以及其他文章中获得的统计数据：福建省现有的省级以上农业龙头企业 771 家，农民合作社 3.2 万家、家庭农场 1.7 万家①；福建省现有国家现代农业示范区 10 个，台湾农民创业园区 6 个，省级以上现代农业产业园 59 个，启动建设 14 个现代农业智慧园②；福建省

---

① 资料来源：《福建省农业厅 2017 年政府工作报告》。
② 资料来源：《福建省农业厅 2018 年政府工作报告》。

共有 386 家企业、645 个产品获得绿色食品认证，获证产品产量 71.55 万吨，产值 96.04 亿元，监测面积 38.10 万亩；共有 15 个县（市）17 个"全国绿色食品原料标准化生产基地"，总面积 166 万多亩①，"三品一标"农产品达 3724 个②。

为了在激烈的市场竞争中取得优势，生态农业产业集群中的龙头企业更需要，也更有能力提高农产品的生产与加工质量。福建能获得绿色食品论证的企业通常都是农业产业集群中的龙头企业。因此，福建近些年绿色食品认证企业及产品数也能从另一个侧面说明福建品质农产品的供给能力。

表 3 - 26 及图 3 - 12 统计数据显示，2011～2018 年福建绿色食品论证企业与产品数在逐渐增加，表明随着福建农业产业集群发展，品质农产品供给能力在增强。福建绿色农产品监测面积的统计指标可以从又一个侧面说明福建品质农产品的供给能力。表 3 - 27 显示，福建近三年果园和茶园的监测面积有较明显的增加。

表 3 - 26　　　　　　　2011～2018 年福建省绿色食品认证企业数及产品数

项目	2011 年	2012 年	2013 年	2014 年	2015 年	2016 年	2017 年	2018 年
福建绿色食品认证企业数（单位：家，三年有效）	237	268	282	347	377	329	378	378
福建绿色食品认证产品数（单位：个，三年有效）	474	525	502	593	657	553	662	662

资料来源：2011～2018 年《中国绿色食品统计公报》。

表 3 - 27　　　　　　　2013～2015 年福建省绿色农产品监测面积统计表

项目	年份	粮食作物	增长率(%)	油料作物	增长率(%)	蔬菜瓜果	增长率(%)	其他农作物	增长率(%)	果园	增长率(%)	茶园	增长率(%)	水产养殖	增长率(%)
监测面积（万亩）	2013	17.10	—	4.70	—	10.10	—	4.50	—	36.90	—	49.50	—	3.20	—
	2014	17.50	2.34	4.70	0.00	11.50	13.86	4.50	0.00	38.10	3.25	49.90	0.81	3.20	0.00
	2015	17.00	-2.86	4.70	0.00	2.10	-81.74	0.00	-100.00	54.00	41.73	53.00	6.21	3.20	0.00

---

① 资料来源：福建日报 2018 年 5 月 2 日讯，http：//www.fj.xinhuanet.com/shidian/2018 - 05/02/c_1122769295.html.

② 资料来源：《福建省农业厅 2018 年政府工作报告》。

续表

项目	年份	粮食作物	增长率（%）	油料作物	增长率（%）	蔬菜瓜果	增长率（%）	其他农作物	增长率（%）	果园	增长率（%）	茶园	增长率（%）	水产养殖	增长率（%）
播种面积（万公顷）	2013	120.21	—	11.52	—	74.25	—	12.52	—	53.92	—	20.57	—	25.33	—
	2014	119.78	-0.36	11.71	1.65	76.13	2.53	12.54	0.16	54.19	0.50	21.63	5.15	26.19	3.41
	2015	119.32	-0.38	11.90	1.62	79.38	4.27	12.56	0.16	54.57	0.70	25.01	15.63	26.79	2.32
监测面积占播种面积比（%）	2013	0.95	—	2.72	—	0.91	—	2.40	—	4.56	—	16.04	—	0.84	—
	2014	0.97	2.71	2.68	-1.62	1.01	11.05	2.39	-0.16	4.69	2.74	15.38	-4.13	0.81	-3.30
	2015	0.95	-2.49	2.63	-1.60	0.18	-82.49	0.00	-100.00	6.60	40.75	14.13	-8.14	0.80	-2.26

资料来源：《中国绿色食品统计公报》《福建统计年鉴》，自 2016 年起中国绿色食品中心未提供分地区监测数据。

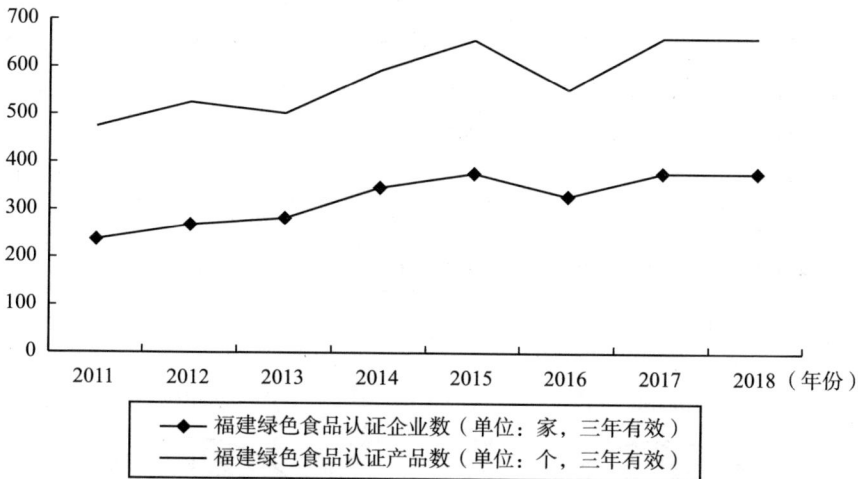

图 3-12　2011~2018 年福建省绿色食品认证企业数及产品数变化趋势图

农产品供给品质的提升，不仅意味着单个产品质量的提升，还意味着农产品供给构成的改善，以适应人均可支配收入提高后居民对食物结构质量的改善的需求，因此，我们还可以从农业生产结构优化的视角进一步分析，生态农业产业集群促进福建品质农产品供给增加的资源配置效率。

我们分别从大农业面积配置与产值结构，分析 2000~2018 年福建农业产业结构的变化及优化程度。

从表 3-28 可看出：福建农业总面积总体上呈下降趋势，这与经济发展进程中必定要使部分农地非农化的土地资源配置经济规律相适应；较之 2000 年，2018 年农业总面积呈下降趋势；从表 3 – 28 和图 3 – 13 可看出，随着农业的发展，福建农业面积配置结构逐渐优化，表现为：农作物种植面积总体上呈减少趋势，2000 年至 2018 年下降了 1216 千公顷；水产养殖面积呈增长趋势，2018 年比 2000 年增加了 26.9 千公顷；茶园面积 2018 年较之 2000 年增加了 81.69 公顷。这种变化体现了在居民农产品消费结构中对相对优质的水产品的需求增加了，而茶产业是福建具有优势与特色的传统产业，各区域茶产业集群的发展促进了福建特色、优势农业产业的发展。

表 3 – 28 福建主要年份农业面积结构统计表 单位：千公顷

年份	总面积	农作物播种面积/占总面积	水产养殖面积/占总面积	果园面积/占总面积	茶园面积/占总面积
2000	3703	2793.25/75%	221.50/6%	559.06/15%	129.21/4%
2005	3440	2481.27/72%	253.20/7%	550.67/16%	155.23/5%
2010	3240	2270.75/70%	231.50/7%	536.15/17%	201.20/6%
2015	3395	2331.32/69%	267.90/8%	545.67/16%	250.10/7%
2016	2619	1548.8/59%	277.1/11%	541.7/21%	251.3/10%
2017	2309	1549.2/67%	241.9/10%	310.4/13%	207.1/9%
2018	2368	1577.3/67%	248.4/10%	331.8/14%	210.9/9%

资料来源：《中国农业统计年鉴》。

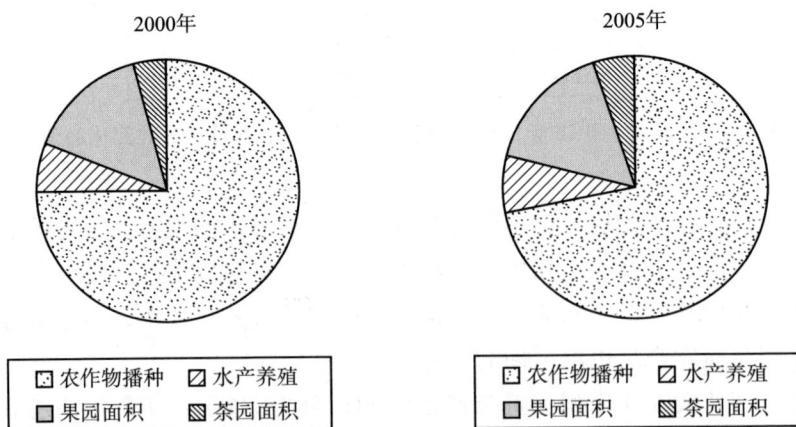

2000年　　　　　　　　　　2005年

农作物播种　水产养殖
果园面积　茶园面积

2010年

2015年

农作物播种　水产养殖
果园面积　茶园面积

农作物播种　水产养殖
果园面积　茶园面积

2016年

2018年

农作物播种　水产养殖
果园面积　茶园面积

农作物播种　水产养殖
果园面积　茶园面积

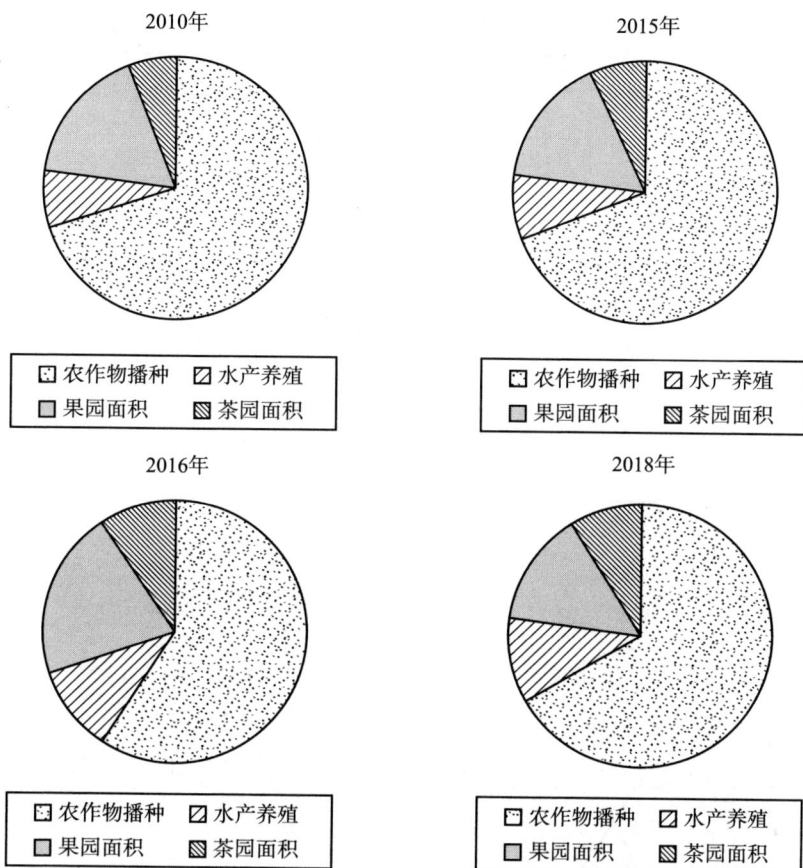

图3-13　福建主要年份农业面积配置结构图

表3-29显示了2000年后福建农业产值效率的统计数据特征：2000~2018年，福建农业总产值及农林牧渔各业产值整体呈现增长趋势；19年间，农业总产值以年平均7.40%的速度在增长，其中，农业年均增长率为7.28%，林业年均增长率为8.52%，牧业年均增长率为6.74%，渔业年均增长率7.63%；年均产值增长速度的排序为农、林、渔、牧（见图3-14），这意味着实践中福建农业产业集群的发展既是农业产业发展的产物，也加速了农业产业的发展，其中，闽台农业合作中台湾优良品种、栽培技术、经营与管理经验对福建种植业与水产养殖业发展的贡献十分显著，林业产值间接反映了福建森林高覆盖率的优越生态环境，牧业产值的波动与污染排放的限制有一定的关系，也说明福建发展生态农业的潜力还很大。

表 3 - 29　　　　　　　　　福建主要年份农业产值结构统计表　　　　　单位：亿元

年份	总产值	农业（种植业）/占总产值	林业/占总产值	牧业/占总产值	渔业/占总产值
2000	1037	420.98/41%	82.29/8%	208.18/20%	325.82/31%
2005	1382	571.01/41%	96.92/7%	276.48/20%	434.37/32%
2010	2221	976.60/44%	189.40/9%	380.30/17%	674.20/30%
2015	3586	1618.59/45%	314.28/9%	571.27/16%	1082.31/30%
2016	4014	1782.01/44%	315.14/8%	681.68/17%	1235.48/31%
2017	3812.4	1532.1/40%	327.7/9%	750.5/20%	1202.1/32%
2018	4024.6	1599/40%	389/10%	718.4/18%	1318.2/33%
年均增长率（%）	7.40	7.28	8.52	6.74	7.63

资料来源：《中国农业统计年鉴》。

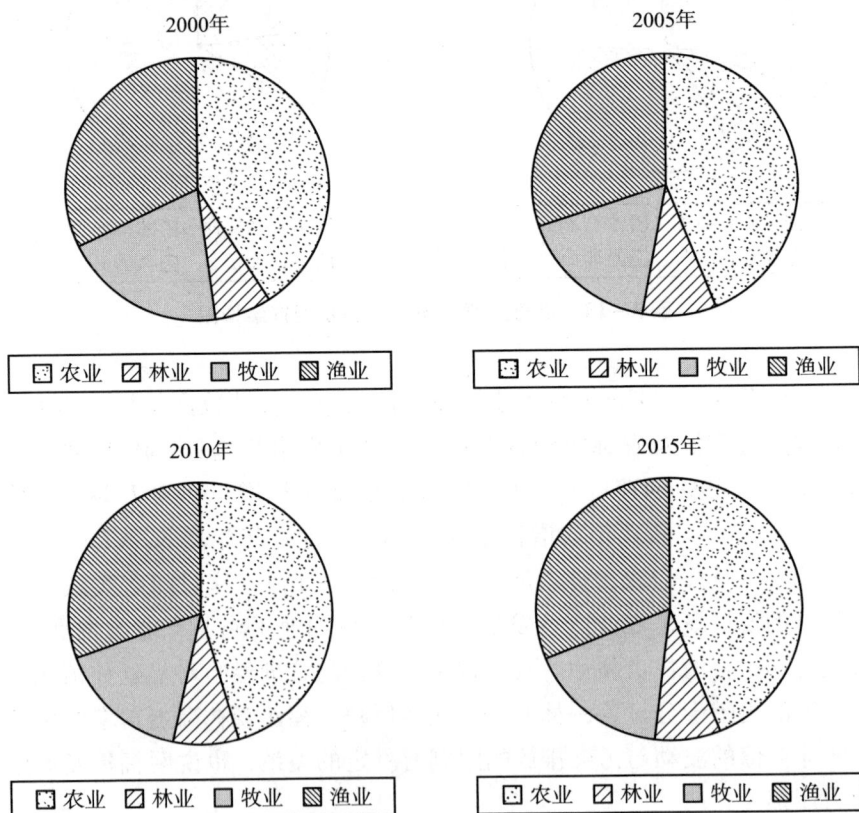

2000年

农业　林业　牧业　渔业

2005年

农业　林业　牧业　渔业

2010年

农业　林业　牧业　渔业

2015年

农业　林业　牧业　渔业

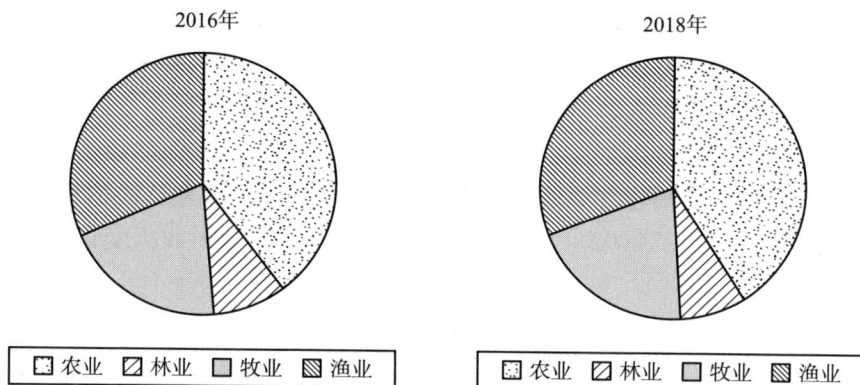

图 3-14　福建主要年份农业产值结构图

　　较之表 3-28 和表 3-29，可看出，福建农业总面积在下降，但农业总产值在增加，这里面既有生产效率、产品质量提升的贡献，也有结构优化的贡献。

2. 休闲农业迅速发展

　　福建生态农业产业集群的资源配置效率与供给能力不仅体现在上述的农业结构优化和品质农产品供给增长，还显著地体现在近年来迅速发展的休闲农业以及休闲农业发展的基础与空间。

　　统计数据显示，截至 2016 年底，福建省具有一定规模的休闲农业经营主体达 2900 多家，比上年增加 11.5%，全年接待游客近 8200 万人次，同比增长 17.1%，营业收入达 120 亿元，同比增长 16.5%，农民直接就业达 13.5 万人、同比增长 12.5%。全省建设了一批规划科学、管理规范、功能较完善的休闲农业点，培育了一批整体实力较强、具有一定知名度、服务优良的休闲农业企业。全省获得全国休闲农业与乡村旅游示范县 10 个，居全国前列；获得全国最美休闲乡村 22 个；获得全球重要农业文化遗产 1 个、中国重要农业文化遗产 3 个。休闲农业已成为福建生态农业产业集群的重要产出，已成为农民增收、乡村振兴的新兴支柱产业[①]。以省会城市福州市为例，据不完全统计，截至 2017 年，福州市已建成各种休闲农场 187 家，其中国家级 5 家，省级 37 家。农家乐 383 家，总投资规模近 200 亿元，带动就业 1.2 万多人，年接待游客量近 1000 万人次，年营业收入 20 亿元左右。初步形成"依山、畔水、沿江、滨海"四大都市休闲农

---

① 资料来源：http：//www. fjagri. gov. cn/ztzl/jyta/201801/t20180112_1012881. html.

业聚集带①。当前，福建休闲农业发展正在以休闲农业产业联盟方式，促进福建休闲农业产业集群的发展。

虽然休闲农业成为旅游服务的一个越来越重要的部分，但它依然会依托于整个旅游服务的规模效益之中，即，生态农业旅游通常会与其他的旅游相辅相成，因此，我们也可以从福建省总体旅游供给情况，推断生态农业旅游的供给能力与趋势。表 3-30 显示了 2002~2018 年间福建旅游人数及旅游收入变化特征。

表 3-30　　　　2002~2018 年间福建旅游人数与旅游收入统计表

年份	入境旅游人数（人次）	国际旅游外汇收入（万美元）	国内旅游人数（万人次）	国内旅游收入（亿元）
2002	1848214	110022	3931	333
2003	1497164	91487	3711	311
2004	1728997	106507	4643	463
2005	1973894	130529	5684	578
2006	2298960	147100	6779	694
2007	2687453	216918	8041	838
2008	2931908	239353	8690	875
2009	3120348	259900	9851	981
2010	3681353	297824	11957	1202
2011	4274232	363444	14230	1444
2012	4936738	422567	16660	1702
2013	5121304	457338	19542	2003
2014	5449833	491179	22888	2406
2015	5914501	556140	26129	2798
2016	6807912	662569	30864	3495
2017	7754066	758803	37534	4571
2018	9012403	909162	45139	6033
年均增长率（%）	10.41	14.11	16.48	19.85

资料来源：《福建统计年鉴》。

---

① 资料来源：福建省农业信息网，http://www.fjagri.gov.cn/xxgk/gzdt/qsnyxxlb/fz/201801/t20180129_1158834.html.

　　表3－30显示，2002～2018年间，福建接待国内外游客人数和旅游收入均保持10%以上的增长速度。其中，接待的国内游客的旅游收入年均增长率19.85%，接待人次年均增长率为16.48%；接待的境外游客的旅游收入年均增长率为14.11%，接待人次年均增长率为10.41%，可见旅游消费服务的需求增长迅速，相比较而言，国内居民消费旅游服务需求的增长速度更快，表明随着人均可支配收入的增长，我国旅游服务消费需求市场很大，反过来也说明了发展旅游服务的供给的空间很大。

　　旅游按目的分为休闲观光度假、探亲访友、公务、经商、会议、医疗、宗教朝拜、文化科技交流和其他等九种方式。在这九种旅游方式中，统计指标特征上与生态农业旅游关系更密切的应属休闲观光度假旅游，因此我们以此统计数据进一步分析福建生态农业旅游的供给能力。数据是通过将《福建统计年鉴》中该类旅游方式的旅游人数除以国内的旅游人数，再乘以国内旅游收入，这种间接方式而获得，形成以下的统计分析图。

　　图3－15显示，近年来福建国内休闲观光度假旅游收入呈现快速上涨趋势，从2002年的137亿元上升到2018年的4814亿元，年均增长率24.90%，无疑这其中有一份生态农业旅游的贡献，进一步表明福建生态农业旅游服务的供给能力在增强。

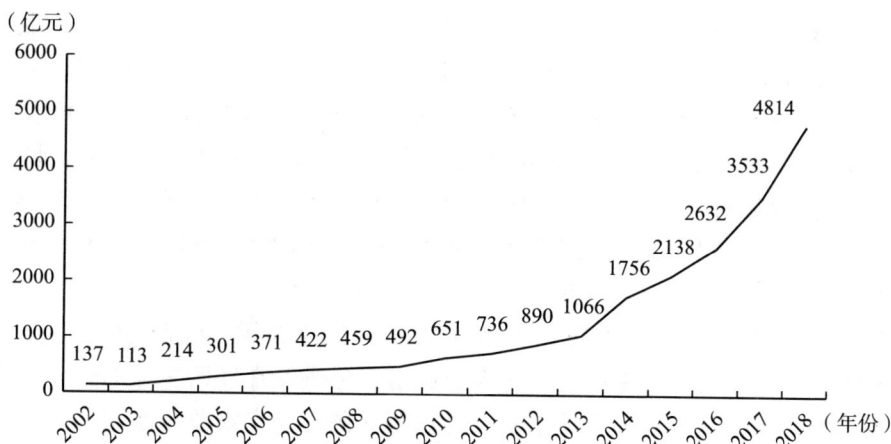

图3－15　2002～2018年福建国内休闲观光度假旅游的收入

资料来源：《福建统计年鉴》。

　　生态农业旅游服务的供给依托于优美的生态环境与农业生产活动形成的独特景观，以及生态农业产业所坐落的乡村之农耕与生活文化的积淀。目前福建生态农业旅游服务的主要产品可归类为农家乐和休闲观光农庄。表 3 - 31 能反映福建省近年生态农业旅游服务产品供给的大致情况。

表 3 - 31　　　　2013 ~ 2015 年福建生态农业旅游服务产品供给情况统计表

类别		2013 年	2014 年	2015 年	2015 年比 2013 年相比的增长率（%）
经营主体个数（个）	合计	1013	2077	2601	156. 76
	农家乐	676	1197	1499	121. 75
	休闲观光农庄	337	880	1102	227. 00
从业人数（人）	合计	32908	63637	82172	149. 70
	农家乐	15391	24596	22985	49. 34
	休闲观光农庄	17517	39041	59187	237. 88
营业收入（亿元）	合计	16. 32	84. 57	68. 39	319. 06
	农家乐	3. 94	15. 12	17. 64	347. 72
	休闲观光农庄	12. 38	69. 45	50. 75	309. 94

资料来源：福建省农业厅。

表 3 - 31 显示：2013 ~ 2015 年，福建农家乐和休闲观光农庄经营主体的数量从 1013 增加到 2601，比 2013 年增长了 156.76%，其中，农家乐经营主体数量从 676 增加到 1499，增长了 121.75%，休闲观光农庄主体数量从 337 增加 1102，增长了 227%；福建农家乐与休闲观光农庄从业人数从 32908 人增加到 82172 人，增长了 149.70%，其中，农家乐从业人员从 15391 人增加到 22985 人，增长了 49.34%，休闲观光农庄从业人数从 17517 增加到 59187 人，增长了 237.88%；福建农家乐与休闲观光农庄的经营收入从 16.32 亿元增加到 68.39 亿元，增长了 319.06%，其中农家乐经营收入从 3.94 亿元增加到 17.64 亿元，增长了 347.72%，休闲观光农庄经营收入从 12.38 亿元增加到 50.75 亿元，增长了 309.94%。可见，近三年来福建生态农业旅游服务供给在经营主体的数量、劳动力的吸纳与经营收入都有显著的增长，这表明居民对生态农业旅游服务的需求日益增长，同时也说明，与这种快速增长的市场需求相适应的福建生态农业旅游服务供给的空间与潜力很大。

（四）闽台农业合作政策创新提高福建农业产业供给能力

政策虽然不是生产要素，但它会影响产业发展中人们对生产要素配置方式的行为选择，从而形成不同的配置效率，最终产生不同的供给能力。因此，政策对产业的发展有着极其重要的影响。闽台农业合作是福建独有的优势，更是政策创新的结果。改革开放后，伴随着，海峡两岸农业合作试验区、台湾农民创业园，等先行先试政策创新，闽台农业合作不断发展，至今，台湾资本、技术、优良品种、管理与营销方式等，已对福建农业产生广泛而深刻的影响。福建生态农业产业集群的供给能力，离不开闽台农业资源整合与优化配置的成效，闽台农业合作对福建农业的发展，对福建农业产业集群的发展，对福建生态农业产业集群的发展，都是功不可没的。政策创新对福建农业供给能力的影响是显著的，闽台农业合作对福建现代农业发展起到了很好的推动作用。

改革开放后，中断30多年的闽台农业交流开始复苏，随着民间交流的增多，台湾一些农民企业家，带着资金、技术、人力资本到福建创业，并取得了成效。随着闽台农业合作实践的发展，1997年福建设立了全国首批海峡两岸农业合作试验区，2005年，国家政策又将海峡两岸农业合作试验区从原先的漳州与福州两地扩大到福建全省。在此基础上，2006年，福建又创立了全国首批国家级台湾农民创业园——漳浦台湾农民创业园。"台湾农民创业园"的政策创新，促进了两岸农业资源整合，有力推动了两岸农业发展。"台湾农民创业园"创新于福建，并逐步推向全国。目前全国有29个国家级台湾农民创业园。福建省就拥有6个（漳浦台湾农民创业园、漳平永福台湾农民创业园、莆田仙游台湾农民创业园、三明清流台湾农民创业园、泉州惠安台湾农民创业园、福清台湾农民创业园），居全国之首。2011年，福建又率先在全国开展学习台湾农业合作经济组织的试点。这些政策创新的成效是显而易见的。在政策的推动下，这些试验区与创业园区都盛开了成功的、各具特色的现代农业发展模式。

漳浦台湾农民创业园区建有"海峡园博园""海峡花卉集散中心""科技服务中心""兰花大世界""国际兰展中心""植物进出口检验检疫中心""农业硅谷""水土保持科教园""三古休闲驿站""闽南生态文化走廊""海峡两岸新型农民交流培训基地""天福茶世界""全省县级最大鱼虾贝苗育种集散中心""蜜原生态农场"。这个园区集企业、农户、科技研发、教育培训、产品集散、生态文化、观光休闲于一体，对当地农业产业的发展起到了巨大的示范与带动作用，已形成生态农业产业集群的发展模式，区域农业GDP增长，农民也因此收入增长。例如，漳浦台湾农民创业园成为漳州蝴蝶兰产业集群的核心区，产品销往国内外市场；全国最大的茶叶生产企业"天福集团"建有世界上最大的茶博物院，建有以茶文化为核心，集旅游、休闲、度假、为一体的国家级景点，是全国首批农业旅游示范点。天福茶企业，带动一方茶产业发展，带动一方生态农业旅游发展。

2008年漳平市永福镇成为福建省第二个国家级台湾农民创业园。永福镇位于高山盆地，境内峰峦叠嶂，溪流密布，云雾缥缈。两岸农业合作政策的创新，使其成为台商个体在大陆投资最密集的乡镇。这里已发展成全国最大的高山乌龙茶生产基地，被称为大陆的阿里山；海峡两岸最大的杜鹃花生产基地，获得"中国杜鹃花之乡"称号；福建最具规模反季节蔬菜基地，成为全国农产品加工示范基地。在这里，有全国规模最大的"中国最美樱花圣地"——秀美乡村田园环绕碧波起伏的茶园、翠绿映衬着艳灿的樱花，摇曳在流动的云雾中，宛如人间仙境，美醉了人。这里是"国家环境优美乡镇""国家级生态乡镇""全国休闲农业与乡村旅游示范点"。如今，生态农业旅游已成为永福镇的重要产业。

三明清流台湾农民创业园是福建省第三个国家级台湾农民创业园。园区依托全国唯一的对台林业合作实验区——海峡两岸（三明）现代林业合作实验区，充分发挥清流县林业资源优势和现有对台合作的基础，重点发展珍稀林木产业、冷泉养殖产业、生态休闲产业、林产加工产业，以示范和带动全县主导产业发展。目前，园区的果茶、花卉、林业苗木、冷泉养殖、生态休闲等产业已形成规模，成为区域经济增长与农民增收的主导产业。

莆田仙游台湾农民创业园2009年成为国家级的台创园，已发展成全国最大的台湾甜柿基地、全国最大的嘉宝果等台湾苗木基地，创办了大陆首个海峡两岸大学生创业园、福建首个台湾村。

泉州惠安台湾农民创业园设立于2011年6月，是全国唯一一家以海水养殖为特色发展产业的国家级台湾农民创业园。园区规划有6大功能区，即海水良种引进繁育中心、陆基海水工厂化养殖区、滩涂养殖区、底播养殖区、浅海养殖区、休闲观光区。实际园区建设规划涵盖惠安县全境，重点发展名优水产果蔬产业、观光休闲农业产业、农产品精深加工业、贸易物流业等四大主导产业。目前，园区建设在快速发展，已形成种植业、海洋渔业、休闲农业、农产品加工业、装备制造业等多产业协同的集群化发展模式。

福清台湾农民创业园建立于2005年7月，为福建省级台湾农民创业园，2011年6月升格为国家级台湾农民创业园。围绕水产、畜牧、水果、蔬菜、花卉等优势产业，园区设置了：高效优质蔬菜示范区、特色名优果树引进合作区、畜禽标准化养殖示范区、标准化水产养殖示范区、农产品加工示范区、花卉苗木技术引进示范区、中草药GAP标准化示范区、休闲农业合作示范区和科技引进研发管理中心。目前，园区重点发展"果树种植区""大棚蔬菜区""农产品加工区""休闲观光区"和"闽台农业研发中心"，已形成集种植、养殖、加工、休闲观光，研发培训为一体的农业产业集群发展模式。闽台农业合作发展的实践充分佐证政策促进资源优化配置，提升福建农业供给能力的效率。

闽台农业合作已成为福建农业发展不可或缺的部分，是福建农业发展最具特色的部分，闽台农业合作政策创新推进了福建农业发展，推进了福建生态农业产业集群发展，推进了福建农业供给能力的提升。

当前，发展休闲农业已成为闽台农业合作新阶段的特征，已成为福建现代农业发展的新趋势，它预示着现代农业是一种建立在良好生态基础之上的多功能农业，生态农业产业集群是其有效的发展模式，福建良好的生态资源优势将成为福建生态农业产业集群发展、创新供给能力的基础。

此外，除了闽台农业合作政策创新之外，国家还有一系列的政策在鼓励着福建农业发展。福建是"21世纪海上丝绸之路"核心区、是中国（福建）自由贸易试验区、是中国福建海峡蓝色经济试验区、是国家现代农业示范区、福建还有自己的建设生态省战略目标等。无疑，这些政策优势，将成为福建生态农业产业集群发展的优势。

综上所述，生态农业产业集群是现代农业发展的必然趋势。优越的生态环境，丰富的农业资源类型，悠久的农耕文化，闽台农业合作基础是福建生态农业产业集群发展的资源禀赋优势。资源禀赋关系到产出所需要的投入要素的市场价格，是决定供给能力的重要方面。然而，在现代农业发展中，投入要素的配置方式对资源配置效率，从而供给能力的影响的重要性往往更甚于投入要素价格本身，有效的资源配置方式才能使资源禀赋优势得以发挥。资源投入要素的配置方式与技术与制度创新有关。农业产业集群的发展方式有利于技术与制度创新，而且农业产业集群发展模式本身就是一种制度创新，表面上，它是农业生产与经营组织方式的创新，而本质上，它是由于在这种组织方式中，产业链上的各主体（纵向、横向的），以更有效的契约方式形成了有效的分工与合作，从而大大提高了生产效率。因此，从这个层面上看，农业产业集群发展模式是一种制度创新。较之与农业产业集群，生态农业产业集群由于更注重农业产业发展的生态规律，利用农业生态系统自身生产力，发挥农业的多功能性，因此，能在消耗同样自然资源，甚至更少自然资源情况下，创造更多的价值。

福建生态农业产业集群的供给能力表现在，随着市场需求的变化，近十多年福建品质农产品的供给在增加，休闲农业得到迅速发展，各区域与其资源特征、农耕文化相适应的各具特色的农业产业集群快速成长，并表现出向生态农业产业集群发展的趋势。闽台农业合作是福建农业的特色与优势，闽台农业合作政策创新不仅给福建农业带进台湾农业的资本和技术，也带进了台湾农业先进的经营理念。闽台农业合作推进了福建农业发展，推进了福建农业产业集群的发展，并呈现出新阶段闽台农业合作向生态农业产业集群发展的趋势。"福建现代农业十三五发展规划"清晰地描述了福建农业向生态农业产业集群发展之基础、目标与潜力。努力提高农产品质量，加快发展休闲农业，创新农业经营体系是"规划"的核心内容与发展目标，也是福建现代农业供给能力与潜力体现，可概括为：特色生态农业产业集群将成为福建现代农业发展模式，并因此提高农业资源配置效率，增加品质农产品与生态农业旅游服务的供给。

四、福建生态农业产业集群潜在供给能力预测

上述我们从福建生态农业产业集群发展的资源禀赋、福建生态农业产业集群发展资源配置效率、福建生态农业产业集群现有发展基础、闽台农业合作政策创新促进福建生态农业产业集群发展、提高农业产业供给能力等方面，分析了福建生态农业产业集群供给能力的基础，供给能力的现状，供给能力的特色。这是对福建生态农业产业集群供给能力形成机理的理论分析与供给能力现有基础的描述，以及供给能力发展趋势预期。而福建生态农业产业潜在供给能力的预测则是依据现有的基础、发展状况与发展趋势，借助一定的数理模型，将生态农业产业集群供给能力用具体的统计数据来描述，即通过将相关统计变量间的关系归纳于所建立某一数学模型中，用已知的现有统计数据测算未来的统计变量，以此对未来一定时期的供给能力作一个描述。

为了对生态农业产业集群的供给能力有一个正确的评价，首先对现阶段生态农业产业集群供给的内容有一个界定。正如我们上述研究所讨论的，随着居民人均可支配收入的增长，在现代农业产出中人们对传统农产品产出的需求会减少，而对品质农产品与农业生态旅游服务的需求会增加。这种市场需求的变化，会引导农业产出结构的变化。如上所述，为便于理论分析以及依据现阶段发展的实际情况，我们将农业的总产出归结为两大类型，即品质农产品与生态产出，并依据现阶段发展的实际情况（就当前发展阶段，农业的生态产出最为典型、可进行经济计量的是生态农业旅游服务的产出，其他的生态产出的贡献及计量还基本上处于人们的认识与理论研究之中），用生态农业旅游服务代表生态产出，品质农产品则包含符合"三品一标"的农产品（我们假定，以生态农业产业集群方式生产出的农产品都属于品质农产品，这和我们所调查到的实践情况基本一致）。以这两种类型的农业产出的加总作为生态农业产业集群总产出（或总供给能力）的计算依据。因此，对生态农业产业集群供给能力的预测就建立在对生态农业产业

集群这两种类型产出之间的关联与区别的正确认识基础之上，分别预测生态农业产业集群中这两种类型的产出，最后以两种类型产出的加总值，论证福建生态农业产业集群供给能力。我们的预测方法研究思路如下：

（一）生态农业产业集群总产出贡献评价与计算方法

现代农业必定是多功能的农业，意味着除了传统农业的农产品产出外，现代农业还会有其他的产出功能，例如观光休闲农业。如上文所述，依据市场的需求，我们可将生态农业的产出归结为品质农产品产出与生态农业旅游服务产出这两大类型。关于品质农产品产出：首先，我们假定以生态农业产业集群生产方式产出的农产品都应该是符合健康营养要求的品质农产品；其次，受恩格尔定律的支配，未来农产品消费数量的增长在人均可支配收入支出中的比例会越来越小，因此，品质农产品作为生态农业产业集群产出中的重要部分，它的份额增长不会太快，但对农产品的多样性、便利性等方面的需求会增加，因此品质农产品也表现在生态农业产业集群农产品加工程度的提高，即在生态农业产业集群的品质农产品产出中，初级农产品的数量会减少，而加工农产品的数量会增加。关于生态农业旅游服务产出，它有几个特征：其一，它与品质农产品的产出在自然资源利用与市场竞争上不存在非此即彼，而是相辅相成；其二，同样受恩格尔定律支配，生态农业旅游服务的需求会随着人均可支配收入增长而增加，意味着随着人均可支配收入的增加，由于市场需求的制约，生态农业旅游服务产品供给的增长空间比品质农产品供给的增长空间要大得多；其三，生态农业旅游服务的产出是依托于良好的生态环境、优美的农业景观、特色的乡村文化、传统的农耕文明，以及创意农业等资源利用之上，生态农业旅游服务产出不仅不会与品质农产品的产出在资源利用上存在竞争，而且生态农业旅游服务产出的部分资源基础是不会耗竭、可以持续利用的。例如，由于发挥了农业的多功能性，在没有增加自然资源消耗的情况下，能增加生态农业旅游服务的产出。还有，作为文化遗产的农耕文明与乡村文化等资源也不会由于生态农业旅游服务产出而被耗竭。无疑，对现代生态农业产业集群供给能力评价与测算应同时包含这两种类型的产出。也就是说，对当今及未来农业供给能力的评价除了传统的农产品产出能力外，还应该包括对日益增长的生态农业旅游服务贡献的计算。

对于生态农业产业集群品质农产品产出效率的评价与测算，经济学已有较成熟的理论模型，例如，柯布—道格拉斯（Cobb - Douglos）生产函数模型、自回归移动平均模型（ARIMA）等。对于生态农业旅游服务产出的测算，基于农业旅游服务产出的资源基础与利用特征（作为生态农业旅游服务产出资源基础的生态环境、农业景观、乡村文化、农耕文明等资源不会因为生态农业旅游服务产出的利用而被消耗掉，也不会与品质农产品生产对自然资源的利用形成竞争），以及其资源投入的效率特征（当资本与劳动作为获取生态农业旅游服务产出的投入要素时，它们的回报率通常要比投入农产品生产的回报率高），可认为生态农业旅游服务的供给能力不会由于资源的约束而受到限制，意味着有市场需求就会有相应的供给，基本上可由市场需求量决定供给量。因此，鉴于生态农业旅游服务产出资源利用与效率特征，鉴于生态农业旅游服务产出的市场需求与供给特征，鉴于目前生态农业产业集群供给能力统计数据获得的艰难性，我们思考将更易于获得的福建生态农业旅游服务市场需求预测值作为福建生态农业旅游服务供给能力的测算值。在这种思路下，我们将福建生态农业产业集群的总产出划分为两部分来分析，首先用用柯布—道格拉斯（Cobb–Douglas）生产函数模型与自回归移动平均模型（ARIMA）来分析与测算福建生态农业产业集群品质农产品的供给能力；其次，用福建生态农业旅游服务市场需求的预测值来评价福建生态农业产业集群生态农业旅游服务的供给能力；最后，以这两部分预测值的加总作为福建生态农业产业集群供给能力的预测值。

鉴于生态农业产业集群这两部分的产出在资源利用上的非竞争性，以及产出增加的相辅相成特性，我们可以假定，农产品产出效率提高也意味着生态农业旅游服务产出的效率也同步提高。与此同时，如果生态农业产业集群农产品的产出效率不断提高，而农产品产出量的增长保持在稳定水平，说明生态农业旅游服务产出的效率在提高，产出量以一个较快的速度在增长。因此，当我们用生产函数模型与自回归移动平均模型（ARIMA）来分析与测算福建生态农业产业集群品质农产品的供给能力时，实际上也间接地反映出福建生态农业产业集群生态农业旅游服务产出的供给能力及发展趋势。

如果我们以 SCEAIC（Supply Capacity of Ecological Agriculture Industrial Colony in Fujian）表示福建生态农业产业集群供给能力，以 APEAIC（Agricultural Products of Ecological Agricultural Industrial Colony in Fujian）表示福建生态农业产业集群农产品产出供给，以 TSPEAIC（Tour Service Products of Ecological Agriculture Industrial Colony in Fujian）表示福建生态农业产业集群生态农业旅游服务产出供给，福建生态农业产业集群总供给可由以下等式表示：

$$SCEAIC = APEAIC + TSPEAIC \text{ 或简化为：} S = AP + TS$$

（二）福建生态农业产业集群农产品（AP）供给预测数理模型选择

1. 生产函数模型

农业的供给能力实际就是农业产业的产出能力，产出能力由产出效率所决定。而决定产出效率的是投入要素成本及投入要素的组合方式，即投入要素配置方式。经济学理论将一定时期，一定技术水平下，投入要素量（或价值）和投入要素的组合方式与产出数量（或价值）变量之间的关系用高度概括的数理模型——生产函数模型来表达，即 $Y = F(K，L\cdots\cdots)$。这个生产函数表达了某一特定投入要素组合，在既定的生产技术条件下，能且只能产生的最大产值。这个函数表达式本身就包含了资本效率、劳动效率，而资本效率与劳动效率是由技术、制度与生态环境决定的。在一定的时期内，技术、制度与生态环境的效率都会最终体现在资本与劳动效率上。在生产函数表达式中，资本并不只是简单地代表在生产过程中资金的投入，资本的投入意味着市场资源要素在不同产业间的配置，而劳动也不是简单的劳动量的投入，它关系到人力资本投资的效率与人力资本和劳动力要素的市场配置效率。在某一个特定时期，技术、制度，生态环境（或自然资源基础）通常是既定的，而且它们状况都能在某一特定时期的资本效率与劳动效率中得到体现。因此，经济学理论的发展使资本和劳动成为生产函数中主要的自变量。随着经济理论的进一步发展，当前，柯布—道格拉斯（Cobb – Douglos）生产函数模型（$Y = AK^{\alpha}L^{\beta}e^{\mu}$）得到广泛的应用，该生产函数模型中虽然只有资本与劳动两个自变量，但该函数以其简单的形式包含了经济学所要讨论的问题，它表达了劳动、资本与技术进步对经济产出的贡献。其中技术包含了具体技术的进步，也包含生产专业化，生产组织方式创新，制度创新等广义技术进步。但在此生产函数中效率系数 A 是常数，表明技术进步与制度创新要有时间积累才会发生，因此，在一定的时期内，A 可以是常数。

传统柯布—道格拉斯（Cobb – Douglos）生产函数模型为：

$$Y = A \cdot K^{\alpha} \cdot L^{\beta} \qquad (3.10)$$

对模型取对数得：

$$\ln Y = \ln A + \alpha \ln K + \beta \ln L \qquad (3.11)$$

为了更好地拟合现实情况，使研究分析更有决策参考价值，考虑到当今信息社会时代，技术进步的日新月异，为了更好地反映经济发展进程中技术进步对生产效率的贡献，借鉴学者赵魁君（1994）的研究方法，我们将生产函数式（3.10）中的 A 看成关于时间 t 的变化函数 A(t)。同时，考虑到农业机械化水平是反映农业技术状况与资本投入的重要指标，以及农业机械化对劳动力投入的替代效应与农业机械化对劳动生产率提高的贡献，参考学者李红（2008）的研究思路，我们将农业生产中所投入的机械资本从总资本投入中分离出来，作为单独的自变量，用 W 表示，据此构建分析福建生态农业产业集群农产品产出生产效率的生产函数模型如下：

$$Y = A(t) \cdot K^{\alpha} \cdot L^{\beta} \cdot W^{\gamma} \qquad (3.12)$$

其中，Y 为福建省生态农业产业集群农产品产出总产值，A(t) 表示随着时间变化的综合技术水平，L 代表农业生产投入的劳动力数，K 代表农业生产投入的资本，一般指农业上的物质投入，W 表示农业机械投入。α 是资本弹性系数，表明当投入的生产资本增加 1% 时，产出平均增长 α%。β 是劳动力弹性系数，表明当投入的生产的劳动力增加 1% 时，产出平均增长 β%。γ 是农业机械投入的弹性系数，表明农业机械投入 1% 时，产出平均增加 γ%。

要确定式（3.12）中的弹性系数，首先需要确定综合技术水平 A(t) 的具体形式。综合技术水平 A(t) 的函数形式需要满足以下几点：第一，所得到的 A(t) 能够较为准确的描述各个时期的技术发展综合水平；第二，所得到的各个自变量的弹性系数符合预期假定，能够做出合理解释；第三，生产函数能够用于准确预测未来各时期的生态农业产业集群农产品产出的总产值；第四，考虑到随着经济水平的发展，农业技术水平也在不断地进步，因此，A(t) 需要能够反映这种进步是循序渐进的；第五，农业技术水平提高具有迟滞性，表现在当年的技术水平上升，在一年后的生产过程才能够得到有效应用。因此根据这五个特点，我们假设 A(t) 函数的形式为：$A(t) = A_0(1 + \varsigma)^{t-1}$，其中 t 代表各个时期，$A_0$ 表示常数，ς 为年均农业技术进步率。代入式（3.12）得：

$$Y = A_0(1 + \varsigma)^{t-1} \cdot K^{\alpha} \cdot L^{\beta} \cdot W^{\gamma} \qquad (3.13)$$

对式（3.13）等号两边同时取对数得到：

$$LNY = LNA_0 + (t-1) \cdot LN(1 + \varsigma) + \alpha \cdot LNK + \beta \cdot LNL + \gamma \cdot LNW \qquad (3.14)$$

从式（3.14）可以看出，在生态环境与社会经济制度既定的前提下，决定福建生态农业产业集群发展水平的主要因素是技术（包括产业集群组织方式、经营管理水平、劳动力素质、生产技术的引进与创新）、资本（尤其是农业机械与设备投入）和劳动力的投入。式（3.14）表达了决定福建生态农业产业集群产出效率的生产要素投入的构成与配置方式。

在生产函数表达式中，当①α + β + γ > 1，表明按照现有技术，扩大生产规模能使产出递增，称为报酬递增型，当②α + β + γ < 1，表明按照现有技术，扩大生产规模会使产出递减，称为报酬递减型，当③α + β + γ = 1，表明生产效率不会随着生产规模的扩大而提高，称为报酬不变型，此时只有通过技术进步，才

会提高生产效率。

2. 自回归移动平均模型（ARIMA）

上述的生产函数模型是通过回归分析来建立经济投入与产出变量之间的函数关系。生产函数是以经济学理论为基础来描述变量关系的经济计量模型。经济理论通常不足以对变量之间的动态联系提供一个严密的说明，因此，为了验证我们所建立的生产函数模型对福建生态农业产业集群农产品供给能力预测的准确度，我们的预测分析同时还应用了的常用的时间序列分析中的求和自回归移动平均模型（ARIMA），通过比较两种模型的预测结果，以验证我们预测分析的准确度。

ARIMA（Auto Regression Integration Moving Average）模型的优点在于它不需要借助严格的理论基础，建立因果关系模型，而是利用已有的时间序列本身来建立模型，研究事物自身的发展规律，并据此对事物未来的发展做出预测。

ARIMA 模型的形式如下：

$$X_t = c + \varphi_1 X_{t-1} + \cdots + \varphi_p X_{t-p} + \varepsilon_t - \theta_1 \varepsilon_{t-1} - \theta_q \varepsilon_{t-q},$$
$$t = 1, 2, \cdots, T \tag{3.15}$$

模型记做 ARIMA(p, d, q)，p 为自回归模型滞后阶数，d 为时间序列单整阶数，q 为阶移动平均模型滞后阶数。ARIMA(p, d, q) 模型其实际上是非平稳序列建立 ARMA(p, q) 模型的一种改进方法，是将非平稳序列进行差分，在序列通过平稳性检验后再构建 ARMA 模型。

（三）替代数据选择

我们预测的目标是福建生态农业产业集群农产品的供给能力。然而，就福建农业整体而言，农业产业集群发展方兴未艾，而生态农业产业集群发展崭露头角，它们显然是福建现代农业的发展模式与发展方向。就福建目前现有的农业产业集群与生态农业产业集群发展而言，它们也是密切与福建农业产业的发展连接在一起的，它们在福建农业的发展过程中产生，并引导与带动着福建农业的发展方式与发展趋势。福建农业产业集群、福建生态农业产业集群的发展是建立在福建整体农业发展的基础之上，它呈现的是福建整体农业发展方向与发展程度。在这一过程中，2002 年 1 月，福建省提出了"建设生态省，大力改善生态环境"的发展目标，同年 4 月，"福建省建设生态省生态农业发展专题报告"提出了"十五"期间和未来 15 年全省生态农业建设目标，提出了保障建设生态省推进生态农业建设的政策措施。福建生态省与生态农业发展目标跨越了四个五年发展规划的努力，福建自然生态环境一直保持在全国最优之行列，福建生态农业发展良好，其中最突出表现是严格执行农产品安全生产监管。我们在多次的田野调查中深切感受到，福建农产品生产安全监管对促进福建绿色食品生产与生态农业发展的效果。近十多年来，以生态农业方式生产绿色安全农产品已是福建农业生产的基本要求，因此，从整体上看，福建的农产品绝大部分都是属于我们所讨论的品质农产品范畴。依据这样的思考，我们将福建现有的农业产业集群与生态农业产业集群作为福建整体农业发展中的一部分，而将福建整体农业发展视为生态农业产业集群发展的某一阶段，事实也应是如此。福建生态农业产业集群的发展趋势是不能脱离福建现有整体农业发展的基础，它必定是在现有整体农业发展基础之上，一步步引领着福建农业朝着生态农业产业集群的方向发展，现有的整体农业产业发展程度可视为未来福建生态农业产业集群发展的某一特定阶段。因此，基于这样的思路，我们将目前福建整个农业产业的投入产出效率作为今后数十年福建生态农业产业集群产出能力，即供给能力预测的基础，用柯布—道格拉斯（Cobb – Douglos）生产函数模型，与时间序列分析 ARIMA 模型进行测算。

（四）福建生态农业产业集群农产品供给能力测算

福建生态农业产业集群农产品供给能力预测计量经济模型参数值测算如下：

（1）生产函数方法。

$$Y = A_0 (1 + \varsigma)^{t-1} \cdot K^{\alpha} \cdot L^{\beta} \cdot W^{\gamma} \tag{3.16}$$

数据来源。

从福建生态农业产业集群农产品供给能力预测计量模型式（3.16）可看出，要揭示福建生态农业产业集群农产品供给能力预测计量经济模型中自变量与变量之间的定量关系，首先要确定计量经济模型中的各参数值。这里我们选取福建省1995～2017 农业生产相关的统计数据为样本指标，进行各参数值测算。被解释变量 Y 为农林牧渔业总产值，解释变量 K、L、W 分别为其他物质投入、农业劳动力投入和农业机械投入。数据来源于各年份的《福建统计年鉴》，经整理计算得表 3 - 32 所示统计数据。1995～2017 年福建省农业投入产出各项指标描述性统计分析见表 3 - 33。

表 3 - 32　　　　　　1995～2017 年福建农业投入产出各指标实测值　　　　单位：亿元

年份	实际 GDP	机械原值	物质投入	劳动力
1995	738. 63	75. 73	32. 23	788. 09
1996	803. 63	77. 48	47. 61	786. 86
1997	867. 92	79. 24	66. 84	781. 38

续表

年份	实际 GDP	机械原值	物质投入	劳动力
1998	926.07	81.84	81.52	785.77
1999	978.86	83.87	100.57	788.14
2000	1004.31	87.33	106.77	776.43
2001	1039.46	88.96	120.03	766.93
2002	1067.52	91.58	132.5	765.79
2003	1102.75	95.19	157.32	744.79
2004	1151.27	98.10	183.47	728.89
2005	1182.36	100.00	223.63	702.49
2006	1191.82	103.15	257.62	686.28
2007	1238.3	106.31	298.58	658.08
2008	1300.21	111.25	356.29	647.84
2009	1361.32	117.50	428.69	638.63
2010	1406.24	120.62	502.33	636.54
2011	1468.12	125.08	598.52	647.53
2012	1529.78	128.68	720.63	642.23
2013	1595.56	133.68	891.79	615.96
2014	1665.77	136.84	1162.56	615.77
2015	1727.4	138.41	1556.5	617.87
2016	1789.59	126.91	2093.65	615.52
2017	1855.8	123.24	2749.69	609.21

表 3-33　　1995~2017 年福建农业投入产出相关指标描述性统计表

项目	Y（实际 GDP）	K	L	W
均值	1260.551	559.54	697.70	105.70
最小值	738.63	32.23	609.21	75.73
最大值	1855.80	2749.69	788.14	138.41
标准误	323.59	709.84	70.47	20.61
总和	28992.67	12869.33	16047.02	2430.99

数据形成说明。

国内生产总值（GDP），选用扣除了价格变动后的实际 GDP。劳动力投入（L），选用福建统计年鉴中参加农林牧渔业生产的实际人口数量。机械投入（W），由于统计年鉴没有直接可取的统计数据，因此我们借鉴了学者李红（2008）对机械原值的计算方法，依照每千瓦 1000 元计算所得。其他物质投入（K），这里其他物质投入是指在资本中扣除了机械原值后剩余的资本投入总量，而生产函数中的资本 K 是一个存量，而一般统计年鉴中的固定资产投资是一个流量，因此我们用永续盘存法：$K_t = K_{t-1}(1 - \delta_t) + I_t$，计算福建省各年份的资本存量，其中，$K_t$ 表示第 t 年的农业资本存量，I_t 表示第 t 年的固定资产投资总额，δ_t 表示第 t 年的资产折旧率。

回归结果。

将表 3 - 33 中的数据（即表 3 - 32 中的实测值）代入福建生态农业产业集群生产函数模型，运用 EViews8.0 软件，得到福建生态农业产业集群农产品供给能力预测模型回归结果，见表 3 - 34。

表 3 - 34　　　　　　　　　　OLS 回归结果

变量	系数	t 统计量	P 值
C	0.7626	0.5395	0.5965
T - 1	0.0173	1.5651	0.1360
LNK	0.1126	2.8366	0.0114
LNW	0.3384	2.1625	0.0451
LNL	0.6010	3.3505	0.0038

根据表 3 - 34 中的各变量系数，可以得到福建省生态农业产业集群农产品供给能力预测模为：

$$LNY = 0.7626 + (t - 1) \cdot 0.0173 + 0.1126 \cdot LNK$$
$$+ 0.3384 \cdot LNW + 0.6010 \cdot LNL \tag{3.17}$$

进一步转化为指数型方程表达式为：

$$Y = 2.1438 \cdot (1 + 0.0173)^{t-1} \cdot K^{0.1126} \cdot L^{0.6010} \cdot W^{0.3384} \tag{3.18}$$

由式（3.18）可知，福建生态农业产业集群的资本弹性系数为 0.1126，劳动的弹性系数为 0.6010，机械的弹性系数为 0.3384。弹性系数表示，在其他要素不变的情况下，某一要素投入变化引起产值变化的速率。资本弹性系数为

0.1126，说明在其他投入要素不变的情况下，资本投入每增加1%，农业产出将增加0.1126%。劳动弹性系数为0.6010，说明在其他投入要素不变的情况下，劳动力投入每增加1%，农业产出将增加0.60%。机械弹性系数为0.3384，表示在其他投入要素不变的情况下，机械化水平每提高1%，农业产出将提高0.34%。技术进步、效率提高的年平均增长率为1.73%，表明福建农业技术进步以1.73%的年均增长率在提高。

资本、劳动和机械化水平3个生产要素弹性之和，$\alpha + \beta + \gamma = 1.051$，接近于1，表明福建农业农产品产出处于规模报酬不变的阶段，生产效率不会随着生产规模的扩大而提高，只有通过技术进步，才会提高生产效率。

由式（3.18）可知，综合技术系数为2.1438，大于0，说明包括产业集群组织方式、经营管理水平、劳动力素质、引进先进技术等在内的综合技术对福建生态农业产业集群农产品供给能力提升具有显著的作用，也表明了福建生态农业产业集群这种现代农业的发展模式对农业产业发展的有效性。

模型预测准确度检验。

根据上述所构建的具有技术进步增长率的柯布道格拉斯生产函数，对2017年的农业产值进行预测值与真实值的比较，得到如下所示结果（见表3-35）：

表3-35　　　　　　　　　　2017年实测值与真实值比较

GDP	2017 年
真实值 GDP	1855.80
预测值 GDP	1869.36
预测误差	0.73%

根据表3-35显示，2017年福建省农业产值预测值为1869.36，而实测值为1855.80，真实值与预测值两者的相对误差较小，预测误差仅为0.73%，控制在1%的范围内。说明我们所构建福建生态农业产业集群农产品供给能力预测生产函数模型具有较高的预测精确度。我们所构建的包含技术进步的改进型柯布道格拉斯生产函数能够较好地拟合福建农业实际情况。

（2）自回归移动平均模型（ARIMA）方法。

$$X_t = c + \varphi_1 X_{t-1} + \cdots + \varphi_p X_{t-p} + \varepsilon_t - \theta_1 \varepsilon_{t-1} - \theta_q \varepsilon_{t-q},$$
$$t = 1, 2, \cdots, T \tag{3.19}$$

利用ARIMA模型预测福建生态农业产业集群农产品供给能力，首先，我们对 1978 年至 2016 年的福建农业总产值数据进行时间序列建模；其次，预测 2017 至 2035 年的福建生态农业产业集群农产品总产值。

数据来源。

考虑到时间序列分析模型对于样本量的大小为越多越好，因此，本文从《福建统计年鉴 2018》中选取了所有可获得的福建省农林牧渔业产值数据，并将数据转化为以 1995 年为基期的数值，时间跨度为 1978 ~ 2017 年。

回归结果。

利用 EViews8.0 软件对 1978 ~ 2016 年期间的农业产值进行 ARIMA 时间序列建模。由于时间序列往往可能存在不平稳性，对于不平稳的序列直接建立 ARMA 模型，会使得模型的拟合结果不可信，模型的统计检验结果不可信。因此，我们首先确定建模序列的平稳性。通过 ADF 单位根检验，得到变量 GDP 存在一阶单整（见表 3 - 36）。

表 3 - 36　　　　　　　　　　单位根检验表

变量	滞后期	t 统计量	I(c, d, t)	5% 临界值	10% 临界值	P 值
GDP	2	- 1.936	I(1, 0, 1)	- 3.537	- 3.200	0.616
DGDP	0	- 3.884	I(1, 0, 1)	- 3.533	- 3.198	0.023
LNW	0	1.264	I(1, 0, 1)	- 3.633	- 3.255	0.999
DLNW	0	- 1.804	I(0, 0, 0)	- 1.958	- 1.608	0.068
LNK	3	- 0.028	I(1, 0, 1)	- 3.674	- 3.277	0.992
DLNK	3	- 4.638	I(1, 0, 1)	- 3.691	- 3.287	0.009
LNL	1	- 1.957	I(1, 0, 1)	- 3.645	- 3.261	0.590
DLNL	0	- 3.229	I(1, 0, 0)	- 3.012	- 2.646	0.032

注：I(c, d, t) 中 c, d, t 分别表示单位根检验中是否包含常数项、漂移项和趋势项，当取值为 1，表示含该项。

通过对序列 GDP 进行一阶差分之后作图 3 - 16。

图 3 - 16 显示一阶差分变量 DGDP 的自相关系数在前四期均落在了 2 倍标准差之外，而偏自相关系数在前两期落在了 2 倍之外，故而自相关系数存在四阶"拖尾"现象，偏自相关系数存在二阶"拖尾"。另外 Q 统计量的 P 值均在 5% 置信度下拒绝了 GDP 不存在自相关性的原假设。因此，利用 ARIMA(4, 1, 2) 模型来拟合原序列。利用条件最小二乘估计原理得到拟合结果如表 3 - 37 所示。

Autocorrelation	Partial Correlation		AC	PAC	Q–Stat	Prob
		1	0.604	0.604	15.353	0.000
		2	0.558	0.305	28.824	0.000
		3	0.437	0.032	37.296	0.000
		4	0.376	0.025	43.741	0.000
		5	0.215	−0.156	45.925	0.000
		6	0.054	−0.228	46.064	0.000
		7	−0.055	−0.127	46.215	0.000
		8	−0.195	−0.169	48.179	0.000
		9	−0.190	0.080	50.105	0.000
		10	−0.221	0.096	52.804	0.000
		11	−0.223	0.050	55.632	0.000
		12	−0.140	0.182	56.795	0.000
		13	−0.143	−0.049	58.055	0.000
		14	−0.084	−0.069	58.508	0.000
		15	0.025	0.094	58.550	0.000
		16	0.116	0.051	59.483	0.000

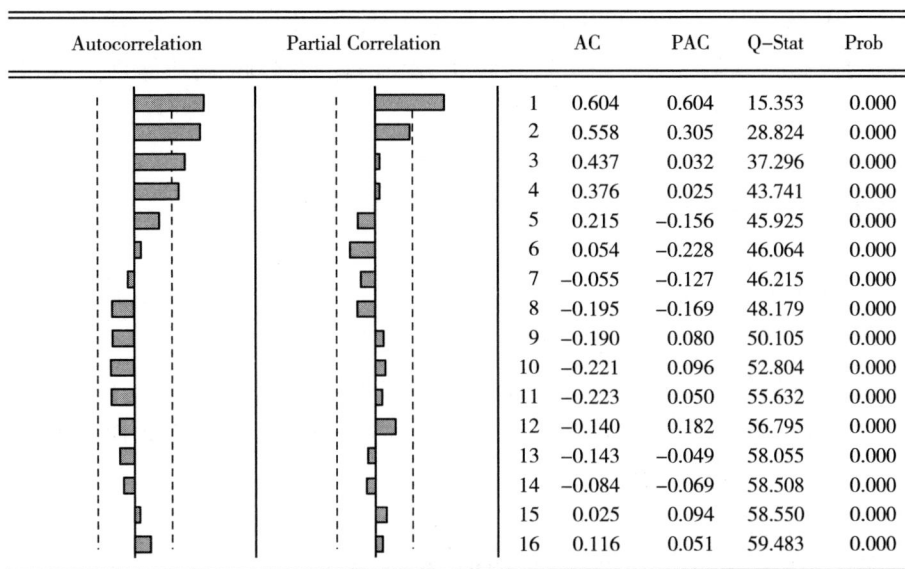

图 3 – 16　自相关和偏自相关图

表 3 – 37　　　　　　　　　　　　ARIMA 模型回归结果

变量	模型一	模型二	模型三	模型四
C	43. 461 *	59. 125 *	44. 353 *	50. 117 *
AR（1）	0. 477 **	1. 103 *	0. 477 **	0. 389 **
AR（2）	− 0. 481 **	− 0. 750 *	− 0. 487 **	0. 028
AR（3）	0. 187		0. 165	
AR（4）	0. 423 **	0. 438 *	0. 432 *	0. 271
MA（1）	− 0. 056	− 0. 835 *		
MA（2）	1. 912 *	0. 999 *	1. 915 *	0. 284
AIC	7. 377	8. 353	7. 329	8. 453
SC	7. 691	8. 622	7. 599	8. 677
调整后的 R 方	0. 795	0. 444	0. 800	0. 370

注：*** 、** 、* 分别表示在 10% 、5% 、1% 水平下显著。

　　表 3 – 37 中的数值为各个变量的系数值，AIC 和 SC 分别为信息准则，其值越小表明模型拟合得越好，R 方为模型的拟合优度，该值越接近于 1 表明模型的拟合程度越高。从表 3 – 37 中可知，在模型一中 AR（3）和 MA（1）变量的系

数即使在 10% 的显著性水平下仍不能通过检验，因此模型二、模型三和模型四是分别对其进行剔除后的回归结果。从 R 方和信息准则判断标准来看，模型三在四个模型中的信息准则最小且调整后的 R 方最大。因此我们选择模型三来构建 ARIMA 模型，即本书构建的时间序列模型是 ARIMA(4，1，(2))。

根据式 (3.19) 与本书构建的时间序列模型 ARIMA (4，1，(2))，得到下式：

$$DGDP_t = C + \phi_1 DGDP_{t-1} + \phi_2 DGDP_{t-2} + \phi_3 DGDP_{t-3} + \phi_4 DGDP_{t-4}$$
$$+ \varepsilon_t - \theta_1 \varepsilon_{t-1} - \theta_2 \varepsilon_{t-2} \tag{3.20}$$

将表 3-37 数据代入上式得到福建农业 GDP 的 ARIMA 预测模型：

$$DGDP_t = 44.353 + 0.477 DGDP_{t-1} - 0.487 DGDP_{t-2} + 0.165 DGDP_{t-3}$$
$$+ 0.432 DGDP_{t-4} + \varepsilon_t + 1.915 \varepsilon_{t-2} \tag{3.21}$$

模型准确度检验。

依据上述所建立的福建农业 GDP 的 ARIMA(4，1，(2)) 预测模型式 (3.21)，在 EViews8.0 软件中对其 2017 年的农林牧渔业 GDP 值作出预测，得到预测值为 1848.58，而由《福建统计年鉴 2018》中所得到的实测值为 1855.80，如表 3-38 所示，可见真实值与预测值两者的相对误差较小，预测误差仅为 0.39%，控制在 1% 的范围内。说明我们所构建的福建农业 GDP 产出的时间序列预测 ARIMA(4，1，(2)) 模型在短期内具有很高的预测精度。

表 3-38　　　　　　　　　2017 年真实值与预测值比较

GDP	2017 年
真实值 GDP	1855.80
预测值 GDP	1848.58
预测误差	0.39%

(五) 福建生态农业产业集群农产品供给能力预测结果及分析

1. 生产函数模型与时间序列模型预测结果

首先，根据上述方法，利用表 3-39 实测数据与 EViews8.0 软件分别对劳动力投入 (L)、机械投入 (W) 和其他物质投入 (K) 进行 ARIMA 建模，然后得到 2018~2035 年的预测值 (表 3-40 中第 2、3、4 列)。其次，利用 ARIMA (上述的式 (3.21)) 得到 2018~2035 年福建生态农业产业集群农产品产出 (实

际 GDP）的预测值 GDP$_1$（表 3-40 中的第 5 列）。再次，将 ARIMA 模型预测所
得到的结果（表 3-40 中第 2、3、4 列）代入生产函数模型（上述的式
(3.18)）得到 2018~2035 年福建生态农业产业集群农产品产出（实际 GDP）的
预测值 GDP$_2$（表 3-40 中的第 6 列）。

表 3-39　　　　　　　　1995~2017 年相关指标实测值

年份	实际 GDP	机械原值	物质投入	劳动力
1995	738.63	75.73	32.23	788.09
1996	803.63	77.48	47.61	786.86
1997	867.92	79.24	66.84	781.38
1998	926.07	81.84	81.52	785.77
1999	978.86	83.87	100.57	788.14
2000	1004.31	87.33	106.77	776.43
2001	1039.46	88.96	120.03	766.93
2002	1067.52	91.58	132.5	765.79
2003	1102.75	95.19	157.32	744.79
2004	1151.27	98.10	183.47	728.89
2005	1182.36	100.00	223.63	702.49
2006	1191.82	103.15	257.62	686.28
2007	1238.3	106.31	298.58	658.08
2008	1300.21	111.25	356.29	647.84
2009	1361.32	117.50	428.69	638.63
2010	1406.24	120.62	502.33	636.54
2011	1468.12	125.08	598.52	647.53
2012	1529.78	128.68	720.63	642.23
2013	1595.56	133.68	891.79	615.96
2014	1665.77	136.84	1162.56	615.77
2015	1727.4	138.41	1556.5	617.87
2016	1789.59	126.91	2093.65	615.52
2017	1855.8	123.24	2749.69	609.21

表 3 - 40 　　　　　　　　　　　　2018～2035 年相关指标预测值

年份	机械	其他物质	劳动力	预测值 GDP₁	预测值 GDP₂
2018	123.15	3530.67	602.14	1908.46	1904.58
2019	123.12	4448.18	595.15	1966.20	1957.78
2020	123.02	5510.44	588.25	2023.00	2010.81
2021	122.99	6725.39	581.42	2078.98	2063.25
2022	122.86	8101.22	574.67	2134.25	2113.73
2023	122.84	9645.67	568.00	2188.90	2162.33
2024	122.69	11366.78	561.41	2243.01	2210.81
2025	122.68	13271.95	554.90	2296.65	2259.57
2026	122.51	15368.97	548.46	2349.89	2307.37
2027	122.50	17664.86	542.09	2402.77	2353.73
2028	122.30	20167.09	535.80	2455.34	2399.88
2029	122.31	22882.21	529.59	2507.64	2446.58
2030	122.08	25817.41	523.44	2559.71	2493.00
2031	122.11	28978.72	517.37	2611.57	2538.37
2032	121.84	32373.02	511.36	2663.26	2583.36
2033	121.90	36005.79	505.43	2714.80	2628.88
2034	121.58	39883.66	499.56	2766.20	2674.54
2035	121.68	44011.54	493.77	2817.48	2719.49

注：GDP₁ 为利用 ARIMA 模型得到的预测值；GDP₂ 为利用生产函数模型得到的预测值。

2. 预测结果分析

将上述福建生态农业产业集群农产品产出（供给）预测结果用图 3 - 17 表示：

图 3 - 17 显示：（1）各变量的实测值与预测值过度平稳，表现出总体发展趋势，可以认为预测结果符合未来福建生态农业产业集群的发展趋势。（2）用生产函数模型与 ARIMA 模型预测的未来福建生态农业产业集群农产品供给能力基本一致。两条曲线在预测前期一致性较高，表现为两曲线是重叠的，随着时间的延续，两曲线出现了分离，但也没有表现出很大的差异，说明两个预测模型预测的结果在整个预测期内比较接近。（3）从整体来看福建省生态农业产业集群农产品供给水平在 2018～2035 年间表现稳步增长的趋势。预测 2035 年福建生态农业产业集群农产品总产值将是 2017 年的 1.52～1.65 倍。（4）2018～2035 年，福建生

态农业产业集群农业劳动力投入呈现不断下降的趋势，这体现了在我国工业化与城市化经济发展进程中农业技术进步与资本深化提高农业劳动生产率的经济规律。从上述构建的福建生态农业产业集群生产函数模型中可看出，劳动弹性系数最大，说明劳动投入对农业产出的影响大，因此，在劳动投入不断下降的趋势下，产值还能保持增长的趋势，表明技术进步（包括农业产业集群的组织与管理方式）对福建生态农业产业集群供给能力的贡献在增强。（5）以机械为代表的农业资本投入表现缓慢增长，也说明福建生态农业产业集群产出能力增强与生态农业、农业产业集群的生产组织方式密切相关。

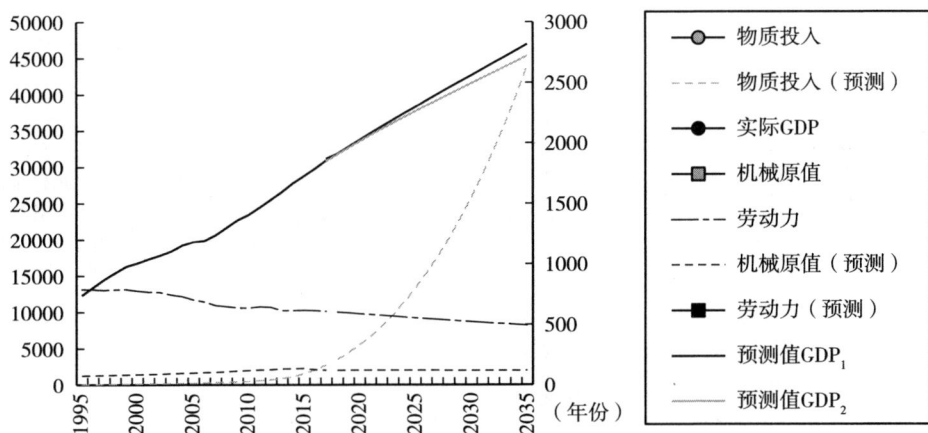

图 3 - 17　福建农产品供给水平实测与预测趋势图

（六）福建生态农业产业集群总供给能力测算

1. 总供给结构假定与测算

如上所述，随着人均可支配收入的增长，居民对农业产出的需求结构发生变化，我们的研究将居民对农业产出的需求划分为两大类型：农产品产出（AP）与生态农业旅游产出（TS）。福建生态农业产业集群的总产出（S）就是这两部分产出的加总，即 SCEAIC = APEAIC + TSPEAIC，或 S = AP + TS。同时，鉴于生态农业旅游服务产出资源利用与效率特征，鉴于生态农业旅游服务产出的市场需求与供给特征，我们将福建生态农业旅游服务市场需求预测值作为福建生态农业旅游服务供给能力的测算值，以此获得福建生态农业产业集群总供给能力测算值，如表 3 - 41 和图 3 - 18 所示。

171

表 3-41　　　　　　　2018～2035 年福建生态农业产业集群总供给预测值　　　　　单位：亿元

年份	农产品总产出	农业旅游服务产出	总产出	
2018	1904.58	150.0436	2054.6236	数据说明：以全国居民对福建休闲观光旅游服务消费支出预测值除以 25 所得值来代替福建农业旅游服务产出值。依据：2016 年福建休闲农业收入 103 亿元，2016 年全国居民在福建休闲观光类旅游消费 2632 亿元，是休闲农业收入的 25 倍。因此将全国居民对福建休闲观光预测值缩小 25 倍，作为生态农业旅游服务产出预测值
2019	1957.78	189.0876	2146.8676	
2020	2010.81	238.292	2249.102	
2021	2063.25	300.2996	2363.5496	
2022	2113.73	378.4432	2492.1732	
2023	2162.33	476.9212	2639.2512	
2024	2210.81	602.1048	2812.9148	
2025	2259.57	757.4224	3016.9924	
2026	2307.37	954.5172	3261.8872	
2027	2353.73	1202.9	3556.63	
2028	2399.88	1515.9168	3915.7968	
2029	2446.58	1910.386	4356.966	
2030	2493	2407.5032	4900.5032	
2031	2538.37	3033.9792	5572.3492	
2032	2583.36	3823.476	6406.836	
2033	2628.88	4818.4144	7447.2944	
2034	2674.54	6072.2536	8746.7936	
2035	2719.49	7652.3648	10371.8548	

资料来源：《福建统计年鉴》；本研究计算的预测值。

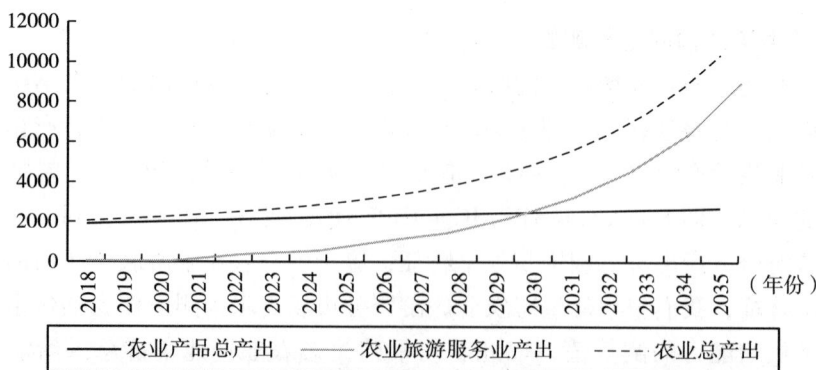

图 3-18　2018～2035 年福建生态农业产业集群总供给变化趋势

资料来源：同表 3-41。

2. 总供给结构变化分析

表 3 - 41 与图 3 - 18 显示：2018 年福建省农产品产出是农业生态农业旅游服务产出的 12.7 倍，农业旅游服务产出仅占农业总产出的 7%；2030 年农产品产出与农业旅游服务产出的产值接近相等，分别是 2493 亿元与 2408 亿元；2030 年之后，在农业总产出中，农业旅游服务的产出开始超过农产品的产出；2035 年农业旅游服务产出将是农产品产出的 2.8 倍，将占农业总产出的 73.8%；2018 年至 2035 年农产品产出呈现稳定缓慢增长趋势，农业旅游服务产出呈现不断增强的趋势，2027～2030 年，以年均 33% 的速度增长，2030～2035 年，以年均 45% 的速度增长；农业总产出增长趋势图与农业旅游服务增长趋势图相似，说明未来农业总产出的增长主要是农业旅游服务产出的增长，而农业的农产品产出保持相对稳定的量，这与我们前面所分析的随着人均 GDP 增长、人均可支配收入的增加，农业产出市场需求结构会发生变化，以农业旅游服务为代表的农业生态服务产出的需求会增加，与此同时，受恩格尔定律支配，农产品需求量会保持在缓慢增长、相对稳定的状态。

预测是建立在现有发展与发展规律基础之上，对未来发展可能性的判断。因此，预测的意义在于对未来发展趋势的描述，这个意义远大于数据精准性的追求。预测所表达的现代农业发展趋势无疑是正确的。

第四节　生态农业产业集群市场供求均衡与结构优化

从上述农业产出市场供求均衡的理论模型分析、人均可支配收入增长居民对农业产出需求变化分析、现代多功能农业供给结构与供给能力变化分析，我们不仅看到生态农业产业集群发展的动力所在，也看到了生态农业产业集群发展的竞争力所在。供求均衡的经济学意义在于，生产出的产品能满足市场需求，因此能实现经济利润，生产才有了发展的动力，也意味着产业发展有市场竞争力。而随着人均可支配收入的增加，受恩格尔定律的支配，居民对农产品需求的追求会从数量转向质量；与此同时，对农业生态产出的需求，例如生态农业旅游服务的需求会不断增加，相比较，居民对生态产出需求的增长速度会快于对农产品产出需求增长，即居民对农业产出的需求结构会改变，从而导致供给结构也会改变，而且这是由经济规律所决定的。因此我们将居民人均可支配收入增长与生态农业产业集群供给结构变化规律用以下理论模型来表达。

一、生态农业产业集群市场供求均衡理论模型

在这个理论模型中，我们假定：农业的总产出等于农业的总需求，农业总产出划分为两种类型，即农产品产出与农业旅游服务产出，这两种类型产出在农业总产出中比重的变化形成农业产出结构的变化；农产品产出等于农产品需求，并随人均可支配收入增长而增加；农业旅游服务产出等于居民对农业旅游服务需求。图 3 – 19 描述了随着人均可支配收入增长，居民对生态农业产业集群产出需求的变化，以及生态农业产业集群供给结构如何跟随市场需求的变化而变化。在人均可支配收入较低的发展阶段，在图中表达为 OA 阶段，在这一阶段中，农产品的产出还不能满足居民对农产品消费的基本需求，因此农业产业利润目标是生产更多的农产品，即农业产业的供给集中在农产品的产出，农业生态产出不是生存需求，农业生态产出的功能还未被利用，在图中表现为生态旅游服务供给为零，农业的总产出就等于农产品的产值。当经济发展使人均可支配收入达到 A 点时，农产品的产出已可以满足居民对食物的需求（生理需求），此时，农产品的供给曲线、需求曲线与农业总产出曲线相交于 B 点。在此点，农产品的供给正好满足市场需求，并且等于农业总产出。当经济发展使人均可支配收入超过 A 点之后，受恩格尔定律支配，对农产品需求量的增长将非常缓慢，农业产值的增加主要是由于农产品质量的提升，在图中表现为，农产品需求曲线与农产品供给曲线呈缓慢增长趋势，需求曲线围绕着供给曲线上下波动。而当人均可支配收入超过 A 阶段后，同样是受恩格尔定律的支配，居民对农业旅游服务产出需求开始形成，并逐渐增加。因此，农业产业产出或供给结构中，农业旅游服务产出的份额会不断增加。如前所述，基于农业生态服务资源基础与利用特征，我们假定农业旅游服务的产出不受资源有限性的限制，即有市场需求就有供给，需求量等同于供给量，因此在图中表现为农业旅游服务需求与供给曲线是重叠的，并且随着人均可支配收入增长，向右上方延伸。当人均可支配收入达到 C 阶段时，农业旅游服务产出占据农业总产出的半壁江山。农业总产出等于 CE，等于农产品产出 + 农业旅游服务产出，即 CE = CD = DE，CE = CD + DE。随着人均可支配收入的增长，生态农业产业集群的供给结构中农业旅游服务产出比重增大，如图 3 – 19 所示，当人均 GDP 达到 F 阶段，农业总产出等于 FI，FI = FG + FH，FH > FG。随着人均可支配收入增长达到 J 阶段，农业总产出达到 JM，农业总产出结构将变为 JM = JK + JL，农业旅游服务在总产出中的比重由 FH/FG 转变为 JL/JK，显然，JL/JK > FH/FG，如此等等，即农业旅游服务产出的份额在农业总产出中的比重

会不断增加，农业多功能性与价值得到更充分的利用，由于生态农业产业集群能有效利用农业的多功能价值，使农业的效益与竞争力得到提升。

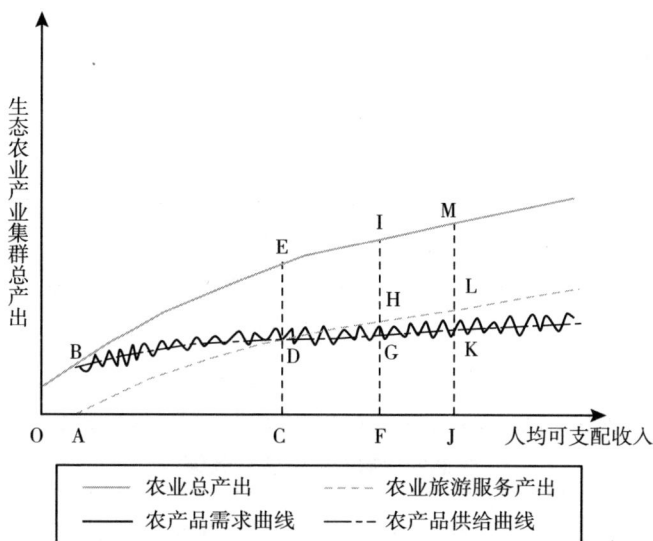

图 3 – 19　人均可支配收入增长与生态农业产业集群供求结构变化

二、福建生态农业产业集群市场供求均衡与供给结构优化

图 3 – 19 描述了，随着人均可支配收入增长生态农业产业集群供给结构变化趋势的一般规律。我们可用福建农业的一些相关数据，进一步验证这一规律。

表 3 – 42 统计数据显示，从总体上来说，目前福建省经济发展水平还处于图 3 – 19 中所描述的 A 点附近，2010 ~ 2016 年，农村居民人均可支配收入从7427 元增加到14999 元，年均增 17%，城镇居民人均可支配收入从 21781 元增加到36014 元，年均增长 11% 元，2013 年有一个较明显的转折。2013 年之后福建农村居民与城镇居民的恩格尔系数都显著地变小，2013 年农村居民的恩格尔系数降到了 38.9%，与2010 年福建省城乡居民的恩格尔系数相当。近年来，以休闲农业为主要内容的生态农业旅游已快速发展，2014 ~ 2016 年，以年均 10%以上的速度在增长，虽然其产值与大农业总产值相比较还非常小，但也体现出了增长的趋势。2015 年福建省农林牧渔业产值为3586.46 亿元，休闲农业营业收入68.4 亿元，供给结构占比为1.91%，2016 年福建省农林牧渔业产值为4014.31亿元，休闲农业营业收入 103.4 亿元，供给结构占比为 2.57%。如果以与福建生

态农业旅游服务消费相关统计数据—福建本省居民一日游消费、全国居民在福建休闲观光类旅游消费—变动来分析，也能看出福建农业产出结构中生态农业旅游比重在增长的趋势。从目前福建生态农业旅游供给发展的基础来看，本省居民的一日游消费统计数据中更多地包含农业旅游消费，而从全国居民到福建旅游来看，全国居民在福建休闲观光类旅游消费更多包含福建农业旅游服务消费，因此从这两个间接数据的变化也能看出，福建农业旅游服务供给以较快的速度在增长的趋势。2010～2016年，福建本省居民一日游年消费从204.81亿元增加到518.70亿元，年均增长25.5%，全国居民在福建休闲观光旅游年消费从651.62亿元增加到2631.90，年均增长50.7%。表中的统计数据从不同的方面验证了：随着福建居民人均可支配收入增加，恩格尔系数在减小，农业旅游服务的需求（供给）在增加；2013年是这种变化比较明显的一个转折点。

表3-42　　　　　2010～2016年福建居民人均可支配收入、恩格尔系数、
生态农业旅游消费变化趋势

年份	农村居民恩格尔系数（%）	农村居民人均可支配收入（元）	城镇居民恩格尔系数（%）	城镇居民人均可支配收入（元）	休闲农业收入（亿元）	福建本省居民一日游消费（亿元）	全国居民在福建休闲观光类旅游消费（亿元）
2010	46.14	7427	39.26	21781		204.81	651.62
2011	46.36	8779	39.22	24907		174.32	694.45
2012	45.98	9967	39.35	28055		214.83	890.38
2013	38.90	11404.85	32.67	28173.9		348.36	1065.81
2014	38.19	12650.19	33.19	30722.39	84.57	385.69	1756.26
2015	37.57	13792.70	32.99	33275.34	68.40	465.53	2137.79
2016	37.32	14999.19	33.19	36014.26	103.40	518.70	2631.90

资料来源：《福建统计年鉴》；福建省农业厅。

第四章

福建生态农业产业集群
潜在竞争力分析

　　一个产业的竞争力要以潜在竞争力为基础，潜在竞争力以潜在生产力为基础，潜在生产力以生产要素比较优势为基础，当一个产业能以有效的组织方式将生产要素的比较优势转变为能满足市场需求的生产力，就形成了竞争优势。因此，生产要素的比较优势是一种潜在的竞争力，是产业竞争力的基础与实质。

　　产业集群竞争力理论告诉我们，随着经济发展进程中市场需求的变化，通常就某一产品的产业集群竞争力而言，会表现出生命周期，经历形成期、成长期、成熟期与衰退期，这意味着在产业集群的不同发展时期，影响产业集群竞争力的主要因素会有所不同，也意味着产业集群的发展要根据产业集群发展阶段主要影响因素的不同与市场需求的变化，不断创新，不断调整供给结构，才能实现竞争力。例如，在产业集群的形成与成长阶段，产品的市场需求通常是旺盛的，影响产业集群竞争力的主要因素是产业集群规模的发展，而当产业集群进入成熟阶段，产品的市场需求相对饱和，市场竞争更加激烈。这一阶段，产业集群的技术、产品、管理与组织的创新就会成为更重要的影响因素，这些影响因素可能使产业集群升级，进入新的发展阶段，否则就可能转入衰退阶段。显然，产业与产业集群竞争力理论发展于工业经济时代的背景，理论分析的产业竞争力影响因素更多的是基于对工业经济时代产业竞争力的观察。农业产业集群的形成也是遵循着产业经济发展的一般规律，但农业又有自身的特殊性，尤其是生态农业产业集群，因此，产业集群竞争力的一般经济规律不能生搬硬套于生态农业产业集群竞争力的分析。但以此产业集群竞争力发展的一般规律为参照，对照生态农业产业集群发展特征，更易于理解生态农业产业集群竞争力发展的一般性与特殊规律，以及竞争力形成决定性因素之特征。

在市场机制的作用下，为了提高农业的竞争力，20 世纪 90 年代后，我国的农业产业集群开始形成与发展，实践发展已不断显示，农业产业集群是现代农业最具竞争力的组织方式。与此同时，随着经济发展进程中人均可支配收入的增长，居民对农业产出的需求结构发生变化，仅以农产品为产出目标的农业产业集群，面临着农业自身比较利益低与农产品市场需求结构变化的双重挑战。在此背景下，农业经济可持续发展的要求使生态农业产业集群开始形成，生态农业产业集群发展方兴未艾，呈现出现代农业发展的必然趋势。

总体而言，我国生态农业产业集群处于成长阶段，在此阶段，生产要素的比较优势，以及由生产要素比较优势所决定的生态农业产业集群的规模，对生态农业产业集群竞争力的形成有决定性的影响。而与此同时，生态农业产业集群又是在原有农业产业集群发展基础上的转型升级，可理解为是农业产业发展的一个新的、更高的阶段。在此阶段，通过技术创新，管理创新，组织方式创新，而形成供给创新，最终体现为竞争力的创新，也是生态农业产业集群竞争力形成的决定性因素。但生态农业产业集群的特殊性又在于，无论从形成与发展阶段还是从转型与升级阶段来理解生态农业产业集群竞争力的主要影响因素——生产要素的比较优势，即潜在的竞争力，都是决定性的。新兴的生态农业产业集群，或者说是传统农业产业集群转型升级后而形成的生态农业产业集群，它的资源基础与资源配置方式都发生了变化。它的资源基础已扩散到集群所处区域整个农村生态经济系统，除了以往研究所归类出的土地、劳动、资本与技术这些决定农业产业发展的主要因素之外，良好的生态环境、优美的农业景观、悠久的农耕文明、丰富的乡村文化，都已成为多功能生态农业产业集群发展的重要资源基础。而且，较之以往唯农产品产值增长为资源最优配置标准，生态农业产业集群资源配置的方式也发生了深刻的变化。在生态农业产业集群资源配置效率评价的产值构成中，农产品产出与生态产出（例如生态农业旅游的产值）将并举，而且，随着人均可支配收入的增长，生态产出的增长速度会大大快于农产品产出的增长速度。因此，无论是将生态农业产业集群作为形成与发展阶段，还是作为转型升级阶段，生态农业产业集群资源基础内涵的丰富与配置方式的改变，使生态农业产业集群所赖以发展的生产要素基础，尤其是自然资源基础，始终都是农业产业竞争力的决定性因素这一特征更加突出。生产要素比较优势，尤其是自然资源禀赋优势，是农业产业竞争力的重要基础，而生态农业产业集群资源配置方式，使农业产业这一特征更加突出。农业生产组织方式与技术可以创新，但具有根植性与不可复制性的农业产业发展必须紧紧依赖的资源基础比较优势始终是农业产业潜在竞争力，是竞争力的决定性因素。将生态农业产业集群竞争力的研究集中于比较生态农业产业集群的潜在竞争力，既可以简化分析，又能把握核心的方面。同时，为了将研究的重点集中在最核心的潜在竞争力部分，我们对生态农业产业集群潜在竞争力的分析以这样假定为前提：不同区域或国家的农业产业发展都选择具有组织效率的生态农业产业集群的发展模式，而且，多功能的生态农业产业集群资源利用特征使其有能力提供满足市场需求的产出，并且大数据时代使农业市场供求均衡更容易实现，将使"谷贱伤农"的情况成为历史。

经济规律是共同的，经典的产业竞争力理论分析框架依然有重要的参考价值，但是，只有更多地结合实际的情况才能作出有价值的理论分析与实证研究。

因此，鉴于上述农业产业的特殊规律与生态农业产业集群的特征，基于生态农业产业集群竞争力必须以潜在竞争力为基础这一事实，基于上述的生态农业产业集群组织效率的假定，基于生态与大数据时代农业产业市场供求均衡特征，我们选择以更符合实际情况，更易于说明核心问题，更易于比较分析的潜在竞争力为研究对象，以此来研究福建生态农业产业集群发展的竞争优势与竞争力。

第一节　产业集群竞争力分析理论与方法

综述学者们所研究的产业竞争力内涵：产业竞争力比较的是一国某一产业在国际市场上的竞争能力，是指一国某一特定产业能以比别国更高的生产力提供满足国际市场需要的产品，并持续营利的能力；是某产业区域比较优势与国际市场上竞争优势的综合，比较优势是竞争优势的基础，竞争优势是将比较优势转化为竞争力，它的实质是比较生产力，这种比较生产力会以国际市场占有率与盈利率为最终表现；生产要素与配置效率是产业竞争力最主要的决定因素。

随着经济全球化的发展，产业竞争力已越来越表现为产业集群竞争力。也就是说，真正具有竞争力的产业往往是聚集在某一区域形成产业集群，产业的竞争力表现为产业集群的竞争力。产业集群的竞争力在于，在这个集群中各利益主体能形成有效的分工合作，相关与支持性产业能得到发展，形成合理的产业集群结构，产生规模经济，范围经济、集群的空间效率与基础设施分享能降低生产成本，集群契约效率能降低交易成本。同时产业集群的组织方式还能产生学习效应，技术扩散效应，形成激励创新氛围，最终提高整个集群的生产力与竞争力。产业集群能形成非产业集群所不能形成的竞争力还在于"产业集群就是处于市场与企业之间的一种中间组织形式"。企业的产生是由于交易费用的存在，企业内部管理方式能降低交易费用，但管理也是有成本的，这使企业的规模是有界限的，企业的边界就在企业管理所形成的交易成本等于市场方式所形成的交易成本。产业集群的组织方式能弥补企业组织规模边界的限制，集群中企业与企业、企业与相关产业间的纵横向的分工与合作，一方面可以使企业内部分工外部化，另一方面又有利于企业一体化发展。产业集群规模越大，越能形成规模经济与范围经济，相当于扩展了企业边界，创造了"大企业"的竞争优势。

波特的"钻石模型"理论是经典的有关产业集群竞争力的基础理论，根据该理论，产业集群竞争力是由生产要素、国内市场需求、相关与支持性产业、企业战略、企业结构和同业竞争以及政府行为与机遇六个要素组成。这些要素之间互相影响，共同决定产业集群的竞争力水平（见图4-1）。

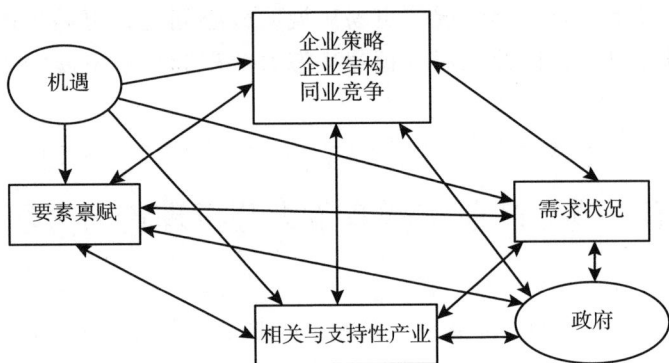

图4-1 波特"钻石模型"

在波特产业集群竞争力分析的"钻石模型"理论基础上，加拿大两学者提出了分析产业集群竞争力的GEM模型。GEM模型是在产业集群竞争力影响因素定性分析的基础上，通过构建一个产业集群竞争力评价指标体系，将各影响因素转化成可以量化测度的值，使其成为一个可以具体比较的分析，使研究结论更有决策参考价值。GEM是基础（Grounding）、企业（Enterprises）、市场（Market）的缩写。GEM模型理论认为，产业集群的竞争力取决于三因素与六要素。GEM模型首先将影响产业集群竞争力的主要因素归为"三要素"，每个要素下又划分为因素对，这样就形成了"六因素"，每个因素对下又可以有若干二级指标，由此构成了GEM模型评价指标体系。然后用"逆向集成"的方法来得到集群竞争力评价的结果。所谓逆向集成，就是根据二级指标的得分通过某种集成运算法则求出一级指标（即六因素）各自的得分情况，再根据六因素的得分求出三大要素

（即基础、企业、市场）的得分，进而得到集群竞争力的最终评价结果。GEM 模型中的"基础"要素可以进一步分为"资源"和"设施"两个因素，构成"因素对Ⅰ"，"企业"可进一步分为"企业结构、战略与竞争"和"供应商与相关辅助产业"两个因素，构成"因素对Ⅱ"，"市场"可进一步分为"内部市场或本地市场"与"外部市场"两个因素，构成"因素对Ⅲ"。"因素对Ⅰ"体现了产业集群的根植性、自然资源禀赋与以往经济发展所积累经济与文化基础等对产业集群竞争力的影响。"因素对Ⅱ"表达了产业集群的结构、集群各主体的分工合作方式、发展程度、创新性与生命力对集群竞争力的影响，它反映了产业集群将资源潜在竞争力或比较优势转为现实生产力与市场竞争力的能力。"因素对Ⅲ"从市场需求层面论证产业集群的竞争力。产业集群的竞争力最终体现在市场对其产出价值的实现。这种"三因素、六要素"的划分是一种研究分析的抽象。在现实发展中，这些因素和要素的内涵会发生变化，对产业竞争力的影响力也会发生变化的，而且，不同的产业这些影响因素的影响力也是不同的，因此，分析的侧重点也会不同。在一个产业集群中这三个"因素对"对集群竞争力的贡献是相辅相成、互相促进，同时也可能会相互制约。而每一个"因素对"中的两个因素之间存在着可相互替代的关系，比如某一产业集群其"因素对Ⅰ"中，"自然资源"不是很丰富，但积累的"经济资源"，例如基础设施很完善，能形成弥补，使测算出的竞争力分值仍然保持在某一水平。因此，这些因素共同作用，对产业集群竞争力贡献会以乘积的方式体现。图 4 - 2 是 GEM 模型表达图。

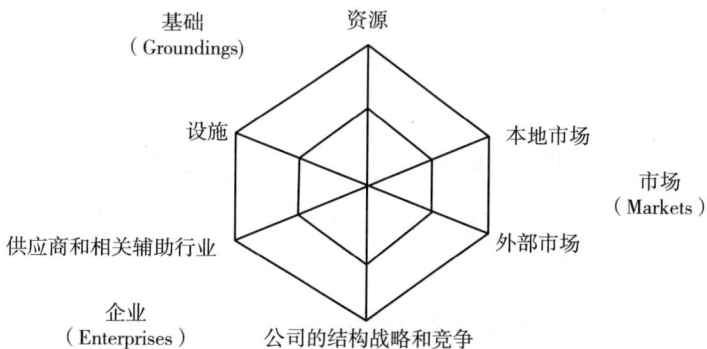

图 4 - 2　GEM 模型表达图

第二节 福建生态农业产业集群潜在竞争力 分析的理论与现实依据

依据上述所分析的生态农业产业集群发展的特征与特殊规律，借鉴产业集群竞争力分析的经典理论与方法，结合福建农业发展现状，对福建生态农业产业集群的潜在竞争力进行分析。

我们将决定生态农业产业集群的潜在竞争力资源基础定义为波特"钻石模型"理论中的要素禀赋部分，即 GEM 模型中的 Grounding 部分。在这里，要素禀赋或基础指的是生态农业产业集群发展与竞争力形成的自然资源基础与经济发展过程中积累的资源基础。前者可以包括：支撑生态农业产业集群发展的一切自然资源与环境，例如，土地资源的数量与类型、动植物物种的丰度、气候条件、水资源等，后者可以包括：农村人力资本状况、农业技术条件、农村与农业基础设施、农业资本深化程度（人均劳动力资本量）、农耕文明与乡村文化、两岸农业合作发展、农业产业集群集聚度、产权制度、政策条件与发展机遇等。

福建土地资源特征是耕地少山水多、地形地貌奇特多样；福建农耕文明，乡村文化丰富，农业特色明显，森林覆盖率高，气候条件优越，水资源丰富；福建与台湾一水相连，闽台农业合作走在全国前例，农业产业集群已有较好的发展；这些都是生态农业产业集群竞争力发展的优势所在。从一个较长时期来看，这些因素都是生态农业产业集群竞争力发展的基础与潜力所在。因此，我们以此思路，对福建生态农业产业集群竞争力发展进行定性与定量的分析，揭示的是一种由资源基础所决定的比较优势的未来市场竞争优势。

第三节 福建生态农业产业集群潜在 竞争力评价指标体系构建

如上所述，农业产业潜在竞争力的基础是资源比较优势。在此，为了方便研究表述，我们将"资源"分为三类，即"资源"是指由某一区域自然条件形成的"自然基础资源"、由某一区域历史传承形成的农耕文明与乡村文化等"积累基础资源"、由某一区域经济发展过程中形成的"经济基础资源"。这些"资源"构成了生态农业产业集群发展潜在竞争力的影响要素。

一、潜在竞争力影响要素的含义

当我们将影响生态农业产业集群潜在竞争力的"资源"要素分为"自然基础资源""积累基础资源"与"经济基础资源"这三种类型时，"自然基础资源"主要指纯自然资源禀赋，"积累基础资源"指长期经济社会发展过程在生产生活中逐渐积累而形成的能为现代多功能生态农业所利用的，具有地域特色，根植特征的乡村文化、农耕文明、特色农业等资源要素，"经济基础资源"指以往农村农业经济发展过程中所形成的农业基础设施、农业机械化程度、农业资本深化程度、农业技术进步、农业专业化组织、农业产业组织与管理模式、农业农村劳动力数量与质量、农业农村政策，产权制度等。三大要素的基本含义见表 4 – 1。

表 4 – 1　　　生态农业产业集群影响潜在竞争力三大要素的基本含义

名称	含义
自然基础资源	主要指作为生态农业产业集群发展基础的自然资源基础，例如，土地资源的数量与质量、农业发展的气候、水资源、物种资源条件影响一个区域生态环境的森林覆盖率、自然保护区数量等等
积累基础资源	指某一区域农村农业长期发展过程中逐渐积累而形成的资源，例如，农耕文明与乡村文化、特色农业等
经济基础资源	农业资本深化程度、技术进步、农村人力资本状况、劳动力数量与质量、两岸农业合作历史与现状、农村金融服务发展、农村网络基础（数字农业条件）等

借用 GEM 量化分析思路，我们将自然基础资源、积累基础资源与经济基础资源看作影响生态农业产业集群潜在竞争力的三大要素，在这三大要素之下，可以设置若干一级指标，对应于若干一级指标选取若干二级指标，等等，由此形成生态农业产业集群潜在竞争力评价指标体系，再将各影响因素所对应的指标转化为可量化测度的值，然后用"逆向集成"的方法来得到生态农业产业集群潜在竞争力分值评价的结果。具体计算步骤为：构建评价指标体系——确定因素等级与评分标准——确定三级指标分值——确定三级指标权重——计算二级指标分值——计算一级指标分值——依据一级指标分值，计算生态农业产业集群潜在竞争力总分值。

二、评价指标构建与选择的依据

(一) 自然基础资源

自然基础资源是指存在于某区域生态环境之中的自然资源，例如：

土地资源类型、数量与质量。这一资源状况与人类长期经济活动的影响有关，但它主要还是取决于某一区域基于自然生态环境的自然资源状况，因此我们将其归类于自然基础资源，土地资源类型、数量与质量基本上决定了农业产业的生产结构与供给结构。在追求单一粮食产量的传统农业中，耕地资源数量与质量对农业产业的发展有极其重要的作用，但在现代多功能农业中，随着人均可支配收入增加居民对农业产出需求结构的变化，耕地之外的土地资源的重要性与利用价值日益突出。因此，土地类型结构多样化也是现代农业产业发展的资源比较优势，但由于不同类型土地资源与不同质量土地资源对农业产业可持续发展贡献度测算与可比较的统计数据还无法获得，我们的研究以人均农地资源量指标来代表不同区域土地资源状况，它将等于某区域农地资源（包括耕地、林地、园地、养殖水面和滩涂等）总量与总人口的比值。在此，我们假定不同类型土地资源之间具有互补性，因此评价它们作为自然基础资源对潜在竞争力影响因素时，可以用求和取平均值的方法。

生态环境。通常是指自然生态环境——有利于动植物生存与发展的环境条件。森林覆盖率是反映环境质量的最好指标。森林能够涵养水源，调节气候，清新空气，美化景观，某一区域的森林覆盖率高，几乎就可以等同于环境质量好。森林覆盖率虽然与长期的人类经济活动有关，但它与当地的自然生态环境，土地资源类型，地质地貌等密切相关，因此归类于自然基础资源。此外，与森林覆盖率相关的生态环境质量指标有，自然保护区的数量与面积。显然，自然保护区的数量越多，面积越大，生态环境越好。

水资源。水是生命之源，农业生产的对象是有生命的动植物，丰富的水资源是农业产业发展的自然资源比较优势。我们选择代表水资源状况的具体指标是：水资源总量、人均水资源量、优质水占比、农业用水量占总用水量，其中优质水占比选择三类及以上水质的河长占评价河长的比重。

气候条件。气候条件与生态环境密切相关，它是农业生态系统的自然生产力，对农业生产尤其重要，它直接决定了农业产业发展的成本与收益（比如现代农业设施可以改变农业动植物生长的生态环境，但那是需要资本投入的），也决定着农业景观的形成，而在现代多功能农业中，农业景观也是影响生态农业产业集群潜在竞争力的一种重要的基础资源（例如，是生态农业旅游的资源基础）。我们选择代表气候条件的具体指标是：年日照时数、年平均气温、年降水量、相对湿度年均值等，其中相对湿度年均值采用主要城市的相对湿度年均值，对于一个省份有多个测量城市的选取平均值。

物种资源。无论现代农业如何发展，但动植物的培育始终是农业的生产对象，物种资源是农业的基因库，因此，物种资源越丰富越有利于多功能的生态农业产业集群发展，物种资源丰富也说明当的生态与气候条件好，具有农业产业发展的自然资源比较优势。但是，由于不同区域农业生态系统组成分、结构、功能的不同，物种资源的种类与丰度难以进行统计学指标比较。因此，尽管物种资源对农业产业的发展十分重要，我们不设定具体的分析指标，以默认自然生态环境好的区域物种资源会更丰富，为间接的表达。

（二）积累基础资源

积累基础资源是指长期人类经济社会发展过程中不断积累并传承下来的生存艺术与生活文化资源。例如，代代相传的农耕文明与乡村文化；映衬着祖先生活智慧与社会状况的古民居与古村落；以艺术传承故事的民间戏曲；具有制度效率的乡规民约与传统习俗；在长期利用、改造并与自然和谐中形成与积累的独特农业景观等。这些积累基础资源是祖祖辈辈的智慧，艺术与文化的传承，随着人均可支配收入的增加，这一资源正成为现代多功能生态农业产业供给结构改变的重要基础资源。但是，由于积累基础资源作为生态农业产业集群潜在竞争力重要影响因素的统计学数据无法获得（目前在量化分析上还十分困难），在我们此次的研究中暂不构建此基础资源评价指标。

（三）经济基础资源

经济基础资源是指经济发展过程中形成的经济发展要素资源，经济学分析通常将这些要素归类为：资本、劳动力与技术。根据农业生产和与之相关的农村发展的特点，我们将三类传统要素扩充为农业资本、水利设施、运输设施、农业劳动力、农村社会保障、农业技术、规模经营、两岸农业合作和农村金融服务等方面。

农业资本。农业资本主要是指长期农业发展过程中资金不断投入而形成的农业发展基础设施，这个基础设施是以往资金不断投入而形成的现在与将来的潜在生产能力。农业基础设施可表现在农业固定资产投资额、人均农业资本量、林业投资完成情况、农业机械总动力存量、人均机械动力总量、耕地面积。通常来说，这些指标值越大，说明农业发展所需的资金投入、机械动力和土地面积方面的支持越有力。

水利设施。水利设施是农业发展的命脉，是农业发展的物质基础。这里的水利设施包括耕地灌溉面积、水库数、水库总库容量、农村水电建设完成投资额、乡村办水电站装机容量。通常来说，这些指标值越大，说明农田可灌溉面积越大，电力保障体系越完善。

运输设施。运输设施是指各种运输道路的营运里程，反映地区农业物资和农产品流动的基础支持。具体包括铁路营业里程、内河航道里程和公路里程，上述指标值越大，说明地区物资和货物流通条件越好，运输成本越低。

农业劳动力。农业劳动力是农业产业竞争力的决定因素，农业劳动不仅是单纯的农业劳动力的投入，在这个过程中，农业生产者将自己在农业生产中积累的知识（经验）一同投入，提高了其他资源的配置效率。尤其在现代农业中，农业劳动者的知识积累而形成的能力，对农业资源配置效率的贡献更加突出。农业劳动力从来就是农业发展中最积极的因素。农业劳动力对生态农业产业集群潜在竞争力的影响可表现在数量与质量两个方面。在劳动力的数量方面，我们选择的具体指标为：乡村人口占总人口比重；农业劳动力占总劳动力比重。这两个指标的数值越大，说明农业劳动力的数量越多，相对而言，农业劳动力成本就会越低。在劳动力质量方面，我们选择与人力资本投入与形成有关的指标，以及与人力资本效率有关的指标，例如农业劳动力的年平均收入，这个指标能反映某一区域总体经济发展水平，也能反映农业劳动力的能力与效率状况；农村居民经营性收入占可支配收入比反映农村居民通过销售农产品、从事农业旅游等日常活动所产生的收入占比，体现了农民商业经营意识的高低。劳动力受教育程度能说明农业劳动力人力资本投资状况，最终会表现为农业劳动力的质量状况。在影响现代农业产业竞争诸因素中，劳动力人力资本状况是十分关键的，我们研究选择的具体指标为初中及以上人口占6岁以上人口比重。

农村社会保障。农村社会保障水平是指农村居民花费在教育、文化、娱乐、医疗方面的支出水平，教育提升了农业劳动技能，文化和娱乐丰富了农民精神生活，医疗保障了身体健康，以上各方面能显著提升农民生活的幸福感，也能激发农民从事农业生产的信心。我们选择的具体指标包括：农村人均教育文化娱乐支出及其占人均消费支出比重、农村人均医疗保健支出及其占人均消费支出比重、有卫生室村数占行政村比重、每千农村人口村卫生室人员。

农业技术。农业技术是推动农业产业发展，提高农业竞争力的重要力量。技术可大大提高资源配置效率，从而提高农业产业的竞争力。在这里，技术是一个广义的概念，它包括具体的某项农业技术，更包括农业的管理与组织的创新，这种技术进步对农业产业竞争力的贡献可表现在全要素生产率的增长率上，也就是说，这种技术进步的效率体现在，当投入要素不变时，经济产出会增加。因此，这种技术进步包含了农业管理与组织的创新、农业结构优化等。我们选择的分析指标为：各地区公有经济企事业单位农业技术人员数、各地区专利所有权转让及许可数、农村宽带接入用户数、农业单位增加值的用水量，其中农业单位增加值的用水量反映的是用水效率，是节水技术的体现指标，该值越高说明节水技术越低。

规模经营。规模经营是指农业的产业化经营水平，通常情况下农业的适度规模经营能够形成规模经济，能够便于使用农业机械，提升农业生产效率。农业产业集群使相关的生产经营主体在某一区域集聚，形成规模经营，产生规模经济。我们选择的评价指标为：现代农业园区数量、农业产业化组织数量、农业产业龙头企业数量、农业专业合作社数量，这些指标值越大，农业规模经营水平越高。

两岸农业合作。中国大陆改革开放后，在部分区域，两岸农业合作在促进区域农业产业发展中发挥了重要作用。闽台农业合作是福建农业最具特色的部分。改革开放后福建农业发展已与闽台农业合作密切联系在一起，闽台农业合作，台湾农业资金、技术、人才、市场、管理与组织经验引入，促进了福建农业发展，增强了福建农业产业的竞争力。无疑，两岸农业合作发展取得的成效已形成了农业产业进一步发展的经济基础资源。因此，为了使分析更加全面客观，我们在经济基础资源分析指标中增加两项指标：农业利用台资金额（亿美元）；两岸农业合作项目数量。

农村金融服务。金融服务水平体现了金融机构对农业经营的贷款支持力度，这里使用涉农贷款额反映农村金融服务水平。

评价指标体系构成见表4-2。

表 4 - 2   生态农业产业集群潜在竞争力评价指标

评价指标	一级指标	二级指标	三级指标	数据单位	数据来源	年份
潜在竞争力	自然基础资源	土地资源	人均农作物播种面积	千公顷/万人	中国统计年鉴	2017
		生态环境	森林覆盖率	%	中国统计年鉴	2017
			自然保护区个数	个	中国统计年鉴	2017
			自然保护区面积	万公顷	中国统计年鉴	2017
			自然保护区面积占辖区面积	%	中国统计年鉴	2017
		水资源	水资源总量	亿立方米	中国统计年鉴	2017
			人均水资源量	立方米/人	中国统计年鉴	2017
			三类及以上河长占评价河长比	%	中国水利统计年鉴	2015
			供水量	亿立方米	中国水利统计年鉴/中国统计年鉴	2015
		气候条件	年日照时数	小时	中国统计年鉴	2017
			年平均气温	摄氏度	中国统计年鉴	2017
			年降水量	毫米	中国统计年鉴	2017
			相对湿度年均值	%	中国气象年鉴	2016
	经济基础资源	农业资本	农业固定资产投资总额	亿元	中国农村统计年鉴	2017
			人均农业资本量	万元/人	中国农村统计年鉴	2016
			林业投资完成情况	万元	中国统计年鉴	2017
			农业机械总动力存量	万千瓦	中国农村统计年鉴	2016
			人均机械动力总量	千瓦/人	中国农村统计年鉴	2016
			耕地面积	千公顷	中国农村统计年鉴	2017
		水利设施	耕地灌溉面积	千公顷	中国统计年鉴	2017
			水库数	座	中国统计年鉴	2017
			水库总库容量	亿立方	中国统计年鉴	2017
			农村水电建设完成投资额	万元	中国统计年鉴	2017
			乡村办水电站装机容量	万千瓦时	中国统计年鉴	2017
		运输设施	铁路营业里程	万公里	中国统计年鉴	2017
			内河航道里程	万公里	中国统计年鉴	2017
			公路里程	万公里	中国统计年鉴	2017

续表

评价指标	一级指标	二级指标	三级指标	数据单位	数据来源	年份
潜在竞争力	经济基础资源	农业劳动力	乡村人口占总人口比重	%	中国农村统计年鉴	2017
			农业劳动力占总劳动力比重	%	中国农村统计年鉴	2017
			农业劳动力的年平均收入	元	中国农村统计年鉴	2017
			农村居民经营性收入占可支配收入比重	%	中国农村统计年鉴	2017
			初中及以上人口占6岁以上人口比重	%	中国农村统计年鉴	2017
		农村社会保障	农村人均教文娱支出	元	中国农村统计年鉴	2017
			农村人均医疗保健支出	元	中国农村统计年鉴	2017
			农村居民人均教育文化娱乐支出占消费支出的比重	%	中国统计年鉴	2017
			农村居民人均医疗保健支出占人均消费支出比重	%	中国统计年鉴	2017
			卫生室的村数占行政村比重	%	中国统计年鉴	2017
			平均每千农村人口村卫生室人员	人	中国统计年鉴	2017
		农业技术	各地区公有经济企事业单位农业技术人员数	人	中国统计年鉴	2016
			各地区专利所有权转让及许可数	个	中国科技统计年鉴	2016
			农村宽带接入用户数	万户	中国统计年鉴	2017
			农业单位增加值的用水量	立方米/元	中国水利统计年鉴/中国统计年鉴	2015
		规模经营	现代农业园区数量	个	中国农业年鉴	2015
			农业产业化组织数量	万个	中国农业年鉴	2015
			农业产业龙头企业数量	个	中国农业年鉴	2015
			农业专业合作社组织数量	万家	中国农业年鉴	2015

续表

评价指标	一级指标	二级指标	三级指标	数据单位	数据来源	年份
潜在竞争力	经济基础资源	两岸农业合作	农业利用台资金额	亿美元	中国农业年鉴	2015
			两岸农业合作项目数量	个	中国农业年鉴	2015
		农村金融服务	涉农贷款额	亿元	中国金融年鉴	2016

资料来源:《中国统计年鉴》《中国农村统计年鉴》《中国农业年鉴》《福建统计年鉴》《中国水利统计年鉴》《中国气象年鉴》和商务部、海关总署上的相关研究报告。为确保评价结果的时效性,数据首选2017年数据,在无2017年数据可用的情况下选择较早一年的数据。

第四节 福建生态农业产业集群潜在竞争力评价指标分值计算

基于上述构建的评价指标体系,按照"逆向集成"方法,接下来的具体计算步骤为:(1)确定因素等级与评分标准;(2)确定三级指标分值;(3)确定三级指标权重;(4)计算二级指标分值;(5)计算一级指标分值;(6)计算生态农业产业集群潜在竞争力总分值。

一、因素等级与评分标准

借鉴GEM模型评价方法思路,将生态农业产业集群潜在竞争力影响因素分值分为十个等级。但是,这是个主观的赋值过程,是根据专家与相关部门专业人士的主观判断而得到的加权平均值。因此,我们再按生态农业产业集群潜在竞争力影响因素在全国31省市排序状况赋值,这样通过测评后的排序使主观判断的分值变为有客观依据的赋值,减少主观判断的不利影响。将这种排序赋值方法与十个评分标准等级对应,形成以下因素等级与评分标准(见表4-3)。

表4-3   因素等级与评分标准

因素等级	分值	评分标准	全国排名
等级一	10	非常优秀,具有世界级的竞争力,在全世界范围来说数一数二	全国排名第1~2名

续表

因素等级	分值	评分标准	全国排名
等级二	9	优秀，具有世界级的竞争力，在全世界范围内排名前第五名内	全国排名第 3~4 名
等级三	8	良好，具有本国范围内独一无二的优势	全国排名第 5~7 名
等级四	7	不错，具有本国范围内的竞争优势	全国排名第 8~10 名
等级五	6	及格，具有超过全国平均水平的实力，但没有竞争优势	全国排名第 11~13 名
等级六	5	适当及格，具有与全国平均水平相当的实力	全国排名第 14~16 名
等级七	4	水平有限，具有略低于全国平均水平的实力	全国排名第 17~20 名
等级八	3	水平很有限，与全国平均水平有一定的差距，这种差距可能影响到整个集群的发展	全国排名第 21~24 名
等级九	2	水平较差，离全国平均水平较大距离，这种差距对集群造成的影响已经显现	全国排名第 25~28 名
等级十	1	很差，离全国平均水平较大距离，这种差距已经严重地阻碍集群的发展	全国排名第 29~31 名

二、三级指标分值确定

按照上述构建的"评价指标体系"和"因素等级与评分标准"，按照"逆向集成"方法，先确定三级指标分值。为了更好地进行生态农业产业集群潜在竞争力比较分析，我们还用同样的方法测算了与福建临近的浙江与广东两省的生态农业产业集群潜在竞争力评价的分值作为参照。闽浙粤三省各自三级指标的分值如表4-4所示。

表4-4　闽浙粤三省生态农业产业集群潜在竞争力三级评价指标分值情况表

评价指标	一级指标	二级指标	三级指标	闽	浙	粤
潜在竞争力	自然基础资源	土地资源	林业用地面积	6	3	7
			水产养殖面积	6	6	8
			耕地面积	3	3	3

续表

评价指标	一级指标	二级指标	三级指标	闽	浙	粤
潜在竞争力	自然基础资源	生态环境	森林覆盖率	10	9	8
			自然保护区个数	6	3	10
			自然保护区面积	2	2	6
			自然保护区面积占辖区面积	1	1	5
		水资源	水资源总量	7	6	8
			人均水资源量	6	5	5
			三类及以上河长占评价河长比	6	6	7
			供水量	6	5	9
		气候条件	年日照时数	2	3	3
			年平均气温	9	8	10
			年降水量	8	8	10
			相对湿度年均值	8	6	7
	经济基础资源	农业资本	农业固定资产投资总额	7	3	4
			人均农业资本量	8	2	2
			林业投资完成情况	8	3	3
			农业机械总动力存量	3	4	5
			人均机械动力总量	2	3	1
			耕地面积	3	3	4
		水利设施	耕地灌溉面积	3	4	5
			水库数	6	7	9
			水库总库容量	4	8	8
			农村水电建设完成投资额	6	5	7
			乡村办水电站装机容量	9	9	6
		运输设施	铁路营业里程	3	3	4
			内河航道里程	5	8	10
			公路里程	3	3	8

续表

评价指标	一级指标	二级指标	三级指标	闽	浙	粤
潜在竞争力	经济基础资源	农业劳动力	乡村人口占总人口比重	5	7	4
			农业劳动力占总劳动力比重	7	8	9
			农业劳动力的年平均收入	8	10	8
			农村居民经营性收入占可支配收入比重	4	2	1
			初中及以上人口占6岁以上人口比重	3	3	8
		农村社会保障	农村人均文教娱支出	4	9	5
			农村人均医疗保健支出	3	7	3
			农村居民人均教育文化娱乐支出占总消费支出的比重	3	1	1
			农村居民人均医疗保健支出占人均消费支出比重	3	4	3
			卫生室的村数占行政村比重	10	3	10
			平均每千农村人口村卫生室人员	3	1	1
		农业技术	各地区公有经济企事业单位农业技术人员数	3	4	3
			各地区专利所有权转让及许可数	3	5	7
			农村宽带接入用户数	7	8	8
			农业单位增加值的用水量	8	9	7
		规模经营	现代农业园区数量	3	9	8
			农业产业化组织数量	4	10	7
			农业产业龙头企业数量	5	10	8
			农业专业合作社数量	6	10	8
		两岸农业合作	农业利用台资金额	10	9	9
			两岸农业合作项目数量	10	9	9
		农村金融服务	涉农贷款额	6	6	4

三、三级指标权重确立

三级指标权重的合理确定对于最终测度结果的科学性、准确性有重要影响。目前，指标权重确定的众多方法可归为三类：主观赋权法，例如德尔菲法（也叫专家调查法）；客观赋权法，例如熵权法（the Entropy Weight Method，简称 EWM）、变异系数法（CPA）等；主观与客观结合赋权法，例如层次分析法（简称 AHP）。鉴于主观赋权法与客观赋权法各自的优缺点以及数据资源情况，我们采用层次分析法（简称 AHP）来确定指标权重。

将生态农业产业集群潜在竞争力分为"自然基础资源"与"经济基础资源"两个一级指标，每个一级指标下有若干二级评价指标，每个二级指标下有若干个三级评价指标，各二级指标下的三级指标的权重之和为 1。对三级指标按照评价尺度进行两两比较构建出判断矩阵 A，AHP 的评价尺度见表 4 - 5。

表 4 - 5 　　　　　　　　　　　　　AHP 的评价尺度

a_{ij}	定义	a_{ij}	定义
1	A_i 和 A_j 同等重要	6	介于明显与十分明显重要之间
2	介于同等与略微重要之间	7	A_i 比 A_j 十分明显重要
3	A_i 和 A_j 略微重要	8	介于十分明显与绝对重要之间
4	介于同等与明显重要之间	9	A_i 比 A_j 绝对重要
5	A_i 和 A_j 明显重要	倒数	当进行 A_j 和 A_i 的比较时，适用倒数规则

资料来源：张炳江：《层次分析法及其应用案例》，电子工业出版社 2014 年版。

其次，使用和积法求得矩阵的最大特征根 λ_{max} 和其所对应的特征向量 w_i。接着，计算一致性指标 CI，$CI = \dfrac{\lambda_{max} - n}{n - 1}$，n 为评价指标个数，根据评价指标个数选择合适的平均随机一致性指标 RI(n)，通过 CI 与 RI(n) 之比求得一致性比例 CR，当 CR < 0.10 时，认为判断矩阵的一致性是可以接受的，所求出的特征向量 w_i 中的各分量便是待确定的指标权重，否则要对判断矩阵进行修正，再重复上述步骤，直到得到符合要求的指标权重为止（见表 4 - 6）。

表 4 - 6 　　　　　　　　　矩阵阶数 n 不同时所对应的 RI 值

n	1	2	3	4	5	6	7	8	9
RI	0	0	0.58	0.90	1.12	1.24	1.32	1.41	1.45

资料来源：张炳江：《层次分析法及其应用案例》，电子工业出版社 2014 年版。

通过上述方法，建立评价指标权重如表 4 - 7。

表4-7　　　　　　　生态农业产业集群潜在竞争力评价指标权重

评价 指标	一级 指标	二级指标	三级指标	权重
潜在 竞争 力	自然 基础 资源 (f_1)	土地资源 (f_{11})	林业用地面积（f_{111}）	0.14
			水产养殖面积（f_{112}）	0.24
			耕地面积（f_{113}）	0.62
		生态环境 (f_{12})	森林覆盖率（f_{121}）	0.50
			自然保护区个数（f_{122}）	0.07
			自然保护区面积（f_{123}）	0.31
			自然保护区面积占辖区面积（f_{124}）	0.12
		水资源 (f_{13})	水资源总量（f_{131}）	0.42
			人均水资源量（f_{132}）	0.19
			三类及以上河长占评价河长比（f_{133}）	0.27
			供水量（f_{134}）	0.12
		气候条件 (f_{14})	年日照时数（f_{141}）	0.16
			年平均气温（f_{142}）	0.28
			年降水量（f_{143}）	0.47
			相对湿度年均值（f_{144}）	0.10
	经济 基础 资源 (f_2)	农业资本 (f_{21})	农业固定资产投资总额（f_{211}）	0.24
			人均农业资本量（f_{212}）	0.08
			林业投资完成情况（f_{213}）	0.12
			农业机械总动力存量（f_{214}）	0.06
			人均机械动力总量（f_{215}）	0.17
			耕地面积（f_{216}）	0.34
		水利设施 (f_{22})	耕地灌溉面积（f_{221}）	0.37
			水库数（f_{222}）	0.12
			水库总库容量（f_{223}）	0.18
			农村水电建设完成投资额（f_{224}）	0.08
			乡村办水电站装机容量（f_{225}）	0.25
		运输设施 (f_{23})	铁路营业里程（f_{231}）	0.29
			内河航道里程（f_{232}）	0.14
			公路里程（f_{233}）	0.57

续表

评价指标	一级指标	二级指标	三级指标	权重
潜在竞争力	经济基础资源（f_2）	农业劳动力（f_{24}）	乡村人口占总人口比重（f_{241}）	0.06
			农业劳动力占总劳动力比重（f_{242}）	0.09
			农业劳动力的年平均收入（f_{243}）	0.25
			农村居民经营性收入占可支配收入比重（f_{244}）	0.46
			初中及以上人口占6岁以上人口比重（f_{245}）	0.13
		农村社会保障（f_{25}）	农村人均教文娱支出（f_{251}）	0.23
			农村人均医疗保健支出（f_{252}）	0.34
			农村居民人均教育文化娱乐支出占总消费支出的比重（f_{253}）	0.07
			农村居民人均医疗保健支出占人均消费支出比重（f_{254}）	0.12
			卫生室的村数占行政村比重（f_{255}）	0.16
			平均每千农村人口村卫生室人员（f_{256}）	0.07
		农业技术（f_{26}）	各地区公有经济企事业单位农业技术人员数（f_{261}）	0.42
			各地区专利所有权转让及许可数（f_{262}）	0.27
			农村宽带接入用户数（f_{263}）	0.19
			农业单位增加值的用水量（f_{264}）	0.12
		规模经营（f_{27}）	现代农业园区数量（f_{271}）	0.42
			农业产业化组织数量（f_{272}）	0.27
			农业产业龙头企业数量（f_{273}）	0.19
			农业专业合作社数量（f_{274}）	0.12
		两岸农业合作（f_{28}）	农业利用台资金额（f_{281}）	0.60
			两岸农业合作项目数量（f_{282}）	0.40
		农村金融服务（f_{29}）	涉农贷款额（f_{291}）	1

注：f_{271}表示第2个一级指标"经济基础资源"项下的第7个二级指标"运输设施"项下的第1个三级指标，即"铁路营业里程"这个指标，以此类推。

四、二级评价指标分值确定

二级指标的分值是通过将三级指标的分值加权求和获得，其计算公式为：$Score_{f_{ij}} = \sum_m Score_{f_{ijm}} \times q_{f_{ijm}}$，其中 $Score_{f_{ijm}}$ 表示指标 f_{ijm} 的得分，q_{ijm} 表示指标 f_{ijm} 的权重。

为了更好地与邻近省份进行比较，我们同时计算了闽浙粤三省生态农业产业集群潜在竞争力二级评价指标的分值。计算结果如表 4-8 所示：

表 4-8　闽浙粤三省生态农业产业集群潜在竞争力二级评价指标分值情况表

评价指标	一级指标	二级指标	二级指标分值		
			闽	浙	粤
潜在竞争力	自然基础资源（f_1）	土地资源（f_{11}）	4.13	3.72	4.70
		生态环境（f_{12}）	9.04	7.93	10.48
		水资源（f_{13}）	6.42	5.69	7.27
		气候条件（f_{14}）	7.31	7.00	8.58
	经济基础资源（f_2）	农业资本（f_{21}）	4.77	2.97	3.27
		水利设施（f_{22}）	5.27	6.39	6.42
		运输设施（f_{23}）	3.29	3.71	7.14
		农业劳动力（f_{24}）	4.81	4.61	3.86
		农村社会保障（f_{25}）	4.36	5.56	4.29
		农业技术（f_{26}）	4.38	5.65	5.53
		规模经营（f_{27}）	2.77	5.83	4.40
		两岸农业合作（f_{28}）	10.00	9.00	9.00
		农村金融服务（f_{29}）	6.00	6.00	4.00

五、一级指标分值确定

一级指标分值是通过其对应的二级指标分值求均值而得出。之所以用求均值的方法是因为各二级指标之间存在互补性，例如，对应于"自然基础资源"要素的生态环境、气候条件、土地资源、水资源等评价因素之间存在互补性与相互促进（有利）的关系：生态环境好的区域，水资源通常更丰富，气候条件更好，土地资源质量更优，物种资源更丰富。这些自然资源都是农业产业发展不可或缺的重要因素，因此在计算生态农业产业集群潜在竞争力评价分值时给予相同的权重。再如，对应于"经济基础资源"要素的农业资本状况，农业技术条件、农业劳动力数量与质量等评价因素对农业产业潜在竞争力的贡献相互之间存在显著的互补性。资本可以促进技术进步与提高劳动生产率，技术可以提高资本与劳动效率，劳动力素质可以提高资本与劳动效率。因此，在评价它们对生态农业产业集群潜在竞争力贡献时，给予相同的权重。也就是说，在我们的研究中，"自然基础资源""经济基础资源"两个一级指标的潜在竞争力评价分值是通过对二级指标分值进行加总求均值得到。其计算公式为：

$$Score_{f_i} = \frac{\sum_{j=1}^{n} Score_{f_{ij}}}{n}$$，其中 n 表示一级指标项下分别对应的二级指标的个数。

其计算结果如表 4 - 9 所示。

表 4 - 9　　　闽浙粤三省生态农业产业集群潜在竞争力评价一级指标分值情况表

基础资源评价要素	分值		
	闽	浙	粤
自然基础资源（f_1）	6.73	6.08	7.77
经济基础资源（f_2）	5.07	5.53	5.32

六、福建生态农业产业集群潜在竞争力分值确定

如前文所述，影响生态农业产业集群潜在竞争力有三类基础资源，分别是自然基础资源、经济基础资源和积累基础资源。"自然基础资源"与"经济基础资源"对于某区域生态农业产业集群潜在竞争力的形成具有相互影响的关系，例如，某一区域的"自然基础资源"条件非常好，并且有悠久有农耕文明与丰富的乡村文化，但如果"经济基础资源"条件不好，缺乏资本、技术与劳动力等因素，很好的"自然基础资源"的优势也得不到发挥。然而，"自然基础资源"好是某一区域农业产业发展的有利条件，因此，如果缺乏这一基础条件，再好资本、技术与劳动力也就无用武之地，或者要以更高的成本来实现相同的效益。而在这三个"基础资源"要素中，"积累基础资源"目前在量化分析上还十分困难，"积累基础资源"表现得总是依附与隐藏在"自然基础资源"与"经济基础

资源"之中。因此，在这种条件下，生态农业产业集群潜在竞争力的总分值计算就可简化为是"自然基础资源"与"经济基础资源"两个一级评价指标分值的乘积。计算公式如下：

$$SPC = \prod_{i=1}^{2} (Score_{f_i})$$

SPC 代表生态农业产业集群潜在竞争力评价总分值（Score of Potential Competitiveness）。在我们的分析中 m = 2，计算结果如表 4 – 10 所示。

表 4 – 10　　　闽浙粤三省生态农业产业集群潜在竞争力评价总分值情况表

生态农业产业集群潜在竞争力评价总分值		
闽	浙	粤
34.10	33.61	41.37

第五节　福建生态农业产业集群潜在竞争力分析

从上述闽浙粤三省生态农业产业集群潜在竞争力评分结果可看出，就决定生态农业产业集群潜在竞争力的"自然基础资源"与"经济基础资源"而言，从总体来看福建、浙江两省分值相近，但广东省领先，福建省居中，闽、浙、粤三省总分值分别是 34.10、33.61、41.37。从"自然基础资源"指标分值看，福建省位居三省之间，高于浙江省，低于广东省，闽、浙、粤三省分值分别是，6.73、6.08、7.77。说明广东省"自然基础资源"最优，福建省略优于浙江省。从"经济基础资源"指标分值看，福建省排名居后，浙江省稍优于广东省，闽、浙、粤三省分值分别是，5.07、5.53、5.32。在三省的比较中广东省的评分值最高是由于广东省的自然基础资源有较明显的优势，且经济基础资源也与浙江省相当。福建省与浙江省的区别则在于福建省的自然基础资源优于浙江省，而浙江省的经济基础资源优于福建省。比较结果可说明，总体来说，要在未来的生态农业产业集群竞争中取得优势，福建农业产业发展的经济基础资源还有待于加强。

从二级指标分值分析可看出：（1）福建省的土地资源、生态环境、水资源、气候条件，在三省比较后，总体居中，优于浙江省，劣于广东省。（2）在两岸农业合作、农业资本、农业劳动力、农村金融服务等指标上，福建省具有优势。在水利设施、运输设施、农村社会保障，这些指标分值上，福建处于居中位置。在农业技术、规模经营这两项二级指标分值上，福建处于相对劣势，尤其在规模经营上，福建有比较明显的差距。二级指标比较分析说明，福建"经济基础资源"不及其他两省主要原因在规模经营与农业技术方面相对滞后，这可能与福建"山地多耕地面积小"的土地资源特征有关，但改革开放后，闽台农业合作对福建农业发展的贡献显著。

从三级指标分值分析可看出：（1）林业投资完成情况、人均农业资本量、林业用地面积、森林覆盖率、农业固定资产投资总额、农村居民经营性收入占可支配收入比重、农村居民人均教育文化娱乐支出占总消费支出的比重、平均每千农村人口村卫生室人员、农业利用台资金额、两岸农业合作项目数量，在这些指标的三省比较中，福建省有比较显著的优势。（2）人均水资源量、相对湿度年均值、农业固定资产投资总额、乡村办水电站装机容量、涉农贷款额，在这些指标的三省比较中，福建省具有优势。（3）自然保护区个数、水资源总量、供水量、年平均气温、人均机械动力总量、农村水电建设完成投资额、乡村人口占总人口比重，在这些指标的三省比较中，福建省位居中间。（4）自然保护区面积、自然保护区面积占辖区面积，年降水量、公路里程、初中及以上人口占6岁以上人口比重，在这些指标的三省比较中，福建省与浙江省相同，与广东省有较大差距。（5）三类及以上河长占评价河长比、耕地面积、铁路营业里程，在这指标的三省比较中，福建省与浙江省相同，与广东省有些差距。（6）农业劳动力的年平均收入、农村人均医疗保健支出，在这些指标的三省比较中，福建省与广东省相同，与浙江省有较大的差距。（7）年日照时数、农业机械总动力存量、水库数、水库总库容量、内河航道里程、农业劳动力占总劳动力比重、农村人均教文娱支出，在这些指标的三省比较中，福建省是相对滞后与显著滞后。三级指标比较分析说明，福建林业与闽台农业合作优势明显。这些优势是福建农业产业集群向生态农业产业集群转型升级的重要基础。

通过生态农业产业集群潜在竞争力评价与比较分析可知，福建生态农业产业集群发展比较显著的优势在于林地面积或森林覆盖率形成了比较好的生态环境，以及闽台农业合作对福建农业发展的贡献，但就目前的自然与经济基础资源而言，福建生态农业产业集群的潜在竞争力还处于居中水平，自然基础资源相对有优势，但经济基础资源相对薄弱。然而，向生态农业产业集群发展是必然趋势，是经济规律使然，是未来农业竞争力所在，只有满足市场需求才能实现产业利润，只有以可持续的方式提高资源配置效率，才能形成持久的竞争力。机遇与挑战并存，在现代农业发展向生态农业产业集群转型升级关键期，福建农业有自己的特色与优势，但道路依然艰辛。福建生态农业产业集群的发展要在保护与利用好自然基础资源的同时，加大经济基础资源的投入与积累，提升潜在的竞争力。

第五章

主要观点、结论与政策建议

第一节　主 要 观 点

我们的研究力图从理论与实践两个层面，论证生态农业产业集群是现代农业发展的必然趋势。围绕着这一论点，我们以福建农业产业发展为分析案例，沿着以下的研究逻辑，逐渐展开我们的观点并加以论证：一是什么是生态农业产业集群。二是为什么生态农业产业集群会成为现代农业发展的必然趋势。三是生态农业产业集群如何创新资源配置效率。四是生态农业产业集群发展动力何在。五是基础资源如何决定生态农业产业集群潜在竞争力。

一、生态农业产业集群

我们将生态农业产业集群定义为：地理上相对集中的从事生态农业生产的经营主体（企业、农户、农民合作组织、政府、科研院所、中介服务机构等），按照保护环境，合理利用资源，实现生态与经济良性循环的生态经济原理，通过有效的分工、合作与竞争，使生态农业优势与多功能价值在市场中得到实现的，表现出具有创新力、竞争力与地域集中特征的农业产业群体。

二、生态农业产业集群是现代农业发展的必然趋势

生态农业产业集群是生态农业发展模式与农业产业集群发展模式的结合。生

态农业产业集群成为现代农业发展的必然趋势是因为：农业的本质是生态的、多功能的，只有遵循农业的本质，现代农业才有可能在生态与经济良性循环中实现可持续发展；农业产业集群的效率能更有效地利用与发挥农业的多种功能，使现代生态农业的可持续发展成为可能；与此同时，随着 PCDI 的增加，受恩格尔定律、马斯洛需求定律影响，居民对农业产出市场需求结构发生了变化——农产品量的需求增长空间有限，而农业服务产出（例如农业旅游）的需求会不断增加，生态农业产业集群能有效利用生态农业多种功能，优化资源配置效率，创新农业供给能力，满足市场需求变化。生态农业产业集群是现代农业发展的必然趋势是经济规律与可持续发展目标使然。

三、生态农业产业集群创新资源配置效率

生态农业产业集群能够使生态农业的多重价值得到利用并在市场中实现，是基于生态农业产业集群对资源要素利用与配置的创新。资源要素利用的创新是指，原来不被作为生产要素的资源在生态农业产业集群的发展模式中将成为重要的生产要素并创造价值。资源要素配置的创新是指，同样数量与质量的资源要素由于利用与组合方式的不同会创造出更大的价值。

生态农业产业集群的发展模式中资源要素利用的创新表现在，传统农业中不被作为生产要素的资源，在生态农业产业集群的发展模式中成为重要的资源要素，例如，农业自然生态系统中的清新空气、美丽景观、独特的田园风光、农耕文明、乡村文化、乡村社会风情等，是多功能生态农业产业集群创造"农业休闲与乡村旅游"等服务产出的资源要素。这种资源要素利用创新的特征还表现在：（1）它的利用是非耗竭性的。虽然自然景观与乡村文化等要素也是稀缺的，但是这类资源的利用不会因为农业服务的产出而被消耗掉。相反，相关的主体会由于经济利益的激励更加注重对这类资源要素的保护与培育，因此这类资源的利用会表现出可再生与可持续的特征。（2）它的利用能形成外部经济。例如，它会给周边区域的居民带来环境改善的效益，会使乡村文化得到更好的传承。

生态农业产业集群中资源要素配置的创新表现在，生态农业产业集群能够依据市场需求的变化，利用产业集群的生产效率，更有效地利用与发挥生态农业的多种功能，形成满足市场需求的供给。资源配置是否有效率是相对于社会福利是否改善而言，也就是说，资源要素可以有不同的利用方式和组合方式，但只有能改善社会福利的资源配置才是有效率的，经济学理论用效用可能性曲线与可能的最优社会福利曲线相交的那一点来表达资源要素的最优配置。事实上，社会福利

是需求变化的函数，而社会福利的内涵会随着市场需求的变化而变化。生态农业产业集群能够提高农业资源配置效率就在于，它既能够利用生态农业的多种功能，又能利用产业集群的组织效率，通过改变资源的利用方式与组合方式，使农业产出更好地满足市场需求的变化。例如，生态农业产业集群的资源配置效率，使得生产品质农产品的同时，也创造了农业旅游服务产出，既满足了市场需求的变化，又实现了生态与经济良性循环的可持续发展。生态农业产业集群资源配置效率的特征表现在：（1）由于对农业自然生态系统资源多重价值的利用，在没有消耗更多自然资源的情况下，能产生更多的经济效益。例如，生态农业产业集群在生产品质农产品的同时，利用清新的生态环境，美丽的田园风光，悠久的农耕文明，丰富的乡村文化等，提供农业旅游服务。再如，生态农业产业集群可以通过市场供求均衡机制传导，使既定数量的土地、劳动力、资本等农业生产要素更合理组合，满足市场需求变化，提高资源配置效率。（2）由于农业产业集群模式的契约创新，使集群中的各参与主体能够通过有效的分工合作，创新资源配置效率。生态农业产业集群具备农业产业集群提高资源配置效率的所有特征，例如，形成规模经济、产生范围经济、创造品牌效应、促进技术创新等，无疑，产业集群这些效率特征也会表现为生态农业产业能更有效地利用与实现生态农业的多重价值，创新资源配置效率。（3）非耗竭资源利用的非竞争性，形成资源配置效率的可持续性。例如，当"田园风光""农耕文明""乡村文化"等资源要素被作为生态农业产业集群农业服务产出的生产要素时，它的利用是非耗竭性的，因此它与传统农业资源的利用不是非此即彼的关系，不存在竞争性，相反，还会由于相辅相成而形成资源配置效率的可持续性。例如，处于优美生态怀抱中的一片耕地，它可以用于生产品质农产品，而美丽的田园风光又可成为农业旅游的资源。当优美的自然生态系统与丰富的乡村文化资源成为创造经济效益的生产资源时，会激励生产者保护与改善自然生态系统，传承和丰富乡村文化，结果将是，在获得更好农业服务产出时，又能改善生态环境，而这种好的生态环境是促进农产品增产，进一步增加经济效益的基础。与此同时，居民在消费生态农业服务的过程中也会进一步促进农产品的消费，增加农产品生产的经济收益。这种生态与经济间的良性循环表现出资源利用方式与配置效益的可持续性。

四、生态农业产业集群具有发展动力

产业的资源配置是否有效率最终要体现在它产出能否满足市场需求，能否实现产业发展的收益。有市场需求，并有满足市场需求的能力，这就是一个产业发展的动力所在。

生态农业产业集群的发展动力在于，它有可能并有能力利用生态农业的多种功能、多重价值，调整供给结构，满足市场需求变化，实现农业产业的利润与可持续发展。恩格尔定律揭示，农业永远都将是不可或缺的产业，然而，当农业只作为提供食物的第一产业时，它的效益会受到居民对农产品生理需求量的限制而无法不断提高，"谷贱伤农"与农产品价格需求—收入弹性低，就是从实践与理论阐明这一原理。而马斯洛多层次需求理论则揭示，随着人均可支配收入的增加，居民对农业服务产出的需求会增加，且农业服务产出的需求—收入弹性高。因此，当生态农业产业集群创新农业资源利用与配置效率，使农业成为三产融合，并以服务产出为主导时，农业只是生产农产品的概念将改变，农业产业将以创新的供给满足市场需求变化，农业产业将获得新的生命力与成长空间，农业将成为一个极具有竞争力的产业。生态农业产业集群发展模式丰富了农业产业发展的资源基础，改变了农业产出结构，并以其能够满足市场需求变化的能力，论证了生态农业产业集群具有发展的动力。

五、基础资源决定生态农业产业集群潜在竞争力

一个产业的竞争力要以潜在竞争力为基础，潜在竞争力以潜在生产力为基础，潜在生产力以生产要素比较优势为基础，当一个产业能以有效的组织方式将生产要素的比较优势转变为能满足市场需求的生产力，就形成了竞争优势。因此，生产要素的比较优势是一种潜在的竞争力，是产业竞争力的基础与实质。

农业产业集群的形成也是遵循着产业经济发展的一般规律，但农业又有自身的特殊性，尤其是生态农业产业集群，因此，产业集群竞争力的一般经济规律不能生搬硬套于生态农业产业集群竞争力的分析。但以此产业集群竞争力发展的一般规律为参照，对照生态农业产业集群发展特征，更易于理解生态农业产业集群竞争力发展的一般性与特殊规律，以及竞争力形成决定性因素之特征。

总体而言，我国生态农业产业集群处于成长阶段，在此阶段，生产要素的比较优势，以及由生产要素比较优势所决定的生态农业产业集群的规模对生态农业产业集群竞争力的形成有决定性的影响。而与此同时，生态农业产业集群又是在原有农业产业集群发展基础上的转型升级，可理解为是农业产业发展的一个新的、更高的阶段，在此阶段，通过技术创新，管理创新，组织方式创新，而形成供给创新，最终体现为竞争力的创新，也是生态农业产业集群竞争力形成的决定性因素。但生态农业产业集群的特殊性又在于，无论从形成与发展阶段还是从转

型与升级阶段来理解生态农业产业集群竞争力的主要影响因素——生产要素的比较优势，即潜在的竞争力，都是决定性的。因为，新兴的生态农业产业集群，或者说是，传统农业产业集群转型升级后而形成的生态农业产业集群，它的资源基础与资源配置方式都发生了变化。它的资源基础已扩展到集群所处区域整个农村生态经济系统，除了以往研究所归类出的土地、劳动、资本与技术这些决定农业产业发展的主要因素之外，良好的生态环境、优美的农业景观、悠久的农耕文明，丰富的乡村文化，都已成为多功能生态农业产业集群发展的重要资源基础。而且，较之以往唯农产品产值增长为资源最优配置标准，生态农业产业集群资源配置的方式也发生了深刻的变化。在生态农业产业集群资源配置效率评价的产值构成中，农产品产出与生态产出（如生态农业旅游的产值）将并举，而且，随着人均可支配收入的增长，生态产出的增长速度会大大快于农产品产出的增长速度。因此，无论是将生态农业产业集群作为形成与发展阶段，还是作为转型升级阶段，生态农业产业集群资源基础内涵的丰富与配置方式的改变，使生态农业产业集群所赖以发展的生产要素基础，尤其是自然资源基础，始终都是农业产业竞争力的决定性因素这一特征更加突出。生产要素比较优势，尤其是自然资源禀赋优势，是农业产业竞争力的重要基础，而生态农业产业集群资源配置方式，使农业产业这一特征更加突出。农业生产组织方式与技术可以创新，但具有根植性与不可复制性的农业产业发展必须紧紧依赖的资源基础比较优势始终是农业产业潜在竞争力，是竞争力的决定性因素。将生态农业产业集群竞争力的研究集中于比较生态农业产业集群的潜在竞争力，既可以简化分析，又能把握核心的方面。

第二节　研究结论

依据上述的研究思路，结合福建农业产业发展实践，得出如下研究结论：

一、福建生态农业产业集群发展具有良好基础，已进入发展关键期

福建生态农业与农业产业集群在实践中都有很好的发展，为福建农业转向生态农业产业集群发展模式提供了良好的基础，生态农业产业集群是在当前农业产业发展模式基础上的创新与升级，福建生态农业产业集群发展趋势已开始形成，当前已进入向生态农业产业集群发展的转型升级关键时期。

福建山清水秀，农业特色明显，又有两岸农业合作先行先试的诸多政策优

势，生态农业发展走在全国先进行列。福建生态农业发展模式探索一直伴随着福建农业产业发展，目前已建有东山、芗城、同安、连江等 15 个国家级和省级生态农业示范县（市、区）。生态农业建设总是福建农业发展过程中最具特色、最能代表现代农业发展趋势的部分。我们可以从福建生态农业发展实践中资源配置方式与效率目标变化的过程，领会现代农业的发展趋势。在增加农产品产出还是农业发展主要目标的发展阶段，福建生态农业发展模式的探索着重于农业第一产业，立体种养模式开发成为农业生产环节提高农业资源配置效率的目标，因此形成了以"芝、麻、观""稻—萍—鱼"为代表的一批生态农业发展模式。进入 21 世纪后，尤其是"十二五"现代农业发展规划后，随着市场需求的变化，福建生态农业的发展开始走出第一产业的思维，以休闲农业为代表的农业服务产出受到市场青睐，并以方兴未艾之势发展。农业的资源配置效率目标转向多功能农业、农业三产融合、农业与农村资源整合、城乡统筹发展。这种资源配置方式转变，为福建农业向生态农业产业集群模式发展提供了基础。

在经济规律支配下，福建农业产业集群随着福建农业的发展而形成，并在市场竞争中不断成长壮大。21 世纪初福建农业产业集群得以形成与发展，并以"农业产业化经营"的表达体现在政策文件中。比较分析阐明，所谓农业产业化经营的内涵与农业产业集群发展模式的内涵基本一致，只是农业产业集群的发展模式更强调农业产业在一定区域上集聚所形成的效率。因此农业产业化经营的发展程度可理解为是农业产业集群发展的初级阶段。

"十二五"时期：福建农业龙头企业带动农业产业化发展贡献突出，出现了农业产业龙头企业在具有优势特色农产品区域（或现代农业示范区、科技园区、农民创业园区、闽台农业合作示范区等）的集聚；与此同时，农民合作经济组织与家庭农场不断形成壮大，并在扩大生产规模、通过龙头企业连接市场方面发挥越来越重要的作用；产学研一体化，科技创新促进农业产业化发展有了更好的成效；闽台农业合作与各种示范园区、试点建设在推动农业产业集群发展中发挥了重要作用；农产品市场建设与流通渠道得到发展，各区域不同类型、不同发展程度的优势特色农业产业集群已普遍形成，并成为区域经济的主导或支柱产业。

进入"十三五"时期，农业产业集群各参与主体在相互作用中进一步发展壮大，农业产业集群已成为福建农业产业发展的有效模式与必然趋势。就福建整体而言，已形成茶叶、蔬菜、水果、畜禽、水产、林竹、花卉苗木，七大优势特色农业主导产业，体现了农业产业集群发展建立在资源禀赋优势基础上、具有根植性的特征。并且农业产业集群的发展模式以"农业产业化联合体"的叫法，表达在政府的政策文件中。在福建农业产业集群的发展中，政府管理、政策和资金的支持一直在发挥着重要的作用。尤其是近年政策文件中对发挥市场机制、制度创新方面有更多的强调，说明政府对农业产业集群的管理，随着农业产业化的发展进程，已从初期更多的行政与计划的方式，转向更多发挥市场作用的方式，从中也说明福建农业产业集群的发展进入更加成熟阶段。

"十三五"期间，福建农业产业集群以更快的速度发展，但也面临着进一步发展的挑战与机遇。环境承载力、可持续发展目标、更加激烈的市场竞争形成挑战，而市场需求结构变化为多功能农业多重价值利用的创新提供了机遇。当前福建农业产业集群发展已进入向生态农业产业集群发展的转型升级关键时期，实践中农业产业集群向多功能生态农业产业集群发展的趋势已经形成，并开始在决策上引起重视。但是福建生态农业产业集群实践的发展一直领先于理论的研究。

福建生态农业发展与农业产业集群发展不是截然分开的，实践中，产业集群的发展越来越重视生态建设，以生态农业为基础，才能更好满足市场需求与可持续发展的目标。而生态农业的发展需要借助产业集群的模式，形成规模经济，提高经济效率与竞争力。市场竞争的经济规律始终在引导着福建农业产业发展，生态农业与农业产业集群是现代农业发展的必然趋势，生态农业产业集群是现代农业发展必然趋势中的有效模式，它是结合生态农业与农业产业集群发展模式优势后，用农业产业集群的效率，使生态农业的多种功能得到更有效发挥、多重价值得到更有效利用，使农业产业能创新资源配置效率、创新发展空间、创新竞争力，获得更强的生命力。因此，生态农业产业集群是在当前农业发展模式基础上的创新与升级。

二、福建生态农业产业集群具有发展动力

我们以经济学市场供求均衡理论为研究的理论参照系，对福建生态农业产业集群发展动力进行实证研究，得出的结论是：无论是从市场需求与需求结构变化趋势预测，还是从供给能力发展趋势预测，都能说明福建生态农业产业集群具有发展动力。

根据理论分析的需要与实际发展情况，我们将生态农业产业集群的产出划分为品质农产品产出与生态产出两大类，根据现阶段发展特征，又以农业旅游服务产出作为生态产出的代表。在此假定前提下，首先，对福建生态农业产业集群市场需求影响因素进行分析；其次，结合应用格兰杰因果关系分析方法和灰色动态预测模型，分别对福建生态农业产业集群品质农产品和旅游服务产出的市场需求进行预测，同时，我们也对品质农产品的市场价格进行问卷调查。接着，我们进

行供给能力预测，得出的结论是：

（1）影响农业产出市场需求的因素主要有：人口数量与结构、人均 GDP、人均可支配收入、恩格尔系数、农业产出市场消费需求结构变化等，但在诸多影响因素中，对生态农业产业集群产出市场需求结构变化影响最大的是建立在人均 GDP 基础之上的人均可支配收入，当人均可支配收入达到一定水平后，对品质农产品需求的增长会快于对农产品需求的增长，对农业生态服务产出的需求会以越来越快的速度增长，表现出收入需求高弹性。旺盛的市场需求论证了福建生态农业产业集群具有发展的动力。

统计数据显示，进入 21 世纪以来，福建省人均 GDP 增长了 5 倍多，增速快于全国平均水平，人均可支配收入增长了 4.25 倍，始终高于全国平均水平。

有一份研究资料阐述：恩格尔系数达 59% 以上为贫困，50%～59% 为温饱，40%～50% 为小康，30%～40% 为富裕，低于 30% 为最富裕。2002～2018 年，福建城镇居民和农村居民恩格尔系数均呈现下降趋势。农村居民恩格尔系数从 2013 年开始下降到 40% 以下，2018 年下降至 35.73%，城镇居民恩格尔系数 2010 年就下降到 40% 以下，2018 年下降至 31.98%。以上述研究结论为参照可充分说明，随着收入水平的提高，福建居民正在进入消费需求升级的新阶段。农产品市场价格调查问卷结果也显示：品质等级越高的农产品，其市场价格越高；人均 GDP 越高的区域对品质农产品的需求程度越高。

实证分析得到的预测结果显示：2035 年福建城镇居民人均可支配收入预测值是 216900.93 元，它是 2019 年 49210.18 元的 4 倍，以年均 10.10% 的速度增长；2035 年福建品质农产品人均支出预测值是 3953.93 元，它是 2019 年 842.42 元的 4.69 倍，以年均 10.15% 的速度在增长；品质农产品支出增长速度快于人均可支配收入增长速度；福建省绿色农产品消费需求将从 2019 年的 57.68 亿元增加到 2035 年的 162.26 亿元，年均增长率 6.68%，有机农产品消费需求将从 2019 年的 29.77 亿元增加到 2035 年的 484.61 亿元，年均增长率 19.05%；预测结果可进一步论证，随着人均可支配收入增加，居民对品质农产品的需求还有增长的空间，能够提供优质农产品的生态农业产业集群具有发展动力。

对于福建生态农业旅游服务消费需求的分析，由于统计资料的缺乏，我们从市场需求推动生态农业旅游服务产出的角度来论证居民对生态农业旅游服务日益增长的需求，同时用相关的间接数据来预测需求增长的趋势。

研究资料与实地调查显示，由于市场需求的增长，近二十年福建各类生态农庄、休闲农场等集生产与休闲功能为一体的农业产业发展模型逐渐形成，并以农业产业集群的组织方式，形成规模经济、多功能利用创新等，以满足市场日益增长的农业旅游服务消费需求。在市场需求推动下，发展至今，福建生态农业旅游已有了丰富的内容和一定的规模，不同区域根据自己的资源优势形成了不同内容的生态农业旅游类型。在福州、泉州、厦门、漳州等地已形成休闲农业产业集聚区，生态农业旅游已成为乡村集体与村民收入的重要来源。

福建生态农业旅游通常都会依托于某一优势农产品而展开，例如茶、花、果等，根据生态农业旅游的主要内容的区别，总体上可划分为两大类：农业生态文化旅游与农业休闲观光旅游。农业生态文化旅游注重让游客在农业旅游中了解、体验、传播、分享农业文化。福建此类型的生态农业旅游甚多，例如较典型的有邵武南武夷药博园、安溪茶庄园等。农业休闲观光旅游注重于身心的放松，游客在优美的生态环境中，在别致的田园风光中，感受大自然之怀抱，体验采摘之乐趣，享受农家之美食，体会农耕文明与乡村文化之厚重。福建这类农业休闲观光旅游胜地的形式和类型众多，它们通常与农业产业发展密切相关，总是以符合某地资源禀赋优势的特色农业产业发展为依托。例如，漳平永福樱花园农业休闲观光旅游。永福高山茶樱花园盛开季节时，涌动人海与樱花茶园交相辉映之美景，在艺术家眼里是诗之歌，在生态学家眼里人与自然和谐之美，在经济学家的眼里是旺盛的市场需求和 GDP 的增长。再如，平和蜜柚园农业休闲观光旅游。较之一般的生态农业旅游，平和蜜柚旅游更具特色与个性。三十多年的发展，平和蜜柚果林已形成一道独特的靓丽景观，依然保存着的一些独特的古村落建筑、底蕴深厚的蜜柚文化、优美的自然景观、名人故居、宗教庙宇、传统工艺、红色圣地等，为平和蜜柚生态农业旅游发展奠定了丰富的资源基础。农业休闲观光旅游市场需求的增强使这些丰富的旅游资源有了用武之地。

我们借用"福建省居民旅游消费"和"全国居民在福建省休闲观光度假消费"这两组相关统计数据来进一步分析福建生态农业旅游发展与满足市场需求的概况。统计数据显示，福建本省居民旅游消费需求不断增长，2002~2018 年均增长率 20.82%。"全国居民在福建休闲观光类旅游消费"从全国市场消费需求的角度分析全国居民对福建生态农业旅游服务消费需求的快速增长。统计数据显示，2002~2018 年全国居民对福建休闲观光类旅游消费需求支出年均增长率 24.90%。这一高增长速度表明，相对于全国而言，福建所拥有的生态农业旅游资源，使福建满足全国居民生态农业旅游服务消费需求增长空间很大。因此，福建的生态农业产业集群，由于其能提高效率、更好地利用与产出农业的多种功能，具有发展动力。

同样用灰色动态预测模型，对福建农业旅游服务产出需求趋势进行预测，结果显示：2017~2035 年间，福建本省居民与全国居民对福建生态农业旅游服务需求都表现为持续增长趋势；其中，福建本省居民旅游服务消费需求将从 2019 年的 3653.28 亿元增加到 2035 年的 64441.25 亿元，全国居民对福建休闲观光类旅游需求将从 2019 年的 6651.24 亿元增加到 2035 年的 119616.39 亿元；相比较而言，全国居民对福建休闲观光旅游的增长速度要快于本省居民消费需求增长速度；这种持续与旺盛的市场需求增长趋势正是福建生态农业产业集群发展动力所在。

（2）供给是供给动力和供给能力的统一，福建生态农业产业集群以其产出量不断增长与能满足市场需求结构变化的潜力显示了其具有满足旺盛市场需求的供给能力，说明其具有发展动力。

市场价格与生产成本是影响供给的最重要因素。市场价格虽然是生产者增加供给的重要影响因素，但一般生产者是难以控制市场价格，影响供给者供给选择的是预期价格。而决定生产成本的因素是生产投入要素的价格与更为重要生产投入要素的配置效率。理论分析与实践的发展都能论证生态农业产业集群是提高资源配置效率的有效模式。基于这种思路，我们依然以生态农业产业集群的总产出可归结为品质农产品与生态农业旅游服务产品这两大类为研究分析的假定条件之一，并以人均可支配收入增长使居民对生态农业产业集群产出预期需求增长，从而生态农业产业集群长期预期价格总是增长为分析研究的假定条件之二，因此，影响福建生态农业产业集群供给能力的主要因素是生产成本，我们对福建生态农业产业集群供给能力的分析侧重于成本影响因素，即在市场价格（预期价格总是随着需求的增长而增长）既定的前提下，分析供给曲线上下移动的影响因素。

供给曲线上下移动的重要影响因素之一是生产成本，决定生产成本的重要因素是生产投入要素的配置效率和生产投入要素的价格。我们以生态农业产业集群总是能提高资源配置效率为研究前提，因此将决定生产成本的因素研究集中到生产投入要素的价值，而投入要素价格与资源禀赋有关。研究分析得出的结论是，福建生态农业产业集群发展的资源禀赋优势可概括为：优越的生态环境、丰富的农业资源类型、悠久的农耕文化、独有的闽台农业合作优势。

实践发展中福建生态农业产业集群的供给能力表现在：①随着经济发展进程，福建农业产业集群已有很好的发展基础，福建已具有一批进入成长期与快速成长期、产品已形成品牌，在全国与国际市场具有竞争优势的农业产业集群。这一批农业产业集群已成地方经济的主导产业或支柱产业之一，创造着市场供给能力。并且为适应市场的需求，福建农业产业集群正朝着生态农业产业集群的方向快速发展。②当前福建生态农业产业集群供给能力增强具体表现还可归结为，品质农产品供给增加与休闲农业迅速发展。品质农产品供给的增加可以从福建农业产业集群构成主体的数量增长，各类园区数量增加、品质农产品获奖、认证数量增加，农业监测面积增加、农业产业结构优化等诸多方面得到间接论证，因为这些方面的变化本身就说明了品质农产品生产基础或品质农产品生产量的变化。休闲农业迅速发展表现在具有一定规模的休闲农业经营主体数量不断增长，各种休闲农业、农业旅游示范点和荣誉称号的数量名列全国前茅，休闲农业服务已成为福建生态农业产业集群的重要产出，已成为农民增收、乡村振兴的新兴支柱产业。以省会城市福州市为例，据不完全统计，截至 2017 年，福州市已建成各种休闲农场 187 家，其中国家级 5 家，省级 37 家。农家乐 383 家，总投资规模近200 亿元，带动就业 1.2 万多人，年接待游客量近 1000 万人次，年营业收入 20亿元左右。③生态农业旅游通常会与其他的旅游相辅相成，因此，我们从福建省总体旅游供给情况，推断生态农业旅游的供给能力与趋势，分析结果显示：近十年福建接待国内外游客人数和旅游收入均保持 10% 以上的增长速度。表明随着人均可支配收入的增长，我国旅游服务消费需求市场很大，反过来也说明福建提供生态农业旅游服务的供给能力很强。④闽台农业合作是福建农业发展最具特色的部分，福建休闲农业迅速发展与闽台农业合作政策创新密切相关，尤其是台湾农民创业园区政策创新，对推动福建休闲农业发展，提升农业旅游服务能力表现得十分突出。

　　福建生态农业产业集群潜在供给能力预测是从又一个角度论证福建生态农业产业集群的供给能力。基于同样的思路，在生态农业产业集群潜在供给能力预测中，我们将福建农业的总供给归结为品质农产品供给与农业旅游服务供给两大类。然后加总这两类的预测值，得出总供给（产出）预测值。对于生态农业产业集群品质农产品产出效率的评价与测算，经济学已有很成熟的理论模型，我们选择 CD 生产函数模型和自回归移动平均模型（ARIMA），预测福建生态农业产业集群品质农产品潜在供给能力，而对福建生态农业旅游服务供给能力的预测值则以福建生态农业旅游服务市场需求预测值替代，依据是生态农业旅游服务的供给能力不会由于资源的约束而受到限制，意味着有市场需求就会有相应的供给，基本上可由市场需求量决定供给量。

　　实证分析预测的结果显示：福建生态农业产业集群的供给能力不仅体现在总产出的不断增长，更重要的是体现在供给结构不断优化，以满足市场需求结构的变化。2018 年福建省农产品产出是生态农业旅游服务产出的 12.7 倍，农业旅游服务产出仅占农业总产出的 7%；2030 年农产品产出与农业旅游服务产出的产值接近相等，分别是 2493 亿元与 2408 亿元；2030 年之后，在农业总产出中，农业旅游服务的产出开始超过农产品的产出；2035 年农业旅游服务产出将是农产品产出的 2.8 倍，将占农业总产出的 73.8%；2018～2035 年农产品产出呈现稳定缓慢增长趋势，农业旅游服务产出呈现不断增强的趋势，2027～2030年，以年均33%的速度增长，2030～2035年，以年均45%的速度增长；农业总产出增长趋势图与农业旅游服务增长趋势图相似，说明未来农业总产出的增长主要是农业旅游服务产出的增长，而农业的农产品产出会保持在一个相对稳定的量。

实证分析预测结果与我们前面所论述的观点完全一致，即随着人均可支配收入的增加，受恩格尔定律支配，为满足市场需求结构变化，农产品产出量会保持在缓慢增长、相对稳定的状态，而以农业旅游服务为代表的农业生态服务产出会不断增加。福建生态农业产业集群潜在供给能力预测值，体现了这种满足市场需求结构变化的供给能力。

三、福建生态农业产业集群特色、优势与挑战

生态农业产业集群是现代农业发展的必然趋势，福建生态农业产业集群发展潜在竞争力分析结果显示，福建具有发展生态农业产业集群的自然资源基础优势，尤其是福建林业发展以及闽台农业合作优势明显，这些优势是福建农业产业集群向生态农业产业集群转型升级的重要基础。但相比较而言，福建发展生态农业产业集群的经济基础没有优势，尤其是在农业规模经济与技术创新方面相对滞后。总体而言，福建农业有自己的特色与优势，生态农业产业集群发展已有很好的基础，但面对愈加激烈的市场竞争，福建生态农业产业集群发展的道路依然艰辛，福建生态农业产业集群的发展要在保护与利用好自然基础资源的同时，加大经济基础资源的投入与积累，提升潜在的竞争力。

我们对生态农业产业集群潜在竞争力的分析以这样假定为前提：不同区域或国家的农业产业发展都选择具有效率的生态农业产业集群的发展模式，而且，多功能的生态农业产业集群资源利用特征使其有能力提供满足市场需求的产出，并且大数据时代使农业市场供求均衡更容易实现。基于这些假定，依据农业产业的特殊规律与生态农业产业集群的特征，我们选择以更符合实际情况、更易于说明本质问题，更易于比较分析的潜在竞争力为研究对象，借鉴经典产业竞争力理论分析思路，以GEM模型分析框架为重要参考，构建福建生态农业产业集群潜在竞争力评价指标体系，以定性与定量结合的实证分析方法，对福建生态农业产业集群竞争力发展进行定性与定量结合的分析，旨在揭示一种由"资源基础"所决定的比较优势的未来市场竞争优势与竞争力。

我们将"资源"分为三类，即"资源"是指由某一区域自然条件形成的"自然基础资源"、由某一区域历史传承形成的农耕文明与乡村文化等"积累基

础资源"、由某一区域经济发展过程中形成的"经济基础资源"。这些"资源"构成了生态农业产业集群发展潜在竞争力的影响要素。在这三大要素之下，可以设置若干一级指标，对应于若干一级指标选取若干二级指标等，由此形成生态农业产业集群潜在竞争力评价指标体系，再将各影响因素所对应的指标转化为可量化测度的值，然后用"逆向集成"的方法来得到生态农业产业集群潜在竞争力分值评价的结果。

第三节　政　策　建　议

回望福建农业产业发展历程，每一个迈步都与政策的功效密切相关，政策不断随着实践的发展而调整，又不断引导实践的发展。经济政策是政府管理和协调经济发展的主要和有效的方法，它可以为经济主体创造更好的竞争与发展环境，它可以帮助管理者实现所设计的发展目标。

一、重视政策力量制定合适政策

政策是引导经济或产业发展重要手段，因为政策是来自于对实践发展的总结和经济规律的理解，因此政策的效率可体现在减少试错的成本，引导和推进发展。政策可以调节资源分配，产生更高的资源配置效率。政策形成有效的激励与约束，有利于经济秩序的形成。政策是制度创新，可以创造更好的竞争环境，促进经济主体自主创新，更好地发挥市场机制的作用。因此，在福建现代农业转向生态农业产业集群发展模式的关键时期，要更多地重视政策的力量，不断深入了解与总结实践的发展，制定与颁布合适的政策，以利于引导实践的发展。与全国一致，改革开放后的四十年，福建市场经济发展已有很好的基础，政策的着眼点应从改革开放初期侧重计划与管理转向更多地发挥市场机制的作用，政府可以在市场不能发挥作用的地方更多作为，而让市场机制在推进福建农业产业发展中更充分地发挥作用。

二、进一步明确和鼓励生态农业产业集群发展

生态农业产业集群是现代农业发展的必然趋势，基于其资源配置效率的创新与能够满足市场需求变化的能力，且目前又处于转型升级的关键期，政府可将其

作为重要的现代农业发展模式，明确写进政策文件，将其作为福建生态省建设目标的重要内容与福建生态省建设的重要基础，予以福建农业产业发展引导、鼓励和支持，以政府的力量助推福建生态农业产业集群发展形成规模经济。事实上，福建农业实践中表现出的产业化、生态化、集群化发展趋势与发展过程中的每一阶段，在政策文献中都有表述。从新世纪初的"农业产业化经营"到"十三五"时期的"农业产业化联合体"，从本质与内涵的丰富过程看，都可以理解为是现代生态农业产业集群发展过程的不同阶段。

三、保护优势夯实基础

潜在竞争力比较分析揭示，福建具有发展现代生态农业产业集群的基础资源特色与优势。福建森林覆盖率全国（除台湾地区外）之最，江河水域自成体系，山峻田秀，生态环境优越，自然资源丰富，农耕文明与乡村文化悠远，天时、地利、人和造就的闽台农业合作优势，生态农业与农业产业集群发展基础好等，这些都是福建现代农业向生态农业产业集群模式发展的优势所在。然而，由于福建农业经济基础相对薄弱，在日益激烈的市场竞争中，福建生态农业产业集群发展的道路依然艰辛。政策要在保护优势夯实经济基础方面给予更多倾斜，政府可加大力度鼓励，比如以自然资源定价、明晰产权、生态补偿等市场方式保护自然资源与生态环境实践创新，与此同时，针对福建农业经济基础相对薄弱的劣势，在政府投资配置上进一步增加农业公共基础设施建设、农业科技研究与创新。发挥生态农业产业集群整合农业与农村资源，结合乡村美与农民富，统筹城乡发展，促进可持续发展的资源配置特征，将鼓励生态农业产业集群发展的政策融入"乡村美、农民富"发展目标中，使之成为实现乡村振兴的有效途径。使福建生态农业产业集群发展不仅有自然资源优势，还有扎实的经济基础优势，不断创新市场竞争力。

四、制度创新鼓励发展

制度创新是创新的前提，制度创新会带来一系列政策创新，当创新的政策被实践证明有效率时，又会上升为制度创新，进一步推动经济社会发展。制度创新总会带来生产力的创新，从而是市场竞争力的创新，这是由于制度创新的形成是因为制度创新能激发人们创造性和积极性，从而提高资源配置效率，促进发展。因此，当市场需求变化，要求改变资源配置方式、提高资源配置效率时，制度创新就会产生。而且，许多制度安排是紧密相连的，一个制度的创新，可能引起一系列制度的创新。

实践中生态农业产业集群模式的形成与发展就是一种诱致性制度创新。因为随着经济发展进程中人均可支配收入的增长，居民对农业产出的市场需求与需求结构发生了变化，为了满足市场需求，获得发展动力与竞争力，农业产业必须改变资源配置方式、提高资源配置效率，多功能的农业也为调整资源配置方式提供了可能性，生态农业产业集群发展模式应运而生。这种制度创新使生态农业产业集群中的各利益（经济）主体，由于集群中契约关系形成的制度创新，都能获得更大的收益，而集群整体更会获得倍增的效益。

发展至今，福建生态农业产业集群开始形成、福建生态农业发展、福建农业产业集群发展，都离不开政府的政策支持。如果政府能将诱致性制度创新所形成的"生态农业产业集群"明确写进政策文件，以政府的力量结合市场机制，就可能产生强制性制度创新的规模经济，推动福建生态农业产业集群更快更好地发展。因此，将生态农业产业集群作为福建现代农业发展的重要模式、作为生态省建设目标的重要内容，它本身就是一种制度创新，是管理制度的创新。在这种制度创新下，为了使生态农业产业集群能更有效地在市场机制下发展，需要有一系列相应的制度或政策创新。例如：土地使用制度的创新；产权明晰与保护（尤其是自然资源产权保护与配置）制度的创新；政府管理与公共服务功能的创新；继续发挥闽台农业合作优势制度创新；鼓励龙头企业自主创新、支持农民合作经济组织发展、进一步推动产学研结合等制度环境创新；农业融资制度创新等。福建在鼓励生态农业产业集群发展的制度创新方面还有大有可为的空间。

制度创新也包括及时总结实践的发展，不断调整政策或制度，以鼓励进一步发展。制度创新是创新之本，没有制度创新，就没有核心竞争力。

五、加强理论研究重视示范引导

理论和实践是相辅相成的。理论研究源于实践的发展，由于它是对实践发展成效与发展影响因素之间相互关系一般规律的总结，因此它又可以用来指导实践的发展，并在指导实践发展过程中得到修正与完善。一项具有决策参考价值的研究成果，并被决策者所采纳，它所产生的经济社会价值将是巨大的。

我们在研究调查过程中，深切体会到，实践中的福建生态农业产业集群在经济规律的推动下不断向前发展，但是理论的研究严重滞后于实践的发展。因此，重视与鼓励相关的理论研究，加大相关研究的立项支持，更好地总结实践的发展，并用于进一步指导实践的发展，将不同区域好的发展经验加以总结，上升为理论依据，再用以指导实践，产生示范与推广效应，将是十分重要与十分有意义的。

附　录

调查问题设计

福建省生态农业产业集群发展调查问卷
（农户、家庭农场、农民专业合作社部分）

户名或合作社名称：_____地址：_____

1. 您经营的主体是（可多项选择）：

□农业种植；□畜牧养殖；□水产养殖；□农业旅游；

□其他_____。

2. 土地产权形式与经营面积（可多项选择）：

□承包地；□购买；□租赁。

经营面积_____亩。

3. 家庭农业劳动力

主要从事农业劳动_____人；年龄_____；文化程度_____。

4. 生产投入资金来源

□自己积累；□抵押贷款；□民间借贷；□政策支持贷款；

□其他_____

5. 家庭收入来源与组成

种植，_____元/年，占家庭总收入_____%；养殖，_____元/年，占家庭总收入_____%；农业旅游，_____元/年，占家庭总收入_____%；农业外收入（外出打工等），_____元/年，占家庭总收入_____%。

6. 以何种方式参与生态农业产业链或产业集群的分工与合作

□提供初级农产品；□专业化种植或养殖；□农产品加工；□农产品流通；

□其他_____

7. 您是否受益于产业化经营与产业集群的分工与合作

如果否，原因是：_____

如果是，原因是（可多项选择）：□得到更多的信息；□得到技术指导；

□得到专业培训；□专业化生产提高效率；□产品销售有保障；

□优惠政策支持；□集群产品品牌效应；□其他：＿＿＿＿＿＿＿＿。

8. 您与龙头企业的合作方式：

□口头商定；□签订合同

9. 您的产品销售方式是：

□周边自由市场；□超市；□公司收购；□龙头企业订单收购；

□电子商务；□其他＿＿＿＿＿＿＿＿

10. 农民专业合作社组织与经营形式：

合作社形式：

□国家级示范；□省级示范；□农民自发形成；

□其他：＿＿＿＿＿＿＿＿。

组织形式：＿＿＿＿＿＿＿＿＿＿＿＿＿＿

经营内容：＿＿＿＿＿＿＿＿＿＿＿＿＿＿

在产业化经营与产业集群中发挥的作用：＿＿＿＿＿＿＿

11. 您以生态农业的方式生产与经营体现在：

您的产品是：□无公害；□绿色；□有机；□其他。

您的肥料使用方式是：＿＿＿＿＿＿＿＿＿＿＿＿

您的病虫害防治方式是：＿＿＿＿＿＿＿＿＿＿＿

您的其他环境保护方式是：＿＿＿＿＿＿＿＿＿＿

福建省生态农业产业集群发展调查问卷（公司部分）

【第一部分　基本情况】

公司名称：＿＿＿＿＿　公司地址：＿＿＿＿＿　成立时间＿＿＿＿＿

1. 您公司的产权形式是：

□国有；□私营；□股份所有；□合作制；□股份合作制；

□其他＿＿＿＿＿＿＿＿。

2. 您公司生产经营的主要产品是：＿＿＿＿＿＿＿＿＿＿

3. 您公司是否坐落在某类园区：□是；□否

如果是，该园区是：＿＿＿＿＿＿＿＿＿＿＿＿。

4. 您公司经营土地面积＿＿＿＿亩，其中农业种植面积＿＿＿＿亩，厂房面积＿＿＿＿亩，其他用地＿＿＿＿亩。

5. 您公司土地获得方式与价格：

□租赁，每亩＿＿＿元，租期＿＿＿年；□购买，每亩＿＿＿元；

□入股，方式_____

6. 您公司年平均员工_____人，其中技术人员_____人，固定合同工_____人，临时雇工_____人。

7. 您公司固定资产_____万元。

8. 您公司近年来产值是_____万元，利润是_____万元。

9. 您公司总产值中农产品产出收入_____万元，农业休闲观光收入_____万元。

10. 您公司的交通与生态环境状况：_____。

【第二部分　生产方式与产品流通】

1. 您公司的土地获得的形式是：

□承包地；□租赁；□购买；□股份合作；□其他_____

2. 您公司资金来源：

□自有资金积累；□银行贷款；□股票债券融资；□政府政策性借贷；

□政府项目支持；□其他渠道_____。

3. 您公司劳动力组织方式：

□当地农民，占公司总劳动工人比重_____%；

□外来工，占公司总劳动工人比重_____%；

□临时工，占公司总劳动工人比重_____%；

□固定工，占公司总劳动工人比重_____%。

4. 您公司市场与科技信息获得渠道：

□网络；□相关专家；□信息或咨询公司；□农业行业协会；

□农民专业合作社；□政府机构，其具体帮助方式_____；

□中介服务机构，其具体帮助方式_____；

□科研院所，其具体帮助方式是_____；

□其他_____。

5. 您公司的产品销售方式是：

□周边自由市场；□全国市场；□农产品专业批发市场；□超市；

□其他公司收购；□电子商务；□中介人员；

□其他_____。

【第三部分　产业化生产和产业集群参与情况】

1. 您公司属于：

□国家级龙头企业；□省级龙头企业；□市级龙头企业；□县级龙头企业；

□其他_____。

2. 您公司与上游农业产业链主体以何种方式建立分工与合作：

□口头商定；□签订合同

具体分工与合作的内容（可选择多项）：

□按订单收购农产品（其中收购价格□按市场；□按合约）；

□提供种苗；□提供栽培与管理技术；□提供市场信息；□提供技术培训。

3. 您公司与下游公司的分工与合作：

□产品送入超市；□产品直接进入市场；□产品卖给进一步深加工的公司；

□产品卖给代理商；□其他＿＿＿＿＿＿＿＿＿＿＿＿。

4. 您公司的龙头作用体现在（可多项选择）：

□技术推广；□信息传递；□专用机耕服务；□劳动就业；

□调整生产结构；□降低生产资料成本；□提供产品议价能力；

□品牌效应；□保障农民产出收益（稳定农民收入预期）；

□其他＿＿＿＿＿＿＿＿＿＿＿＿。

5. 您公司以产业化方式生产（或者参与产业集群中的分工与合作）是否增加收益：

□是；□否

如果否，原因是＿＿＿＿＿＿＿＿＿＿＿＿＿＿＿＿＿＿＿＿＿＿＿＿＿＿

如果是，增加＿＿＿＿＿＿万元/年（或增加＿＿＿＿＿＿%），增加原因是（可多项选择）：

□产出量增加；□基础设施共享；□边际生产成本降低；□集群横向合作；

□农业多功能利用；□专业化生产；□技术创新；□产品质量提高；

□品牌效应；□市场份额增加；□突出特色产品；□广告效应；

□市场，技术及其他信息共享。

【第四部分 政府支持与政策】

政府给予您公司的支持与优惠政策有（可多项选择）：

□土地利用优惠，具体描述＿＿＿＿＿＿＿＿＿＿＿＿＿＿＿＿＿＿＿＿＿

＿＿＿＿＿＿＿＿＿＿＿＿＿＿＿＿＿＿＿＿＿＿＿＿＿＿＿＿＿＿＿＿＿＿

□以园区建设方式提供基础设施，具体描述：＿＿＿＿＿＿＿＿＿＿＿＿＿

＿＿＿＿＿＿＿＿＿＿＿＿＿＿＿＿＿＿＿＿＿＿＿＿＿＿＿＿＿＿＿＿＿＿

□税收减免，具体描述：＿＿＿＿＿＿＿＿＿＿＿＿＿＿＿＿＿＿＿＿＿＿

＿＿＿＿＿＿＿＿＿＿＿＿＿＿＿＿＿＿＿＿＿＿＿＿＿＿＿＿＿＿＿＿＿＿

□资金投入，具体描述：_____

_____

□借款优惠，具体描述：_____

_____

□提供基础设施和公共服务，具体描述：_____

_____

□科研经费支持，研发投入_____万元/年

□生态环境保护要求，具体描述：_____

_____

□产品质量监测，具体描述：_____

_____

□其他_____

【第五部分　农业生态效益】

1. 您公司是如何执行政府制定的生态环境保护规定：_____

_____

2. 您公司生态农业基础设施年投入资金总额_____元，年环保投入资金

_____元。

3. 您公司可持续生产方式体现在：□循环利用；□生态有机耕作；□污染净化；□其他，描述_____

4. 您公司产品是否属某类型生态品牌，如果是：□绿色产品；□无公害产品；□有机产品。

【第六部分　生态农业产业发展构想与愿望】

您公司的发展构想与发展规划_____

_____

_____

_____

福建省生态农业产业集群发展调查问卷（园区或集群部分）

园区或集群名称：_____　成立时间：_____

1. 园区或集群形成过程（为什么会建设这个园区）：_____

_____

_____

2. 园区或集群占地面积_____亩；

3. 园区或集群土地获得形式：□征地；□租赁；□购买；
□其他：_____。

4. 园区或集群主体组成：

企业_____个；农民专业合作社_____个；农民家庭农场_____个；农户_____户；科研院所_____个；管理机构_____个；中介组织_____个；其他：_____。

5. 园区或集群生产经营类型：_____

6. 园区或集群建设示范与带动效应表现在：
□技术带动；□信息传播；□劳动就业；□调整生产结构；
□其他：_____。

7. 园区或集群发展的集群效应表现在：
□降低管理成本；□降低采购成本；□提高议价能力；□品牌效应；
□学习效应；□规模效应；□促进创新；□提高资源利用效率；
□基础设施共享；□其他：_____。

福建省生态农业产业集群发展调查问卷（政府部分）

政府管理机构名称：_____
一、政府所在地区农业产业经营现状
1. 产品与产值
种植业：
主要种植品种_____；
种植业占区域农业总产值_____%；种植业产品销售对象：_____
养殖业：
畜牧业养殖品种_____；
畜牧业养殖占区域农业总产值_____%；畜牧业养殖产品销售对象：_____
水产养殖种类_____；
水产养殖占区域农业总产值_____%；水产养殖产品销售对象：_____
休闲观光农业：
主要类型_____；

区域休闲观光农业年产值_____；占区域农业总产值_____%

2. 农业生产经营主体

龙头企业_____个，其中，国家级_____个，省级_____个，区级_____个；2016 年销售总额_____亿元，带动农户增收_____户。

农民专业合作社_____家，其中，从事种植业_____家，畜牧业养殖_____家，水产养殖_____家。

家庭农场_____家，其中，省级家庭农场_____家。

中介服务机构_____个，主要职能_____。

区域农户_____户，户均农业劳动力_____个。

农户收入组成：

农业产出收入_____元/年；休闲观光农业收入_____元/年；外出打工收入_____元/年。

3. 地方农业特色

贵区域地方农业特色是：_____

品牌产品_____个，其中：福建著名商标_____个；认证农产品_____个；名牌农产品_____个；

其他_____

4. 农业产业园区建设

区域各类生态农业产业园区_____个，其中生态农业示范园区_____个，

现代农业产业园区_____个，闽台农业合作创业园区_____个，农业科技园区_____个，

其他园区：_____

各类园区建设情况：_____

_____

_____

二、政府管理

扶持生态农业产业发展

1. 具体的规划与建设内容：

2. 鼓励政策（鼓励市场发展、企业创新与竞争）有：

3. 生态农业产业发展建设项目管理措施：

4. 农业生态环境保护管理措施：

5. 农产品质量安全管理措施：

6. 优惠政策（税收、土地利用、借款，建设项目资金支持等）有：

7. 公共基础设施建设：

8. 信息与科技服务：

三、希望政府管理部门提供的书面资料

1. "十三五"现代农业发展规划；

2. 扶持农业产业发展实施方案；

3. 各类与生态农业、现代农业有关的园区建设情况总结资料及政策文件资料；

4. 政府支持农业产业、生态农业发展的相关政策；

5. 农业产业化与农业产业集群发展的相关资料；

6. 农业旅游发展的相关资料；

7. 农业生态环境保护与食品安全方面资料。

参 考 文 献

［1］叶谦吉：《生态农业：农业的未来》，重庆出版社1988年版。

［2］石山：《生态农业与农业系统工程》，载《农业现代化研究》1986年第1期。

［3］钟毅、林卿：《生态农业若干理论问题思考》，载《生态经济（中文版）》1992年第3期。

［4］李文华、张壬午：《生态农业与循环经济》，全国复合生态与循环经济学术讨论会，2005年。

［5］孙鸿良、胡涛、张壬午：《当前国际持续农业运动中我国生态农业发展前景》，载《中国生态农业学报》1993年第1期。

［6］迈克尔·波特（Michael E. Porter）：《国家竞争优势》，华夏出版社2002年版。

［7］陈柳钦：《波特产业集群竞争优势理论述评》，载《北华大学学报》（社科版）2008年第1期。

［8］余明龙：《产业集群理论综述》，载《兰州商学院学报》2005年第3期。

［9］阿尔费雷德·马歇尔：《马歇尔文集（第2、3卷）：经济学原理（上、下）》，商务印书馆2019年版。

［10］王坤、王文利：《产业集群理论发展及我国对产业集群的研究》，载《内蒙古大学学报》（社科版）2007年第1期。

［11］阿尔费雷德·韦伯：《工业区位论》，商务印书馆1997年版。

［12］弗朗索瓦·佩鲁：《新发展观》，华夏出版社1987年版。

［13］Robertson D. J. , & Boudeville J. R. Problems of Regional Economic Planning ［J］. *The Economic Journal*, 1967, 77（307）：629.

［14］John. Friedman & William Alonso. *Regional Development and Planning* ［M］. Cambridge：The MIT Press, 1964.

［15］保罗·克鲁格曼：《地理与贸易》，中国人民大学出版社2017年版。

[16] 罗纳德·H. 科斯:《财产权利与制度变迁——产权学派与新制度学派译文集》，格致出版社 2014 年版。

[17] 奥利弗 E. 威廉姆森:《治理机制》，机械工业出版社 2016 年版。

[18] 陈柳钦:《波特产业集群竞争优势理论述评》，载《北华大学学报》（社科版）2008 年第 1 期。

[19] Michael. E. Porter . *The Competitive Advantage of Nations* [M]. New York：The Free Press，1990.

[20] 李建平:《中国特色社会主义政治学的逻辑主线和体系结构》，济南出版社 2019 年版。

[21] 简新华:《中国特色社会主义政治经济学重大疑难问题研究》，安徽大学出版社 2018 年版。

[22] 林卿:《农民土地权益流失与保护研究：基于中国经济发展进程》，中国社会科学出版社 2014 年版。

[23] 新华社:《高举中国特色社会主义伟大旗帜，为决胜全面小康社会实现中国梦而奋斗》，载《人民日报》2017 年 7 月 28 日。

[24] 中共中央、国务院:《全国农村工作纪要》等（五个中央一号文件），1982 – 1986 年。

[25] 中共中央、国务院:《关于促进农民增加收入若干政策的意见》等（十七个中央一号文件），2004 – 2020 年。

[26] 福建省农学会:《福建省农业史发展历程与未来发展研究报告》，2011 年 6 月。

[27] 吴建华、郑益智、杨辉:《福建省农业发展历程与未来发展研究报告》，载《海峡科学》2013 年第 1 期。

[28] 福建省人民政府:《福建省"十二五"现代农业发展专项规划》，2011 年 7 月 11 日。

[29] 福建省人民政府:《福建省"十三五"现代农业发展专项规划》，2016 年 6 月 17 日。

[30] 王松良、陈冬梅:《福建现代生态农业的发展成就、问题和对策》，载于《福建农林大学学报》（社科版）2009 年第 4 期。

[31] 游武:《福建省生态农业建设的回顾与发展对策》，载《福建农业科技》2015 年第 10 期。

[32] 傅起民、苏宝财:《乡村振兴视域下闽清县白樟镇生态农业发展研究》，载《南方农业》2018 年第 11 期。

［33］ 东南网：《福建省公布 2017 年省级休闲农业示范点和最美休闲乡村名单》，2018 年 1 月 11 日。

［34］ 南平市人民政府网：《"30 年记忆"：南平"芝麻观"开启农业开发新模》，2009 年 7 月 2 日。

［35］ 福建省人民政府：《中共福建省委、福建省人民政府关于加快发展农业产业化的意见》，2003 年 3 月 3 日。

［36］ 福建省人民政府：《福建省人民政府关于进一步加快农业产业化龙头企业发展的若干意见》，福建省人民政府网站，2010 年 9 月 29 日。

［37］ 福建省人民政府：《福建省人民政府关于加快农业七大优势特色产业发展的意见》，福建省人民政府网站，2017 年 8 月 23 日。

［38］ 福建省农业厅等单位：《关于促进农业产业化联合体发展的实施意见》，2018 年 1 月 26 日。

［39］ 郑军：《生态农业集群理论与区域实践研究》，山东农业大学出版社 2008 年版。

［40］ 张海金：《关于做大、做强平和琯溪蜜柚深加工产业调研》，载《福建热作科技》2017 年第 2 期。

［41］ 朱友添、魏鹏程：《平和琯溪蜜柚营销存在难点及对策》，载《东南园艺》2015 年第 5 期。

［42］ 翟丽波：《基于 Logistic 曲线模型的广东产业集群生命周期研究》，哈尔滨工业大学出版社 2008 年版。

［43］ 唐珂：《中国现代生态农业建设方略》，中国农业出版社 2015 年版。

［44］ 彭澎、刘倩：《政府扶持型高技术产业集群生成分析》，载《山东社会科学》2006 年第 11 期。

［45］ 洪燕真、戴永务：《福建林业产业集群测度实证研究》，载《林业经济》2014 年第 5 期。

［46］ 王丽敏：《福建茶叶产业集群发展研究》，厦门大学出版社 2009 年版。

［47］ 宋王兰：《农业产业集群发展研究》，新疆农业大学出版社 2005 年版。

［48］ 陈钦儒：《安溪茶产业发展的现状与策略研究》，福建农林大学出版社 2012 年版。

［49］ 谢芬、杨江帆、高水练：《福建茶叶企业家精神》，载《茶叶》2006 年第 1 期。

［50］ 曾文超：《安溪茶业的嵌入性诊断》，厦门大学出版社 2009 年版。

［51］ 廖琼满、林雅娟：《浅谈安溪县茶产业发展特点与生态茶园建设成

效》，载《茶叶科学技术》2011 年第 2 期。

［52］ R. Glenn Hubbard & Anthony Patrick O'Brien ［M］. *Macroeconomics*（*3rd Edition*）. Beijing：China Machien Press，2011. 9.

［53］ 王德章、王甲梁：《新时期下我国食品消费结构升级研究》，载《农业经济问题》2010 年第 6 期。

［54］ 林巧莺、李子蓉：《福州市乡村农业经济转型发展现状及策略研究》，载《农村经济与科技》2017 年第 15 期。

［55］ 福建省农业厅：《福建省休闲农业，旅游农业发展情况调查报告》，2018 年 12 月 3 日。

［56］ 马慧慧编：《Stata 统计分析与应用（第 3 版）》，电子工业出版社 2016 年版。

［57］ 张欢勇：《灰色系统建模理论与应用》，浙江理工大学出版社 2008 年版。

［58］ 刘希强、王照明：《灰色经济预测模型及其应用》，黄河出版社 1996 年版。

［59］ 林卿：《世贸组织框架下闽台农业资源整合与优化配置》，中国农业出版社 2004 年版。

［60］ 严正、蔡秀玲：《闽台经济合作研究》，中国社会科学出版社 2000 年版。

［61］ 李建华：《福建畜禽产业集群发展现状与对策研究》，载《福建农业学报》2012 年第 7 期。

［62］ 吴雁峰：《古田县食用菌产业结构调整与转型升级策略研究》，福建农林大学出版社 2015 年版。

［63］ 赵魁君：《带有技术进步系数的柯布——道格拉斯生产函数》，载《财贸研究》1994 年第 2 期。

［64］ 李红：《农业机械替代劳动力的实证分析》，载《农业与技术》2008 年第 2 期。

［65］ 陈莉：《我国农业机械化与经济增长的计量解析》，载《农业机械学报》2006 年第 11 期。

［66］ 陈柳钦：《产业集群竞争力理论的演变》，载《南通大学学报》2006 年第 4 期。

［67］ 迈克尔·波特：《竞争战略》，华夏出版社 2005 年版。

［68］ 刘友金：《产业集群竞争力评价量化模型研究——GEM 模型解析与

GEMN 模型构建》，载《中国软科学》2007 年第 9 期。

［69］刘中艳、李明生：《旅游产业集群竞争力测试的 GEMS 模型构建及应用》，载《经济地理》2013 年第 11 期。

［70］张炳江：《层次分析法及其应用案例》，电子工业出版社 2014 年版。

后　　记

在又一部专著付梓之际，心情十分喜悦：那是历经无数次"江郎才尽"困惑后，一下子扑面而来的轻松！是数百个沉寂于阅读和思考日子后的满心欢喜！

田野调查总是最快乐的时光，在那里，我们向实践学习，在思想碰撞中领悟。这份研究成果的许多思考都来自实践调研的收获。在此要特别感谢福建省农业农村厅、福建省邵武市政府、福建省平潭综合试验区管委会对我们调研的大力支持！感谢，衷忠贤博士、张著名博士、李敏飞博士！是他们的鼎力相助才有了这份研究成果。

科学研究是师生相互学习，分享智慧与活力的绝好机会。借此后记之席，我要感谢所有参与研究的学生们，并将各自的贡献记录于此：第二章第三节由林卿、陈洪昭共同完成；第二章第四节由林卿、杨成平共同完成；第三章第二、三、四节由林卿、张俊共同完成，其中福建生态农业产业集群潜在供给能力预测部分由林卿、郑石、林发照共同完成；第四章第三、四节由林卿、张俊（福建师范大学博士、福建工程学院教师）共同完成；陈洪昭、张俊、杨成平（福建师范大学博士生、福建商学院教师）、杨文凤、魏民、郑石、参与了调研与资料整理；钟宇声、贾志远、刘丽钦、纪潇婷参与了资料收集与整理工作。因此，这是又一份师生共同努力的成果，也是我长期以来学习、观察、思考、体会的新积累。期待着实践发展对我们思考的验证！

最后要感谢生活赐予我一份宁静的心情，给予我思考的力量，感谢所有我爱和爱我的人！

林　卿
2019 年 12 月于闽都星城